新时代检察故事

最高人民检察院新闻办公室 编

中国检察出版社

图书在版编目(CIP)数据

新时代检察故事 / 最高人民检察院新闻办公室编 .— 北京 : 中国检察出版社 , 2020.1
ISBN 978-7-5102-2396-9

Ⅰ . ①新… Ⅱ . ①最… Ⅲ . ①法治—中国—通俗读物 Ⅳ . ① D920.5

中国版本图书馆 CIP 数据核字 (2020) 第 007461 号

新时代检察故事

最高人民检察院新闻办公室　编

出版发行：中国检察出版社
社　　址：北京市石景山区香山南路 109 号（100144）
网　　址：中国检察出版社（www.zgjccbs.com）
编辑电话：（010）86423751
发行电话：（010）86423726　86423727　86423728
（010）86423730　68650016
经　　销：新华书店
印　　刷：北京联合互通彩色印刷有限公司
开　　本：710mm×960mm　16 开
印　　张：24.5
字　　数：282 千字
版　　次：2020 年 1 月第一版　2020 年 1 月第一次印刷
书　　号：ISBN 978-7-5102-2396-9
定　　价：98.00 元

编写说明

过去的一年，检察机关深入学习贯彻习近平新时代中国特色社会主义思想，以庆祝新中国成立70周年为主线，以服务保障国家治理体系和治理能力现代化为核心，践行以人民为中心的发展理念，坚持在办案中监督、在监督中办案，深化内设机构改革，推进刑事、民事、行政、公益诉讼“四大检察”全面协调充分发展，不断完善和发展中国特色社会主义检察制度，积极为“中国之治”贡献“检察力量”。

媒体人是检察工作的重要监督者，用笔和镜头讲述了一个个生动鲜活的检察故事，捕捉了检察机关在推动国家治理体系和治理能力现代化中的点滴瞬间，记录了检察制度和检察事业的发展轨迹，在推动法治中国建设中彰显了媒体担当。我们以10个社会普遍关注的检察话题为切入，精选了60篇媒体报道佳作，编辑成《新时代检察故事》一书。这些故事既涵盖了检察机关参与推进美丽中国建设、扫黑除恶专项斗争、民营企业平等保护、正当防卫适用、未成年人司法保护等社会热点，也包含了司法责任制改革、公益诉讼检察、认罪认罚从宽制度、群众来信件件有回复等创新机制，以媒体人的视角深入讲述了检察工作背后的司法理念和社会观念变化，让检察产品“飞入寻常百姓家”，以便社会各界更好地了解、感知、监督、参与检察工作。

人民群众是推动检察工作发展向前的力量源泉。检察机关以高度的政治自觉、法治自觉、检察履职自觉，继续聚焦新时代人民群众在民主、法治、公平、正义、安全、环境等方面新的更高要求，提供更加丰富的法治产品、检察产品，一手抓执法办案“硬实力”，一手抓检察传播“软实力”，努力答好时代考卷，让人民群众从每一个案件中感受到公平正义。

由于时间仓促，本书在编制过程中存在一些不足，敬请各位代表委员和读者朋友们批评指正。

最高人民检察院新闻办公室

2020年1月

目录

01

法治中国说
大检察官说

02

改革创新
路上不停步

03 推进认罪认罚从宽

04 一个不放过 一个不凑数

05 法不能向不法让步

06 护航民企发展

07 以诉的形式履行法律监督本职

08 美丽中国检察蓝

09 守护明天的“未检侠”

10

群众来信
件件有回复

国家定位　民生视角

——央视《大检察官说》节目组

01

法治中国说 大检察官说

法治中国说
大检察官说

《法治中国说·大检察官说》是2019年1月4日由中央广播电视总台与最高人民检察院联合推出的大型法治演说节目，于1月7日至1月11日每晚21:45，在中央电视台社会与法频道播出。

孙谦

最高人民检察院副检察长
二级大检察官

童建明

最高人民检察院副检察长
二级大检察官

《法治中国说·大检察官说》节目共五集，最高人民检察院副检察长孙谦、童建明、张雪樵、陈国庆四位二级大检察官分别针对刑事法律监督、司法责任制改革、检察公益诉讼、未成年人检察四个公众普遍关心的话题发表主题演说，并与受邀专家、地方政府代表、媒体代表、一线办案检察官、案件当事人进行深度交流，从人民群众实际需求出发，结合检察机关的工作特质，给出解决问题的思路和方法。

张雪樵

最高人民检察院副检察长
二级大检察官

陈国庆

最高人民检察院副检察长
二级大检察官

本着“国家定位、民生视角”的节目制作理念，该节目立足党的十九大作出的决胜全面建成小康社会、打赢“三大攻坚战”的重大部署，结合法治中国建设的战略目标，宣传检察机关在维护国家政治稳定、维护市场经济秩序、促进社会公平正义、严厉打击破坏生态环境资源犯罪、提升民众安全感等方面担负的重大社会责任和取得的重要成果，以及人民检察官司法为民的高尚情怀。该节目力求体现人民检察官既要做“护法卫士”，又要做“普法先锋”的责任担当，让社会和公众深入了解检察工作，进一步增进人民群众对检察事业的理解和支持。

01 刑事法律监督

节目主要内容

古罗马有一位法学家曾经说过，法律是公平正义之术。公平正义是普通民众一直以来对法律的深切期许，也是法律精神的精髓和灵魂所在。在实际生活中，一旦出现了冤错案件，它立即就会成为全社会关注和热议的焦点。所以在司法的过程中，尤其是在刑事诉讼中，要保证让有罪受到追究、让无辜受到保护、让违法得到纠正。

卞建林
中国政法大学教授

陈卫东
中国人民大学法学院教授

周光权
清华大学法学院教授

视频观看地址

http://tv.cctv.com/2019/01/08/VIDETFJKC468UoKK3PN8yF7Z190108.shtml?spm=C55953877151.PjvMkmVd9ZhX.0.0

02 牵住司改的“牛鼻子”

节目主要内容

呼格吉勒图案是近几年社会广泛关注的一起重大冤错案件。1996年，18岁的呼格被当作被告人判处并执行死刑。2014年，时隔18年后，内蒙古高级人民法院再审，改判呼格无罪。近几年发生了几起类似的冤错案件，这一度让司法机关和司机人员痛定思痛。党中央决定深入推进以司法责任制改革为核心的司法体制改革，司法体制改革剑指司法不公、司法腐败的顽瘴痼疾。从夯基垒台到立柱架梁，再到内部精装，这场动真碰硬的司法体制改革必将不断向纵深拓展。

陈卫东
中国人民大学法学院教授

汤维建
中国人民大学法学院教授

张建伟
清华大学法学院教授

视频观看地址

http://tv.cctv.com/2019/01/09/VIDE91aDAOn2rtZQbWyRNgoJ190109.shtml?spm=C55953877151.PjvMkmVd9ZhX.0.0

03 以公益的名义

节目主要内容

湖南长沙捞刀河上有座美丽的小岛，叫作腾飞岛。一家房地产公司拿下整座岛的用地未批先建，而按照法律规定，那里是不得开发房地产的。相关部门才处罚10万元，并且罚款即交、高楼照建。公共资源谁都可以利用，但是公共资源被人滥用或破坏，谁又都无可奈何，而很多行政执法局仍处于该管不管、监管不力的状况。习近平总书记专门强调，检察官作为公共利益的代表，肩负着重要责任。从2017年7月到2018年10月底，全国检察机关共办理公益诉讼案件8万多件，中国的检察公益诉讼制度堪称环境保护的全球表率。

王轶
中国人民大学法学院院长
教授

周汉华
中国社会科学院法学所
研究员

潘剑锋
北京大学法学院院长 教授

卓泽渊
中央党校教授

视频观看地址

http://tv.cctv.com/2019/01/11/VIDEebcWMwZ2CIR7cJzYybhd190111.shtml?spm=C55953877151.PjvMkmVd9ZhX.0.0

04 守护成长

节目主要内容

未成年人是祖国的未来、民族的希望，他们的人生有无限的可能性。在这个特殊的成长发育阶段，他们非常容易遭受各种危险和伤害，甚至稍有不慎就会误入歧途。因此，关爱未成年人的成长，加强对未成年人的司法保护，是摆在我们面前的一件刻不容缓的大事。

席小华
首都师范大学教授

姚建龙
上海政法学院教授

苏文颖
联合国儿童基金会
儿童保护项目官员

宋英辉
北京师范大学刑事
法律科学研究院教授

视频观看地址

http://tv.cctv.com/2019/01/10/VIDETogQQmfQmirxc91pNKoT190110.shtml?spm=C55953877151.PjvMkmVd9ZhX.0.0

一场『动筋骨触灵魂』的重塑性变革

——法制日报◎蒋安杰

02

改革创新 路上不停步

神圣不神秘
最高检首次完全、彻底向社会公众开放

中央广播电视总台央广（2019年8月17日）孙　莹　雷　佳

今天（17日），最高人民检察院举行第31次检察开放日活动。这是自2010年建立检察开放日制度以来，最高检第一次采取网络报名的形式确定邀请对象，是检察机关历史上首次完全向社会公众开放。230多名观众，是从23519名网络预约报名者中随机抽取出的“幸运网友”。他们分四批走进最高检大门，参观了解检察工作。

早晨8点，第一批“中签”的幸运观众便等候在最高检门口，等待入场。来自山东菏泽的李先生告诉央广记者，为了一睹最高检“真容”，在“中签”后，他专程订票来到北京。北京的段先生一大早也带着80多岁的母亲早早等候在检察院门

最高检党组书记、检察长张军与观众热情交流

口，他告诉记者，之前，他通过电视剧了解了一些检察工作，觉得检察工作很神圣并且很神秘："电视剧看得很过瘾，但只了解了检察机关的反贪工作，这次有机会能过来，希望能全面了解一下。"

在最高检主楼大厅，最高检党组书记、检察长张军对前来参观的首场观众表示了欢迎，他说："这是检察历史上首次完全、彻底地面向社会公众的开放，大家都是历史的参与者和见证者。"

张军还表示，进入新时代，人民群众在民主、法治、公平、正义、安全、环境等方面有了内涵更丰富、水平更高的需求。大家通过更加深入了解全面依法治国进程，会更加自觉地融入、身体力行地推动社会主义法治国家建设。

随后，记者随第一场的观众一起，在工作人员的讲解和引导下，参观了最高检检史陈列室、案件管理大厅、检委会会议室、

受邀观众走进最高检

网管中心，并观看法治宣传片《走近人民检察》。视频重现了人民检察激荡岁月和现代化发展历程。大家通过纪录片重温了检察历史篇章，体会了“走得再远、走到再光辉的未来，也不能忘记走过的过去，不能忘记为什么出发”。

此次仅开放了部分办工场所供游客参观，但对于第一次走进最高检的普通观众来说，处处都充满了新鲜。在检委会会议室，观众现场体验检委会委员所使用的表决器，感受了委员对重大案件作出表决时的庄严一刻。观众肖薇说：“按下投票键的那一刻，感觉既神圣又慎重，每一次按键表决的重大案件都会被载入史册，检察官们确实是肩扛重任。”

据了解，与以往开放日不同，此次活动为观众准备了四场主题不同的法治讲座，230多名幸运观众在“扫黑除恶，还百姓朗朗乾坤”“公益诉讼，绿水青山展笑颜”“春雨护航，为了明天更美好”“七日回复，办信就是办民生”四个主题中，按照自己的兴趣进行选择。

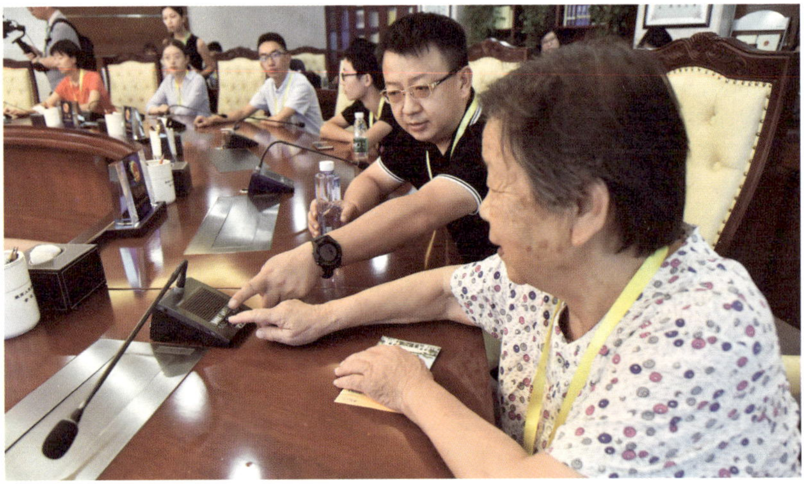

观众体验检委会委员表决器

前来参观的潘先生在不久前扭伤了脚，在双拐的辅助下才能行走。即便如此，他还是不愿意错过这次“扫黑除恶，还百姓朗朗乾坤”主题法治讲座。检察官呈现的讲座内容也没有令他失望，潘先生说，讲座中提到了很多案例，让他了解了更多检察知识，收获很大：“检察官讲到了几个关于正当防卫的案例，让我认识到，如果我们自己或者身边的人遇到暴力侵害的时候，我们可以反抗，要勇于正当防卫。”

最高检希望大家积极献言献策，帮助检察机关不断改进工作。“期望大家了解、监督、支持检察工作，通过走近新时代的全面依法治国、走近新时代的司法检察工作，不断提高自身法律素养，共同成为社会主义法治的忠实崇尚者、自觉遵守者、坚定捍卫者。”

据了解，检察机关将进一步打造开放的检察院、亲民的检察院，让检察权运行透明可见，不断提升司法检察工作水平。

更好地满足人民群众对公平正义的需求

——最高人民检察院发布内设机构改革情况

光明日报（2019年1月4日）龚　亮

“人民检察院怎样从供给侧结构性改革满足人民群众对民主、法治、公平、正义、安全、环境等方面更高水平的需求，是我们要解决的问题、要做的文章。内设机构改革，就是回答这个问题，是形势使然。”最高人民检察院检察长、首席大检察官张军在1月3日举办的国新办新闻发布会上说。

本场发布会是国新办2019年的首场新闻发布会，主要内容是发布最高人民检察院改革内设机构，全面履行法律监督职能的有关情况，并回答记者提问。

张军介绍，此次内设机构改革是重塑性变革，具有系统性、整体性和重构性。系统性，就是把检察机关的刑事、民事、行政、公益诉讼等职能作了一个整体布局，以满足新时代人民群众和社会发展的需求。整体性在于，不仅最高检，而且地方各级检察机关要统筹考虑。重构性，比如原来的捕诉分开，改为捕诉一体，还有随着时代发展一些作用不那么突出的职能部门，都重新调整、重塑。

“捕诉一体”效率更高、质量更优

撤销原来的侦监厅和公诉厅，实行捕诉一体的办案机制，是此次检察机关内设机构改革的一个亮点。这个机制之前在业界有过不同观点的讨论。有记者提问，这一改革的主要目的是什么？实行捕诉一体的办案机制后，如何加强对检察官办案的监督和约束？

“捕诉分开的优势是有内部制约。捕错了不一定诉，诉错了，回头总结捕的问题。但是捕的时候熟悉了的案件，诉的时候又是一个全新的案件，重新熟悉肯定影响效率。而且很多地方检察机关，包括最高检，都是由同一个副检察长分管捕和诉，我们能想象这个内部制约的效果会怎样。”张军说。

一个案例可以说明捕诉分开办案机制的弊端。张军介绍，比如公安机关移送批捕是三个罪名——毒品、抢劫、盗窃。毒品现场查获，有20克海洛因在身上，肯定不会捕错，批捕了。另两个罪名就未必很仔细地去审查。两个月以后案件移送审查起诉，毒品这个罪没有问题，能够起诉认定，最终宣告有罪。但另两个罪名在事实证据上需要进一步补查，只好退捕，退回

2019年1月3日上午10时，国务院新闻办公室召开新闻发布会，最高检检察长、首席大检察官张军介绍最高检内设机构改革

公安机关补充侦查。而公安机关这时候时过境迁，又有新的任务，谁来承担？就算有人能做，证据散失，也影响法庭起诉出示证据指控证明犯罪的质量。这个问题目前比较突出，也比较普遍。

正是针对这样一个实际，捕诉一体的办案机制应运而生。尤其在反贪职能转隶以后，检察机关没有了对职务犯罪这一部分的侦查权，内部监督制约的需求也有了很大变化。“实践证明，实行捕诉一体，质量、效率都能够得到进一步保障提高。”张军说。

至于如何对检察官办案进行监督和约束，张军指出：一是有机构的管理、检察指标的管理，相关监督机制都会跟上。二是来自公安机关和法院的约束。如果该捕的不捕，公安机关可以提请检察机关复议。检察机关维持不捕的，公安机关还可以向上一级检察机关提请复核。这个监督会更直接、更有力。

民事行政检察厅一分为三，根本考虑在于满足办案需求

此次改革将原来民事行政检察厅一分为三，分设民事检察厅、行政检察厅和公益诉讼检察厅。有记者提问，这样改革的依据和考虑是什么？

长期以来，检察机关“重刑事轻行政”的问题客观存在。改革前，民事、行政和公益诉讼检察工作只是由一个民事行政检察厅负责。而负责刑事检察工作的一共有四个检察机构。

“民事申诉案件，过去几年大幅度上升，远远超过了刑事申诉。行政申诉也有上升。公益诉讼检察2016年、2017年经法律

赋权试点，2017年6月份民事诉讼法、行政诉讼法修改，赋予检察机关提起公益诉讼职能。很明显，一个民事行政检察厅不足以满足新时代人民群众对检察机关职权行使的需求。”张军表示。

面对这样一个现实，最高人民检察院主动从供给侧进行改革，把公益诉讼检察专门分立出来。“人民群众有那么多的申诉案件，现在积压的案件有几年前的、有十几年前的。对民事行政检察厅进行分设，根本考虑就是办案的需求，满足人民群众追求公平正义的需求。”张军说。

机构调整了，检察官数量能够满足吗？检察官的能力能够跟上吗？张军说，这是检察机关机构改革以后需要逐一去解决的问题。在人员上，可以自己学习培养，还可从下级检察机关遴选、从有关部门选调。在能力上，加强自身建设的同时，还可积极借助“外脑”。

据介绍，最高检2018年5月设立了由100多位专家学者、退休法官等组成的民事行政案件专家委员会。“我们请专家委员会提供相关咨询意见，帮助我们把握哪些案件应该向人民法院提起抗诉；哪些案件虽然有问题，但是可以通过检察建议的方式去纠正；哪些案件没有任何问题，应该给予维护，维护好人民法院的司法最终裁判的权利。”张军说。

最高检：努力让人民群众在每一个司法案件中感受到公平正义

中国日报（2019年3月14日）张　琰

近日，最高人民检察院检察长张军在接受《中国日报》独家专访时表示，全国检察机关要深入学习贯彻习近平新时代中国特色社会主义思想，始终坚持、践行以人民为中心，进一步提升新时代法律监督能力水平，努力让人民群众在每一个司法案件中感受到公平正义。

张军说，过去一年，立足新时代人民群众在民主、法治、公平、正义、安全、环境等方面提出的新的更高要求，检察机关认真思考如何把习近平总书记反复强调的以人民为中心融入具体检察工作中、体现在司法办案各方面，重新组建了十大检察业务机构，形成了刑事、民事、行政、公益诉讼“四大检察”并行的法律监督格局，在办案中监督、在监督中办案，努力让公平正义不仅实现，而且以人民群众更易感知的方式摸得着、看得见。

人民有所呼，检察有所应。张军说，对于严重危害人民群众安全感的犯罪，检察机关始终坚持依法从严惩治，去年共批准逮捕各类刑事犯罪嫌疑人1056616人，提起公诉1692846人。特别是对人民群众反映强烈的、每个人都可能遇见的电信网络诈骗犯罪，更是坚决依法予以严惩，去年起诉此类犯罪人数同比上升了29.3%。比较典型的还体现在扫黑除恶专项斗争上，与以往相比，这次扫黑除恶专项斗争有着不同的时代背景，检察机关以高度的责任感投入扫黑除恶专项斗争。最高检会同有关部门发布通告、制定指导意见，明确11类打击重点，对69起重大涉黑案件挂牌督办。一批为非作歹、残害百姓的涉黑团伙受到严惩。检察机关还重拳“破网打伞”，起诉黑恶势力犯罪“保护伞”350人。

在检察机关，惩治犯罪、保障人权始终得到平等关注。张军说，我们高度重视人权司法保障，坚持以事实为根据、以法律为准绳，有罪的依法追究，无罪的绝不冤枉。据悉，去年检察机关对不构成犯罪或证据不足的决定不批捕168458人、不起诉34398人，同比分别上升了15.9%和14.1%。即便在更多人都强调“严惩”的扫黑除恶专项斗争中，检察机关始终如一地要求，是黑恶犯罪一个不放过，不是黑恶犯罪一个不凑数。去年侦查机关以涉黑涉恶移送起诉，检察机关把关后依法不予认定的9154件；侦查机关未以涉黑涉恶移送的，起诉时依法认定的2117件。

对人权的司法保障还体现在检察监督的各个方面，从张军检察长向全国人大的工作报告中得知，检察机关认真履行好法律赋

人民群众走进检察机关，近距离感受检察工作

予的羁押必要性审查职责，对审前、审中可不继续羁押的及时提出释放或变更强制措施建议，办案单位采纳64106人，同比上升26.8%。“冤错案件，一个都嫌多。”张军说，检察机关坚持不懈纠防冤错案件，发现一起，纠正一起，对法律负责、对历史负责、对人民负责。去年，最高人民检察院提出再审检察建议的“李锦莲故意杀人案”“邹俊敏贩卖毒品案”均得到改判。

法治社会谁都不能任性。中国共产党第十九次全国代表大会强调，全面依法治国是国家治理的一场深刻革命，必须坚持厉行法治，推进科学立法、严格执法、公正司法、全面守法。张军说，充分发挥法治的引领和规范作用，可以更好地解决社会治理中的一些突出问题。比如，通过持续打击暴力伤医、聚众扰医等犯罪，今年起诉此类犯罪同比下降了29%。检察机关批捕、起诉的总人数同比也都有所下降，而且起诉的故意杀人、绑架等严重暴力犯罪和抢劫、抢夺、盗窃等多发性侵财犯罪也同比分别下降了5.9%和6.9%，充分说明了近年来推进社会治安综合治理的成效。

如何让人民群众有更强的获得感、幸福感、安全感，检察工作各个方面都要下功夫。张军说，在党中央坚强领导下，在各级党委重视、关心、支持下，检察机关在服务大局、公益诉讼、未成年人检察、监狱巡回检察以及立足办案参与社会治理等方面都取得新进展。比如：针对近年来侵害未成年人的犯罪持续多发问题，最高检和各省级检察院均成立了未成年人检察工作的内设机构，这在政法单位是第一家。最高检还向教育部发出建院以来“第一号检察建议”，促进防范治理校园性侵，同时32个省级检察院向主管教育的副省长和教育厅长送上附有本省情况的检察建议，并转上最高检的检察建议，25个省（自治区、直辖市）党委和政府领导同志作出批示，教育部和各地教育行政部门采取有力措施落实。再比如，针对一些群众反映信访事项“石沉大海”，最高检要求“将心比心”对待群众信访，建立7日内程序回复、3个月内办理过程或结果答复制度。而且对于不符合受理条件或审查后不支持申诉的58181起信访案件，耐心释疑解惑，让当事人信服。

据悉，公益诉讼制度是检察机关的一项新职能。2017年6月，全国人大常委会修改民事诉讼法和行政诉讼法，正式建立公益诉讼检察制度。去年，全国检察机关共办理民事公益诉讼、行政公益诉讼11.3万件。这些案件大部分通过公益诉讼诉前程序得到解决。张军说，检察机关通过公益诉讼诉前程序，强化监督、沟通、协调，促进行政机关依法履职、其他主体提起诉讼，不仅有利于及时保护公益，而且可以用最小的司法资源获得最佳效果。对于诉前检察建议不能有效落实到的，就以

陕西省榆林市检察院运用诉前程序，公开宣告检察建议

诉讼、庭审接力推动问题解决。去年检察机关共提起公益诉讼3228件，法院已判决1526件，支持检察机关起诉意见1525件。这既体现出检察机关办案质量较高，也反映出司法机关维护公益的共同努力。

对于新一年的检察工作，张军检察长用“稳进”“落实”“提升”六个字进行了概括。稳进，就是要紧紧围绕稳增长、促改革、调结构、惠民生、防风险，立足“四大检察”职能精准服务改革发展稳定大局，依法保障经济社会持续健康发展。落实，就是要把各项工作部署要求，特别是法律规定的职权行使好、履行到位，一丝不苟、一抓到底，以检察工作实实在在的成效取信于民。提升，就是要把握人民群众对检察工作的新要求，努力在业务、队伍等方面都有新的进展，让新时代检察工作有新气象、新作为。

人民呼声是第一信号，人民满意是第一标准。我们将始终坚持以人民为中心，适应人民群众日益增长的美好生活需要，忠实履行宪法法律赋予的法律监督职责，努力让人民群众在每一项检察工作、每一个检察行为、每一起检察办案中感受到公平正义。这就是检察机关的使命和担当！采访结束时，张军说。

四川营山建“群众家门口的检察院”

中国妇女报（2019年9月23日）王春霞

在四川省南充市营山县茶盘乡罐坪村群众信访登记册上，记录了这样一条信息：2018年7月10日，罐坪村八组村民桑文君反映，每到中午，附近垃圾处理场时有很难闻的味道，对人身体又不好。备注一栏显示，通过视频接访中心转交相关部门处理后，现在没有一点异味了。

视频接访中心，是营山县人民检察院打造的“群众家门口的检察院”的重要组成部分。如今，营山县人民检察院在全县机关、乡镇、社区、村委会建立独立专线的视频咨询接访平台843个，群众可以就近向县检察院“面对面”反映问题，寻求帮助。

四川省营山县检察院视频接访中心

家门口解决矛盾更便捷

罐坪村是省级法治扶贫示范村，在此前烧制瓶瓶罐罐的大窑炉旧址，如今建起了一条法治长廊。“公平正义播清风，法律监督扬正气”“法治国而安德治国而兴，权为民所用情为民所系”……一幅幅对联迎面而来。“办事依法，遇事找法，解决问题用法，化解矛盾靠法”逐渐成为村民的共识。

“2018年暑假，特别臭，恶心，想吐。”9月9日下午，在罐坪村村委会，今年70多岁的桑文君告诉中国妇女报·中国妇女网记者，当时，六岁多的孙子来家里玩，总问，啥子味道那么臭?

彼时，桑文君才注意到一山之隔、直线距离1公里多的垃圾场。2018年7月10日，桑文君和其他七八位村民通过安装在村里的远程视频接访终端连线视频接访中心，反映村里时常闻到的垃圾填埋场飘出来的恶臭味。

罐坪村纪检员、监委主任、乡村法律监督联络员刘爱民回忆，村民担心影响身心健康，对此事意见大，经常找到乡、村干部要求解决，乡村两级虽做了大量工作，但难以解决根本性的问题。

接到反映的情况，四川省南充市营山县人民检察院检察长罗伟很快带领民行部门检察人员走访了罐坪村和垃圾填埋场，发现温度高和气压低的时候，垃圾填埋场会飘出难闻的气味。

检察院着手启动公益诉讼调查程序，了解情况后得知，罐坪村附近的垃圾填埋场于2015年建成，原本只负责集中处理乡村垃圾，后来，处理县城垃圾的垃圾填埋场被关停，城乡垃圾都集中到这个唯一的填埋场处理，部分垃圾处理不及时，产生难闻的气味。

检察机关及时向相关领导反映情况，监督相关部门解决。经多方努力，营山县垃圾焚烧发电项目已开工建设。同时，县城管执法局投入更多物力人力提升垃圾日处理能力。

“现在处理了，一点味道没得了，干干净净，高高兴兴。”桑文君笑着说。

除了村里的远程视频终端可以连线视频接访中心，在村民胡孝章的家里，记者看到，通过电视的机顶盒也可以与视频接访中心对接。

胡孝章告诉记者，以前遇到问题向村干部反映，解决不了再向乡上反映。现在很方便，足不出户，家里有什么事情，通过机顶盒就反映解决了。

刘爱民也感慨有“很大变化”。以前群众到这儿到那儿反映问题，2016年村里道路硬化之前，村民走出村里的烂泥路就要40多分钟。村里解决问题的力量有限，现在通过视频接访平台，及时向县上有关部门反映情况、寻求帮助，很方便就解决了问题。

帮扶弱势群体解难题

“检察长，你好!”9月10日，通过视频接访平台，今年67岁的营山县六合乡营平村村民罗大娘一眼认出了远在营山县人民检察院的检察长罗伟。罗大娘激动地说，非常感谢检察院，你们辛苦了。“现在我的生活很好了，有吃有穿，房子有住的。”

7年前，原本就生活困难的罗大娘家，因交通事故失去了女儿，雪上加霜。女婿肖某拿走了保险公司赔偿的58万余元，全部用于购房。经法院调解，肖某承诺分3年给付罗氏夫妇20万，但是，在承诺的最后一年，肖某先后只给了2万元左右。

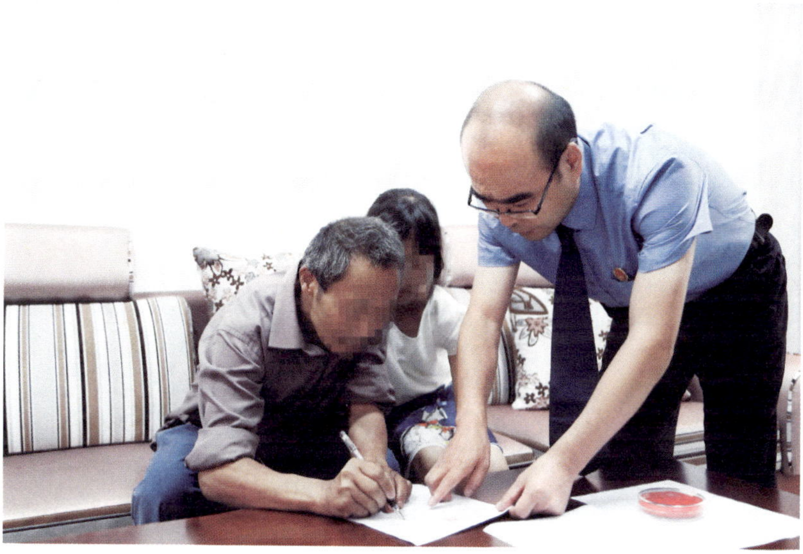

四川省营山县检察院开展司法救助工作

罗大娘多次讨要无果后，通过安装在村里的视频咨询终端向营山县人民检察院求助。

营山县人民检察院联合县人民法院，多次做工作，但是肖某一直不履行。在营山县人民检察院的帮助下，罗大娘向法院申请强制执行。最终，通过查封、拍卖资产支付了罗大娘18万元赔偿金。

9月10日，在营山县视频接访中心，接访员文颜向记者介绍了今年5月接到的一个求助电话。

未成年人李某某是一起刑事案件被害人，今年5月的一天，“很不开心的”李某某被摆地摊算命的胡某以“消灾”为由诱骗并侵害，事情发生后，李某某感觉到十分害怕，甚至都不愿去上学。

营山县人民检察院高度重视这一情况，及时批准逮捕犯罪嫌疑人胡某。通过调查核实发现，李某某患有轻度自闭症，母亲是精神病患者，家庭条件十分困难。检察机关为李某某发放了国家司法救助金10000元。

未检部门还牵头组建了由检察官、心理医生、志愿者等组成的“知心姐姐”帮教团队，定期对受害人李某某共同进行心理疏导。

手机掌上检察院App、电视机顶盒、远程视频接访、热线电话......营山县人民检察院建起的“群众家门口的检察院”因为便捷高效，成为群众解决困难的重要依靠。

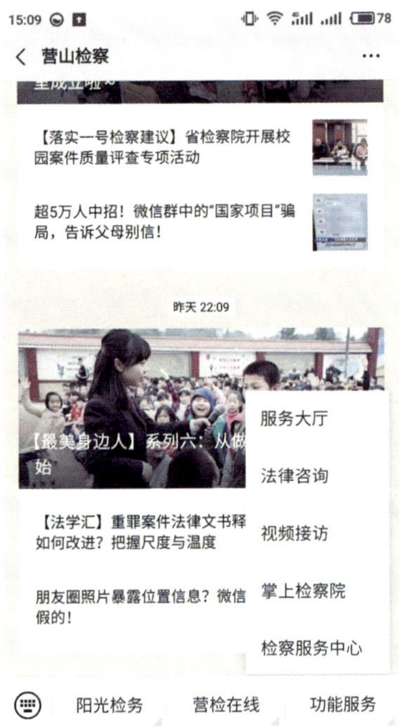

通过科技创新走群众路线

罗伟至今都记得，刚到营山县检察院的半年多时间里，很难在办公室正常工作。“只要一进检察院的大门，就会被信访的群众围住，甚至被抱大腿。”半年多时间里，他推动解决了40多个信访案件。

2017年年初，考虑到营山县多数农村交通不便，南充市人民检察院检察长周永刚提出，将检察院的办公桌搬到群众家门口，将公平正义放到群众手里头。营山县人民检察院整合资源，架平台，连网络，借助多个信息化平台，打造视频接访系统，与县纪委监委、法院、公安、信访、扶贫等多部门会诊“解难题”。“群

四川省营山县检察院检务直通车

众找你方便了，就减少了上访，相互沟通方便了，解决诉累就快了。”罗伟告诉记者。

罗伟介绍，视频接访平台目前正在研究解决当地方言语音转录问题，开展满意度评价。还有不少群众不知道营山县人民检察院新推出了掌上检察院App，要加强宣传推广，今年努力达到10万+用户，让老百姓喜爱用、方便用、用起来有效果。同时，要进一步加强与其他部门的协作联动，合力解决群众反映的问题。

四川省营山县检察院检察官视频接访

四川省南充市营山县信访局群众接待中心主任晏贤

兵从事信访工作13年，见证了“群众家门口的检察院”给信访工作带来的变化。

晏贤兵记得，以前村里的群众出行不便，偏远山村群众到县城单程就需要三四个小时，而当天通常只有一个车次。县人民检察院通过科技创新走网上群众路线，拉近了干部与群众的距离。“群众家门口的检察院”形式创新更亲民，重心下移更便民，机制完善更利民。

“群众走访较以前明显减少，营山县的上访量明显下降。”晏贤兵感觉肩上的担子明显减轻了一些，而且检察机关的视频接访平台也方便信访局督查、督办案件。

罗伟介绍，“群众家门口的检察院”充分发挥优势，当好党委政府科学决策、依法行政的法治参谋助手，根据群众反映的问题向县委提交了五份报告，其中包括整治农网改造欠薪报告、办理房地产开发领域公益诉讼案件的情况报告等。

四川大学法学院副教授胡东飞认为，营山县建的“群众家门口的检察院”经验做法可推广、可复制、可借鉴。建议充分发挥“群众家门口的检察院”在法律监督方面的作用，利用该平台拓宽法律监督线索收集来源，注重刚性监督与柔性监督的结合，可通过制度的形成来增强监督刚性。

最高检的里程碑式重塑性变革

法制日报（2019年1月4日）蒋安杰

“岁月不居，时节如流。”

这是一个即将迎来己亥年的元旦。伴随着新年的钟声，习近平总书记“人民是共和国的坚实根基，人民是我们执政的最大底气”新年贺词尚在华夏大地上空回荡之际，元月3日，国新办以“最高检改革内设机构全面履行法律监督职能”为主题开启了2019首场新闻发布会。

发布会上，被誉为检察院恢复重建以来规模最大、调整最多、影响检察全部职能作用发挥的改革方案第一次亮相；按照新的职能和办案机制正式运行的十个检察厅首次进入公众视野。

“检察机关的内设机构过去可以说五花八门。机构设置不合

2019年1月3日上午国务院新闻办公室召开的新闻发布会上，最高检检察长、首席大检察官张军回答记者提问

理、名称不统一、运行不规范，这是检察机关内设机构改革的动因之一。”发布会上，最高人民检察院副检察长童建明这样说道。

改革将原来民事行政检察厅一分为三，设立分别负责民事、行政检察工作的第六检察厅和第七检察厅；同时，针对生态环境和资源保护、食品药品安全、损害英烈名誉等人民群众反映强烈的问题，专设负责公益诉讼检察的第八检察厅。与此同时，曾作为临时机构履行相关职责的未成年人检察工作办公室正式批准获编，排序为第九检察厅，专门负责未成年人检察工作。

改革后，最高检撤销了侦监厅和公诉厅、公诉二厅，重组为第一至第四检察厅。它们按照犯罪类型划分：第一检察厅主要负责办理普通刑事案件，第二检察厅办理危害国家安全罪、危害公共安全罪、故意杀人、抢劫、毒品等重大犯罪案件，第三检察厅办理国家监委移送起诉的职务犯罪案件，第四检察厅办理经济犯罪案件。

这样一次系统性、整体性、重构性的改革，力度之大在最高检历史上并不多见。为什么要进行如此规模之大的改革？张军检察长用“时代使然、重塑性变革、时代特征鲜明”三个关键词代表最高检党组作了坚定的回答。

“为人民群众提供更好、更优、更实在的法治产品、检察产品，这是落实党中央要求、满足人民群众日益增长的美好生活需要的必然选择，也是站在新的历史坐标上检察机关必须回答的时代课题。”张军如是说。

这也是首席大检察官张军去年3月上任后的首场新闻发布会。“你提的问题很专业”“这是一个好问题”，张军检察长现场与记者的轻松互动以及“知无不言”的允诺，彰显了他独有的“接地气”特质和“招牌式”亲和力，给大家留下深刻印象。“政治坚定，应对自如，法律功底扎实”，是媒体人对他的评价。

对于最高检这项已经多年试点，又专门用了近一年时间深入调研而推出的改革，学界给予高度关注。

“改革，不是简单的修修补补，而是大刀阔斧，是职能、人员按照职业化、专业化进行的重新整合。”中国人民大学陈卫东教授对记者说。

“不同部门对应不同犯罪类型，将走一种刑法专业化道路。”清华大学法学院张建伟教授这样认为。

“非常震撼。”中国政法大学赵旭东教授用了这四个字来形容。

“第九检察厅的设立，充分体现了以人民为中心的司法理念，对未成年人的司法保护具有里程碑的意义。”北京师范大学宋英辉教授如此评价。

也就是在这个具有里程碑意义的发布会上，以机构改革为突破口，“四大检察全面协调充分发展”为路径，“落实、稳进、提升”为主题的新时代检察改革宏伟画卷描绘出基本轮廓，被誉为一场“动筋骨触灵魂”的重塑性变革正式拉开帷幕。

一

历史发生转折时，往往波澜不惊。

1978年5月，一篇文章在《光明日报》头版刊登，如一声炸雷，在中国引发激烈讨论。这篇文章的名字就是《实践是检验真理的唯一标准》。随着邓小平“打破精神枷锁，使我们思想来一个大解放”的号召，改革的春风就此吹来，万物复苏。

与改革开放同步，1978年6月1日，最高人民检察院恢复重建

光明日报
GUANG MING RI BAO 1978年5月11日 星期四
农历戊午年四月初五 第10468号

实践是检验真理的唯一标准

本报特约评论员

检验真理的标准只能是社会实践

理论与实践的统一，是马克思主义的一个最基本的原则

（下转第二版）

《实践是检验真理的唯一标准》

大会在最高检东区老北楼二层会议室召开。最高检原政治部主任、现任云南检察院检察长王光辉曾在回忆文章里提及：“说是大会，实际上当年参加会议的只有18人。时任检察长黄火青风趣地说：‘18个人，就是十八罗汉。’这‘十八罗汉’，既是最高检机关恢复重建最早的参与者、见证者，也是人民检察事业浴火重生的传承者、开拓者。”

没有人能预知也无法预知，40年后的检察队伍从“十八罗汉”发展到目前的21.7万人，更没人能料到，那个年代“以阶级斗争为纲、发展经济、解决温饱”为目标的中国，会在日后经济快速腾飞发展的高速路上，必须面对和适应的是老百姓从“有没有”升级为“好不好”的需求，各行各业在新时代都面临新的挑战，检察机关亦然。

“1978年开始复建时，因为‘文革’遗留大量的冤假错案，检察工作的重要职能是处理群众的信件来访。”大学毕业后就在检察系统工作、见证了检察院多次部门“合并、分开、再合并”的最高检孙谦副检察长认为，每一次变革都有规律可循，都有其特定的逻辑起点。“新时代社会矛盾的主要变化，满足人民群众对民主、法治、公平、正义等方面的需求”，就是此次重塑性改革的逻辑起点，孙谦如是解答。

当然，不同时期，由于诸多因素影响，内设机构设置的逻辑，其侧重点有时也是有所不同的。

最高检邱学强副检察长对记者大致介绍了最高检机构改革经历的三个阶段。第一个阶段是20世纪80年代，以“检察”命名的内设机构设置模式；第二个阶段是20世纪90年代至2012年，以“多元化”命名的内设机构设置模式；第三个阶段是2013年以来，以扁平化、“大部制”为主要特点的检察机关内设机构改革不断推进。

“在每个历史时期，党和人民对检察工作的新要求，就是检察工作新的着力点，相应的，该领域的检察机关内设机构就会创设、加强或取消。”邱学强对记者说。

当历史年轮进入党的十九大刻度，我们站在2018的时代坐标上回望40年，会发现检察机关内设机构改革在全面依法治国历史进程中，因应检察职能调整而不断变迁，其发展并不是一帆风顺的，可谓几经坎坷，恢复重建后的检察机关始终是在改革探索中披荆斩棘、不断前行。

有学者曾评价，虽然任何一段历史都有其不可替代的独特性，但1978—2018的中国，却是最不可能重复的。1978年，这是中国和时代的一个重要拐点，不仅国家的命运被影响，无数个体命运的轨迹，也因这一年的高考而改变，见证中国沧桑巨变的这一代人同样是不可复制的。40年后当历史走到今天，这一代中的很多人走到各领域舞台的中央，必然用只能走社会主义道路的坚定影响其行业，因为多大的力量都无法战胜“感同身受”。

二

2017年，一部反腐题材的主旋律电视剧《人民的名义》在全国热播，据说有的检察官回家乡走亲戚、参加同学聚会，真名基本可以忽略，一句“这是侯亮平”足矣，可见当年电视剧之“火爆”。彼时，估计没人会料到这部电视剧竟是检察机关与反贪工作的“最后告别”。

为坚持和加强党对反腐败工作的集中统一领导，党的十八届六中全会决定深化国家监察体制改革，建立集中统一、权威高效的监察体系。到2018年2月，设立了23年的反贪污贿赂总局完成了历史使命，正式摘牌，四级检察院反贪、反渎和预防部门职能、机构及44151名检察人员全部按时完成转隶。

转隶后，一方面，检察院引以为荣的“重要职能”没有了，大家情感上难以割舍，很多检察官情绪低迷、不知所措，工作进入低谷期；另一方面，检察机关面临着“重新整合后路向何方”等事关检察事业全局的发展难题。

就是在这样的背景下，2018年3月18日，最高人民检察院新任检察长张军正式上任了。

据说，最初在听取汇报以及调研时，有的干部不经意间就会把“前方路漫漫”那种悲壮情绪流露出来。张军对这种情感的表达理解，但更有他自己积极、向上的辩证看法。

2018年3月27日全国检察机关学习贯彻全国两会精神电视电话会议上，新一届最高检党组第一次对全系统发出“要以等不起的紧迫感、慢不得的危机感、坐不住的责任感，讲政治、顾大局、谋发展、重自强，坚定不移地探索、创新、走出新时代中国特色社会主义检察之路”的动员令，指明了检察改革再出发的方向。

张军特别强调，“讲政治”的“讲”不只是讲话的“讲”，讲政治不是喊口号、讲空话套话，而是要在以习近平同志为核心的党中央坚强领导下，把人民群众的新需求时刻挂在心上，做好“检察产品”供给侧结构性改革，提升检察产品质量，为党分忧，为民增强实实在在的获得感、幸福感、安全感。

任职初的一段时间，张军用将近3个多月的时间与每个厅室座谈，分别到湖北、山东、云南、黑龙江、深圳等地调研，听取基层检察官的呼声，听取人大代表的意见，听取每个厅室对改革的建议，党组成员不断地碰撞、统一认识和思想，寻找深化检察改革“良方”。

“在监督中办案，在办案中监督”“离开办案，法律监督就是无源之水、无本之木、空中楼阁”“通过办案才能为人民群众提供更优质的法治产品、检察产品，才能让人民群众在每一个案件中感受到公平正义”等等新理念不断地刷新社会各界对传统检察观念的认知，改革理念如同春风扑面，让人清心爽目。“重塑”理念，可以说是最高检党组为新时代新检察的重塑性改革下的“第一剂猛药”、开的“第一道药方”。

“理念一新天地宽。”也就是这个时间段，新一届最高检党组清醒地认识到，长期以来以反贪工作为重心形成的“三大不平衡”已经成为检察工作发展的掣肘，必须解决好，才能与党和国

2018年7月23日，最高检党组书记、检察长张军在深圳市检察机关调研。图为张军检察长与检察干警座谈

家解决新时代经济社会发展不平衡不充分的要求高度一致、完全吻合；必须从根本上改变刑事检察一头沉、非刑事检察发育不健全、内部职责不清、衔接不顺畅的格局，统筹设计、理顺职能，综合运用多种检察手段，破解社会难题。

明者因时而变，智者随时而制。

一系列调研之后，2018年7月深圳举行的大检察官研讨班上，最高检党组鲜明强调，“转隶就是转机”。

转机是什么？

就是找到检察事业新发展的“另一扇门”，切实变压力为动力，更加注重补齐短板弱项，推动检察工作的平衡协调充分发展，特别是要把检察机关的职能、主业更实地放到办案上来，要更有意识地将重心向民事、行政、公益诉讼等方面倾斜，这样才能行稳致远。由此，“重新组建专业化刑事办案机构，全面推进‘捕诉一体’，设立专门的民事、行政和公益诉讼检察机构或办案组”的改革方案呼之欲出。

三

须教自我胸中出，切忌随人脚后行。

说到最高检“这场里程碑式的重塑性变革”，关于“捕诉一体”这个话题曾经引起的争论是无论如何也绕不过去的。

据悉，“捕诉一体”这项制度在萌芽时就出现了不同声音，早于最高检新任检察长上任前就已经进行“捕诉一体”试点改革的吉林省检察院曾饱受诟病，“挺分”“挺合”“观望”三种观点几乎同时并存。争议不仅存在于理论界和实务界，即便在检察院内部也曾有过分歧，再往深里说，据内部人士透露，最高检党组成员最开始意见也并不统一，可贵的是，最高检党组知难而上，多方调研，最终统一认识。

什么是“捕诉一体”？最高检陈国庆副检察长解释，就是对同一刑事案件，由同一检察官办理，全程负责审查逮捕、侦查监督、审查起诉、诉讼监督等检察环节的各项工作，真正做到“谁办案、谁负责”“谁决定、谁负责”。

为什么要“捕诉一体”？童建明用一句话概括，就是在案多人少的情况下，提高案件诉讼效率，降低司法成本，通过挖掘内生动力，使办案机制更加科学合理，办案质量效果更好。

这么一项内部改革，为何会引来如此高的关注度？据了解，分歧的理由也不尽相同，学界普遍担忧的是“捕诉一体”会弱化内部监督制约，而在检察院内部，侦监部门从未出过庭，怕应对不了，本领恐慌，也不愿意“捕诉一体”。一时间，关于“捕诉一体”的争论显得颇为热闹。

持反对意见的人认为，检察机关通过审查批捕和审查起诉，有两次对侦查活动进行法律监督的机会，而一旦实行“捕诉一体”，这势必大大削弱检察机关对侦查活动的监督力度，最大的风险是一个人决定“捕”和“诉”，必然一“诉”到底，将不利于保障人权。

持赞成观点的人认为，捕诉分开，各管一段，内生对案件负责任的动因可能不足，导致效率低、专业性不强。如果捕诉一体，因为将来还要诉，在捕的时候会按照逮捕标准来衡量，更会按照将来起诉庭审标准给侦查部门提要求，必然切实强化侦查监督。

一位老检察官对记者说，捕诉一体最大的价值并不仅仅在于效率，反倒是更在于质量。负责批捕的检察官，也是直接出庭的检察官，他在批捕时就能根据起诉、审判的标准提出指导意见，引导侦查人员及时、有效地做好证据收集工作，更能确保案件质量。

“捕诉一体”是否会弱化内部监督？一位年轻的检察官在接受记者采访时说道，“自己的刀削不了自己的把儿”，很多检察院大多是同一个领导同时负责批捕和起诉，内部的制衡一直相对很弱，最大的制衡反而是外部的，包括法院审判、公安、律师和当事人。

记者采访了多位检察官，他们一致指出，我国的逮捕不同于外国，它是以长时间的拘留为前置程序的，且本身条件要求很高，由起诉检察官来负责批捕只会把关更严，并不会导致冤及无辜，更不会导致批捕率上升。实践已证明这一点。

据苏州工业园区检察院提供的数据显示，实施“捕诉一体”后，这家检察院审前羁押率从2013年的50.5%降至2017年的27.3%；逮捕率从2004年的95.9%降低至2017年的60.5%。

“这样的改革，也有利于与公安机关和人民法院内设机构的对接，形成公检法三家内设机构逻辑的一致性，更利于在诉讼活动中的实时对接。”清华大学张建伟教授如是评价。

中国人民大学陈卫东教授永远不会忘记那次与最高检新任检察长的会面。那是2018年春天第十九届全国检察理论年会的前夜，首席大检察官、几位地方检察长、陈卫东等人进行了长达三个多小时的“促膝谈心”，如果可以用“论战”这个词语形容的话，这场“交锋”从晚八点持续到午夜，基本是“持合”与“持分”观点最直接的一次面对面的碰撞。这次面对面的副产品，坊间流传的“某学者坚决反对”捕诉一体的检察改革也不属实，真实的版本是陈卫东被检察长的真诚和坚定打动，不反对试点。

按照以往，这本是只可意会不可言传的事，没想到第二天的会议上，张军在讲话的同时，自己主动提及与公安部某领导的一次对话，在那次对话中他明确感受到公安对检察院侦监工作的更高期盼；他还开诚布公地提到已经听闻有学者对可能要进行的“捕诉一体”表示担忧，这是好事，说明学界关心检察改革，试点检察院应该邀请学者们去观摩，不能苛求学者为检察改革站队，但一定要让学者以及社会更多的人去理解。

“捕诉分设”还是“捕诉一体”，不是简单的谁优谁劣，而是“1+1=2”还是“1+1＞2”的问题。为做好这道“算术题”，2018年7月19日至20日，全国人大监察和司法委员会、最高检联合邀请8名法学专家，前往江苏省无锡市和苏州市检察机关开展实地调研。

2018年8月22日至23日，全国人大监察和司法委员会、最高检再一次联合邀请7名法学专家，前往吉林检察机关开展实地调研。代表们获知，备受关注的长生疫苗案，长春市高新区检察院组成“捕诉一体”办案团队，依法提前介入，帮助统一证据标准，从公安机关立案侦查至审查起诉，仅用了17天。

"'捕诉一体'改革方向是正确的。改革的效果怎样，是否有利于司法公正、人权保障、队伍专业化，如何进行制度配套，怎样进行完善，是下一步应当思考推进的问题。"此次率队调研的全国人大常委会委员、全国人大监察和司法委员会副主任委员李钺锋对调研成果给予积极评价。

实战观摩后，陈卫东深受触动并有所改变，当然不排除来自其"耳边风"的影响力，据说，他做刑辩律师的夫人郝春莉告诉他律师们都赞成"捕诉一体"，让他很受震动。但是，转变不代表没有担忧，此次接受记者采访，他特别表明了这个态度，建议"要在人权保障特别是犯罪嫌疑人权利的保障、辩护律师权利的保障上下功夫，用程序保证律师的权利落到实处"。

随着"捕诉一体"的全面铺开，始于20年前因为反贪总局设立、检察机关开启的"捕诉分离"，20年后因为反贪转隶，在

2018年7月19—20日，全国人大监察和司法委员会、最高检联合邀请8名法学专家，在江苏省无锡市和苏州市检察机关开展实地调研

2019年这个新时代节点，终于“打包”留给了历史，那一场几乎将改革主流声音淹没的争论也就此终结。

某种意义上，40年前“实践是检验真理的唯一标准”那场辩论的结论，在40年后这场“动筋骨触灵魂”的重塑性检察改革中，得到了最好的验证。

四

时间总是有种神秘感，印象中感觉彼此间刚说完“新年快乐”，农历的春节就已经来临。无独有偶，2月14日，春节后的国新办第一场发布会，又被最高检拔得“头筹”，以“中国生态环境检察工作”为主题的新闻发布会再一次吸引了社会各界的目光。

从这次发布会上记者得知，有一项制度甚至得到了联合国副秘书长兼环境规划署执行主任埃里克·索尔海姆由衷的赞叹，那就是中国的检察公益诉讼制度。在埃里克看来，中国检察官代表公益提起诉讼，甚至可以把政府部门作为被告，这是非常了不起的一个体系，光这一项制度就使得中国的司法制度成为全世界最有力的司法制度之一。

与其他国家相比，中国检察公益诉讼制度有什么特别之处？

“世界上没有完全相同的两片树叶，”最高检副检察长张雪樵说道，“不看广告看疗效。”中国检察机关2018年办理的11万余件公益诉讼案件中，生态环境领域的案件为59312件。这近6万件案件，督促被毁损污染的耕地、湿地、林地、草原得到修复的有210万亩。这还仅是陆地上的、静态的、看得见的公益诉讼的治理效果，还有水流走了，看不见的治理效果。

公益诉讼办案检察官实地走访调查

也许你会问，检察官不是应该站在法庭上指控犯罪，保一方平安吗？怎么今天做上了保护青山绿水的天使？这也是此次采访中记者最想追问和了解的。

其实，这项制度的推出也不是各方一拍即合的。不仅有的检察官不愿意，一些检察长不愿意，一些政府官员更不愿意。有的年轻检察官说，他们当初毕业满怀理想“不忘初心”，就是想做正义的化身，公益诉讼大部分工作都在做诉前指导提出“检察建议”，谁不愿意出庭“亮剑”啊？有的检察长习惯于“反贪反渎”大权在握，走到哪里威风凛凛，现在要给政府出“检察建议”，工作量无形间加大不说，谁愿意得罪地方领导？政府部门更是振振有词，搞发展是为了经济，怎么轮到检察院来“挑刺”呢？各种闲言碎语，很多人拿不准，也有人在看笑话。

据说，这种现象和声音通过各种渠道传到了最高检领导的耳朵里，反倒是更加坚定了最高检党组加大推动公益诉讼制度改革的决心。2018年夏天，拿出机构改革的总盘子之前，最高检党组率先提出撤销铁路运输检察厅，增设公益诉讼检察厅的方案，报中央审批。

“没有等大盘子，可能是总方案没有完全成熟，有不同的意见，酝酿讨论和审批时间都会比较长。但设立公益诉讼厅的想法很确定也很急迫。”一位厅长对记者透露。

后来，众所周知，2018年7月6日，习近平总书记主持召开中央全面深化改革委员会第三次会议。会议强调，设立最高人民检察院公益诉讼检察厅，要以强化法律监督、提高办案效果、推进专业化建设为导向，构建配置科学、运行高效的公益诉讼检察机构，为更好履行检察公益诉讼职责提供组织保障。

自此，检察机关通过提起公益诉讼的方式对生态环境和资源保护、食品药品安全等领域的违法行为开展监督，成为检察机关法律监督新的增长点。

与此同时，因为看到了问题的本质及对工作难度的预判，最高检强调，检察机关办理公益诉讼案件“质”比“量”更为重要，要坚持双赢多赢共赢，不能把发出检察建议的数量当政绩，做好公益诉讼工作，既要严格执行诉前程序，积极推动行政机关主动履职纠错，又要抓住典型，实现起诉一起、警示一片的良好效果。

张军甚至给很多检察长开起了“小灶”，“输出”工作方法。

“公益诉讼要从推进国家治理体系和治理能力现代化的高度去创新做工作。检察机关的工作是为了厚植党执政的政治基础，为党中央赢得民心，赢得了民心当然也会赢得各级党政领导的支持。”这也是最高检党组提出的“双赢多赢共赢”理念的核心。据悉，这本来是2018年5月张军最早在民事行政检察厅就公益诉讼调研提出的要求，目前已经成为延展到所有检察职能运行的新理念。

2017年9月北京召开的国际检察官联合会第22届年会上，习近平总书记在贺信中突出强调：“检察官作为公共利益的代表，肩负着重要责任。”

那么，党中央统一部署后，公益诉讼工作的成效如何呢？

张雪樵讲了一个特别有说服力的事例。在湖南长沙有条美丽的捞刀河，河上有座美丽的小岛，叫腾飞岛，2003年4月就被列为长沙市饮用水的水源一级保护区。水厂的取水口就在那里，按照法律规定，那里是不得开发房地产的。但是不久，一家地产公司还是拿下了整座岛的用地，开始打造长沙市首屈一指的超级大楼盘“威尼斯城”。2017年7月，长沙市检察院发现线索，并立案调查，查明了长沙县城建局、环保局、（行政）执法局在“威尼斯城”的违法建设中该管不管、监管不力，行政违法证据确凿。为了保护捞刀河的生态安全、防洪安全和居民的饮用水安全，依法向三家部门发出了公益诉讼检察建议书，终于逼停了第七栋、第八栋楼的施工。最后，开发商迁移水厂的取水口，建成新水厂，总算解除了居民的饮水之忧。

记者也听到了检察官与一棵古树的故事。2018年9月20日，青海省检察院的几位检察官在实地查看祁连山自然保护区一处非法采矿点修复治理情况的途中，遇到有人用电锯砍树，正在被砍伐的那棵和附近几棵粗大的树都标记了“红叉”。经查看，其中一棵树上还挂着重点保护古树的标识牌。检察人员当即固定证据，联系森林公安机关制止采伐作业、协助调取证据。第二天，祁连县环保与林业局就收到了祁连县检察院的检察建议。相关部门第一时间为编号“194”的小叶杨古树加装了护栏，并对在施工区域内核查出的另外两棵古树予以挂牌保护。鉴于古树已得到有效保护，检察机关不再就此事提起诉讼。

张军检察长也讲到一个事例。2018年5月，他去黑龙江调研，在与省委书记、省长交流沟通的过程中提出，公益诉讼可以为黑龙江经济社会发展做些贡献，省里有什么需求？王文涛省长当即提出，小煤窑的清理长期效果不好，希望检察机关参与。事实证明，检察机关介入后，在对387个小煤窑的清理当中发挥了积极作用，效果显著。王文涛省长在参加中央经济工作会议分组讨论发言过程中，特别肯定和赞扬了检察院。

独特的实践发展之路，既显现了我国检察公益诉讼制度不同于其他国家公益诉讼的特点，体现了制度设计的强大生命力，也以事实雄辩地证明，实践才是推进制度发展的根本动力。

对于这项工作，中国政法大学副校长马怀德教授给予了高度认可，他建议，公益诉讼是一项新的制度，全社会对这项制度的了解程度实际上是比较低的，即便是在司法系统熟悉这项新制度的人也是有限的，应该通过各种渠道和方式扩大对公益诉讼的宣传。

在一些特定民事主体自身合法权益被侵害的问题上，向来有两大难点：一是“非不欲也，实不能也”；二是“非不能也，实不欲也”。怎么解决？在中国人民大学法学院王轶教授看来：“检察机关提起公益诉讼，可以说是中国发挥智慧立足实际，提出的最有效的解决方案。”

让人欣慰的是，截止到发稿，记者得到的数据是：

目前已有北京等22省、自治区、直辖市党委主要负责同志作出批示。

吉林等24个省、自治区、直辖市党委、政府或“两办”联合下发支持检察公益诉讼工作的文件。

黑龙江省检察院主动向省委、省政府报告公益诉讼工作并获支持，逐一排查年产能15万吨以下的387家小煤矿，有效防控了安全生产风险隐患。

湖北省黄石市14年的违章建筑破坏了磁湖生态环境，市国土局主动上门要求监督，检察机关向五家行政机关发出诉前检察建议，督促联合执法，成功破解了难题。

五

“希望是这个时代像钻石一样珍贵的东西。”这是2019年春节刷屏的影片《流浪地球》里的经典台词。这个春意已显的冬末，谁会料到，是中国科幻产业率先交出了自己的答卷。冲破云霄的40亿票房之外，《流浪地球》给社会带来的是极具冲击力的希望、信心以及与未来关联的可能性。我们为炸裂的科幻而震撼，为主创团队把一个那么极为不好突破的“人文内核”处理到极致而感动，当木星即将与地球相撞，人类选择带着“球”一起跑，看完电影，很多人泪流满面，完全超乎想象。

不知你是否想过，一部好的影片为何会直抵我们的心灵？除却人性的光芒，是因为我们能在各种渲染铺垫及高潮过后最终看到故事的结尾；我们与影片有共鸣，可以把自己幻想成故事的主角；我们甚至在最后的主题曲结束后仍然坐在那里，曲终人不散，意犹未尽。

改革则不同，我们不是制度设计者，很难逼近改革内核；我们只能看到“开头”，却无法预估结局；我们不愿意等待，只想“一步到位”，更多的时候是想尽快摆脱和“逃离”，没有人从内心深处愿意改革，多半是不得不被裹挟“推着走”“赶鸭子上架”。而每一项改革都需要一个漫长甚至相当漫长的过程才能看到效果，甚至会触碰利益，因而改革的最初总是充满争议、披荆斩棘，甚至步履维艰，“涉险滩、闯难关、遇水搭桥的艰难历程”是中国各行业的共同境遇。回想，有多少人能在40年前改革开放初期预料到40年后的“波澜壮阔”？“硬磕最难的路、直面崇高、坚守理想”，或许就是霸屏的《流浪地球》带给我们最回味无穷的启示吧。

通过对最高检“这场重塑性变革”的采访，记者有了很多不一样的感受。感动振奋之余，记者发现，改革中通常所说的“上面九级风浪，下面纹丝不动”的现象依然存在。比如，最高检党组提出的“群众来信，7日内必须有回复”，此次重新组合负责控告申诉工作的第十检察厅已经加班加点、全员出动。考虑到去年群众来信尚有22944件次未予处理，他们从10个省级检察院抽调了20名得力检察干警，已经高效处理了近1.5万件次来信。而有的地方还处在按部就班的节奏，不着急慢慢来，没有给更多人带来像黑龙江省哈尔滨市的申诉人张文佐在收到最高检处理来信答复后眼含热泪、彻夜难眠的那份喜悦。

记者也发现，很多局内人还不如赋闲的检察官热情高涨。记者给曾任白山市检察院检察长、刚从吉林省检察院副检察长位置上退下来的老朋友韩起祥打电话时，他带着孙子正在长隆动物园玩，但对检察工作仍然很在状态。记者问他：“您是一位老检察官，如何看待最高检的这次重塑性变革？”回答是：从1978年恢复重建到1988年、2008年，直到2018年，其实一直在改。只是这次有了中央“四个全面”战略布局作为总体遵循，并且有了中央全面依法治国委员会作为统一领导，更重要的一点是检察体制改革受到监察体制改革冲击较大，面临转隶不得不改。“这次改革一定是最高检党组深思熟虑后的结果，相信能很快看到改革成效。”他坚定地说。

当然，通过采访，很多检察官给记者带来的是更多的惊喜、不一样的领悟以及更深层次的思考。记者见到一位长期从事“未检”工作的女检察官，本以为这次中央单独批设了一个“未检”厅的编制，她会特别兴奋，但她对记者说因为高兴而更有压力，担心做不好。她说了很多，比如“现实中关注儿童为何犯罪的并不是主流，报应思想严重”“很多流浪儿童无法推到社会又没人认领，最后都是公安干警、检察官帮着带”等等，她也谈到留守儿童的问题，她更关心孩子是否能得到真正的帮助。据媒体报道，中国有700万留守儿童，其中一部分是问题少年，如果不引起重视，将来的影响波及的远不止一个人、一个家庭，必然会影响到社会。儿童救助是一个牵涉范围广且深的社会工程，需要多部门协调。检察院如何有效参与、发挥积极重要作用？仅从检察改革内部来看，或许找不到对应的答案，必须具有更高的政治站位，胸怀社会治理的大视野，弥补工作短板，才有可能迎难而上。“这对检察官提出了太高的要求。”她说。

再比如，检察院力推的公益诉讼，记者采访时获知，这完全不同于普通民事和行政诉讼的特性，但因相关制度不配套，有时与法院衔接起来颇显尴尬。

改革何其难？不仅需要拿出啃硬骨头的勇气，还要运用政治智慧、法律智慧去收获双赢多赢共赢。了解其不易，才会更被最高检党组下决心重塑理念、对内设机构进行改革的勇气以及那份“为有牺牲多壮志，敢教日月换新天”的魄力而感动。

但是，我们都知道，改革不是设计者“一个人孤独的舞台”。诚如习近平总书记在新年贺词里所说：“一个流动的中国，充满了繁荣发展的活力。我们都在努力奔跑，我们都是追梦人。”改革需要全体检察人、法律共同体、社会各界的齐心合力，一起奔跑，“守住青山绿水”“让家园变得更好”——发展、进步，是各行各业面对的共同考卷。

这次“重塑”，基本涵盖了理念创新、组织创新、行为创新、管理创新、技术创新等方方面面，站在新的时代开启的历史方位，大开大合、大破大立。改革并不仅是解决了多少年来没有理顺的机构混乱，而且将有利于从根本上扭转传统的“重刑轻民”“重刑事轻行政”现象，使检察工作离老百姓更近，让老百姓在每一起案件中触摸到公平正义越来越高的“温度”；“员额不是进了保险箱”相信也能让年轻的检察官尽快地享受到改革红利。

让人欣喜的是，“两会”前夕，检察机关通报的“赵宇案”“涞源反杀案”都不予起诉的决定，及时回应了民间的关切，更加提升了公众对司法公正的信心，使深刻转变司法理念的检察工作离老百姓更近，让老百姓在具体个案中真正感受到了法治的力量、“供给侧”的变革。

我们深知，改革不能一蹴而就，从来没有敲锣打鼓的事业，从来没有轻轻松松的改革。新时代新检察如何走好中国特色社会主义检察之路？今年元月15日至16日在北京召开的中央政法工作会议上，习近平总书记关于“要坚持以新时代中国特色社会主义思想为指导，坚持党对政法工作的绝对领导，坚持以人民为中心的发展思想，加快推进社会治理现代化，加快推进政法领域全面深化改革”“要加大关系群众切身利益的重点领域执法司法力度，让天更蓝、水更清、空气更清新、食品更安全、交通更顺畅、社会更和谐有序”的重要讲话，为新时代新检察的工作方向提供了最根本的遵循。

人总归是需要一点精神的。一年来，最高检以浴火重生的胆魄、脱胎换骨的决心，从思想理念、机构设置、工作机制、思想作风等方面进行全面调整，走出的不平凡之路，不得不让人感慨：这是一支让党中央放心的队伍、让党中央信赖的队伍，这更是依法治国方阵里的生力军。

犹记得，40年前，伴随着改革开放的伟大进程，人民检察院恢复重建；40年后，乘着改革开放的东风，检察机关在中国特色社会主义事业中的作用日益彰显。新时代，新使命，“会挽雕弓如满月”，一声令下，重整行装再出发……

巡回检察试点一年：警惕"熟能生懒"，防止"熟能生腐"

南方周末（2019年7月11日）谭　畅　张昆昆

山东检察机关开展巡回检察试点工作

对于地处济南市的山东省A监狱而言，济宁市的检察官冯知良是一张"生面孔"。

2018年11月，冯知良等4名来自济宁城郊地区检察院的"陌生人"走进A监狱，十多天时间里，他们只做一件事——给监狱挑毛病。

冯知良告诉南方周末记者，他们一共给A监狱挑出了40个问题，并形成了书面报告：监狱部分围墙没有在内外两侧设置符合要求的警戒隔离区；对于进出监狱的外来人员和车辆，没有严格落实由警察全程陪同或陪驾的规定；罪犯劳动报酬制度执行较晚，部分罪犯劳动报酬权益未得到依法保障……

4位"陌生人"提出的问题和整改建议，A监狱照单全收，并制定了台账，逐一对照销号整改。

整个过程完成后，一次以“巡回检察”方式对监狱进行的监督结束。而在过去，检察机关对监狱进行法律监督主要采取在监狱设置检察室，也即实行派驻检察的方式。

“对于普通民众而言，派驻检察模式很容易留下监狱检察人员与监狱监管人员一体的观感，在形式上具有难以避免的缺陷。”中国人民大学法学院教授李奋飞说。

为解决“派驻”导致的监督质效不够理想，2018年5月31日，最高人民检察院宣布开展为期一年的监狱巡回检察试点工作，山东是试点地区之一。

一年试点结束后，2019年7月1日开始，“巡回检察”的做法在全国所有监狱中实行，已成为监狱检察工作的常态。

“滚动的石头不长苔”

为什么要开展监狱巡回检察？要从监狱与检察院的关系说起。

监狱是国家刑罚执行机关，其最高行政主管部门是司法部。不过，对监狱刑罚执行和监管改造活动实行法律监督，则是检察机关的职责。

过去在检察机关对监狱实行派驻检察时期，根据要求，每一名驻狱检察人员每个月派驻检察的时间不得少于16个工作日，而且派驻检察室每个工作日都要有人员在岗。

派驻检察为主的监督方式取得了不少成效，近年来纠正的“浙江张氏叔侄强奸杀人案”“海南黄家光故意杀人案”等冤、错案，都是在监狱派驻检察工作中发现的。

但这一监督方式也存在一些“硬伤”，受到法律界诟病。

李奋飞的看法是，长期、稳定的驻狱工作，造成了监督者与被监督者长时间共处同一空间的客观事实，难免引起社会各界的隐忧甚至质疑，“在低头不见抬头见的环境中，驻狱检察人员是否还能够秉持检察监督的立场，敢于亮出监督之剑？”

山东省检察系统一位人士对南方周末记者说，检察官在一个监狱“上班”时间长了，容易和监狱监管人员称兄道弟、一团和气，忘记自己的职责其实是去监督他们的。该人士还指出，驻狱检察人员相对固定，缺乏必要的交流轮岗，在熟悉监狱工作的同时也会对监狱存在的问题熟视无睹，甚至被“同化”，进而出现面对问题“拉不下情面、下不了手”，不愿监督、不敢监督的局面。

“我们都知道‘熟能生巧’，但也要警惕‘熟能生懒’，防止‘熟能生腐’。”2018年5月31日，最高检新闻发言人王松苗在发布会上宣布，将在山西、辽宁、上海、山东、湖北、海南、四川、宁夏等8地（后增加黑龙江、江苏、河南、云南等4地）开展为期一年的监狱巡回检察试点工作。

“俗话说‘滚动的石头不长苔’。”王松苗表示，实行巡回检察试点，目的就在于防止权力“长青苔”。

与派驻检察相比，李奋飞认为，巡回检察具有明显的独立性，以随机组成检察组的形式不定期进入各个监狱，有利于检察人员以客观的外部视角对监狱予以审视，发现长期身处其中的人容易忽视的问题，同时也增加检察人员与监狱监管人员形成“熟人”关系的成本。

是否存在“牢头狱霸”？

“巡回检察改革没有先例，是‘摸着石头过河’。”山东省检察院副检察长黄敬波告诉南方周末记者，被列入试点省份后，山东从2018年10月开始实现对全省15个市19所监狱的巡回检察全覆盖。

不过实行巡回检察并不意味着彻底取消派驻检察。“派驻不能丢，巡回很必要。”最高检第五检察厅副厅长刘福谦对南方周末记者表示，监狱检察改革是改“派驻”为“派驻+巡回”，既发挥“巡”的优势，又发挥“驻”的便利。

刘福谦说，派驻检察人员可以更加直接地发现监狱在执法活动中存在的问题，了解罪犯的诉求。对于派驻检察发现的一些问

山东省检察院第五巡回检察办案组巡回检察

题，可及时与巡回检察组对接，便于检察机关有针对性地开展巡回检察。

试点期间，山东15个检察院在每个驻狱检察室至少保留一名检察人员，大部分人员都被撤回，充实整合设立巡回检察组。每个试点院设立的巡回检察组不少于两个，每组不少于3人。

对每一所监狱的巡回检察频率大约是两到三个月一次，每次不少于5个工作日。对同一监狱再次巡回检察时，需要更换主办检察官，并调整巡回组成员。

除了常规巡回检察，山东省检察院还调动整合了全省监狱检察力量，组织15个试点院对19所监狱开展跨域交叉巡回检察。

冯知良参与的就是一次跨域交叉巡回检察。2018年11月，济宁城郊检察院选派了2名检察官和2名检察官助理，以山东省检察院第五巡回检察办案组（以下简称巡回组）的名义进入山东省A监狱。为提高巡回检察针对性，巡回组在出发前与承担该监狱派驻检察任务的济南城郊院对接，事先了解情况，研究制定了工作预案。

2018年11月13日，巡回组在济南城郊院相关人员陪同下，与监狱共同召开巡回检察动员会。会后，巡回组在罪犯生活区、生产区、监狱办公区、罪犯家属会见区等地方张贴了巡回检察公告，公布了举报电话。

十多天的时间里，巡回组审查了监狱各方面的档案材料，查看了有关监控录像，对于监狱医院可能存在使用罪犯管理药方、从事注射等医疗护理工作的情况，巡回组通过回看监狱医院的监控进行查证。

巡回检察期间，山东省常采取的一个做法是，对服刑人员开展问卷调查。

山东检察机关组织服刑人员填写调查问卷

“生病是否得到及时治疗？管教民警是否向你或你的亲戚朋友索要过财物？监狱是否存在‘牢头狱霸’现象……”在山东省检察院提供的材料中，就有张包括二十多个问题的“监狱服刑人员调查问卷”。

2018年11月开展的那次巡回检察过程中，冯知良所在的巡回组共对A监狱100名罪犯进行了问卷调查。“为防止谈话不够深入，我们选择在巡回检察活动进行5日后才开始与罪犯谈话，罪犯合法权益保障情况、监狱文明执法情况、牢头狱霸问题等是重点。”冯知良举例称，巡回组如果在前期发现监狱可能存在禁闭罪犯不规范的问题，就会特意选择被禁闭过的罪犯进行重点谈话。

最终，巡回组发现了A监狱在安全监管、罪犯生活卫生管理、教育改造、刑法执行和狱政管理等方面存在的40个问题。

山东省监狱管理局刑罚执行处处长赵后卫表示，对于巡回检察发现的问题，监狱需要限期将整改情况向检察机关反馈，且下一次巡回检察还会对上一次发现的问题进行复查。

“巡回”有反思之处

2018年修订的人民检察院组织法，已正式确立对监狱实行巡回和派驻两种检察方式。

2019年6月27日，最高检召开新闻发布会，宣布从2019年7月1日开始，全面推进监狱巡回检察工作。

王守安是最高检检委会委员、第五检察厅厅长，他在发布会上称，截至2019年5月，全国检察机关共对452个监狱开展1262次巡回检察，发出书面纠正违法和检察建议2808件，得到纠正2008件，与以往仅实行派驻检察相比，成效明显。

最高检副检察长邱学强，在试点期间先后两次带队进行巡回

2019年4月23—26日，最高检调研组到湖北孝感监狱，调研监狱巡回检察试点工作

检察，这是最高检历史上首次直接开展巡回检察。

为期一年的巡回检察试点，既是对监狱检察方式的探索，也是对监狱的“全身体检”，并发现一些监狱在执法过程中存在的深层次问题。

检察机关通过巡回检察发现，一些监狱对罪犯教育改造的重视程度有待提高，个别监狱思想教育缺乏系统性安排、出入监狱教育时间过短、课程设置不符合有关规定、心理教育没有有效开展。

再比如罪犯劳动报酬的问题。一些地方罪犯的劳动报酬配比结构不合理，某监狱将罪犯个人劳动报酬分为狱内消费金、社会责任金、出狱生活储备金三部分，但狱内消费金占比较高，后两项比重偏小，不利于罪犯的教育改造和出狱后顺利回归社会。有的监狱医疗投入不到位、影响罪犯治疗。

刘福谦称，出现上述问题，既有法律规定方面的原因，也有监狱硬件设施、人员配备方面的原因；既有监狱干警执法不规范的原因，也有检察机关监督不到位的原因，“检察机关准备在下一步的工作中加强与刑罚执行机关的沟通协作和信息共享，共同研究解决”。

通过巡回检察，监狱系统长期存在的一些问题暴露了。但总结试点得失，便能发现巡回检察这一监督方式本身也有值得反思之处。

从山东省的试点实践来看，很多市只有一个监狱，派驻人员撤回后和刑事执行检察部门人员一同被分为若干个巡回检察组。但据山东省检察院第五检察部主任丁西超介绍，由于巡回检察形式单一，几轮巡回检察下来后，容易出现“‘老、大、难’问题依然存在，发现问题越来越小、越来越少”的现象。

江苏省检察院第五检察部副主任朱昊表示，在江苏试点期间，监狱检察工作的及时性遇到了一定挑战。

朱昊举了一个例子：巡回检察试点工作开始后，要求每个监狱仅保留1名驻狱检察人员，其余人员撤回。而为了充实巡回检察力量，检察院往往选择撤回员额检察官，留守在监狱的只是检察官助理。“但当监狱发生罪犯死亡、家属闹事等突发状况，非员额检察官不敢表态，这时候还得从几十公里外的检察院调员额检察官过来处理。”

山东省湖西监狱监狱长胡传亭则发现，对于同样一个问题，不同轮次的巡回检察人员处理方式会有差别，比如对一个罪犯能否减刑，上一批认为能减，下一批可能认为不能减，“这样罪犯就会产生情绪波动，不利于监狱监管秩序的改进”。

面对试点期间出现的问题，刘福谦说，改革难免存在困难，检察机关将充分总结经验和不足，提出解决方案。

从易到难：检察建议改革的临沂样本

——从“一号建议”到“多点开花”

民主与法制（2019年5月27日）祁　彪

沂水河畔，检察建议制度在这里焕发出了勃勃生机。

2018年12月2日，山东省临沂市检察院向临沂市教育局公开送达“一号检察建议”，而在这背后，临沂市检察系统全年共发出检察建议658件（包括告知函33件），采纳605件，促进解决各类问题468个。相关经验做法，获得山东省检察院检察长陈勇批示肯定，并转发各地学习借鉴。

耀眼的成绩背后，临沂的检察建议改革到底有哪些特别之处？

临沂的“一号检察建议”

2018年12月2日，在第五个宪法日来临之前，山东省检察系统举办了一场以“履行宪法职责，共建法治山东”为主题的全省检察机关检察建议公开送达活动。

正是在此活动期间，临沂市检察院将“一号检察建议”公开送达给了临沂市教育局。

这份检察建议，是由临沂市检察院检察长蒋万云承办的。

“国家非常重视职业教育，在校的学生大多是未成年人，我们在办案中也十分关注这个群体。在办案中我们注意到，职业院校学生违法犯罪现象相对突出，就对2016年以来办理的涉及职校学生的刑事案件进行了梳理。通过跟学生谈心交流、发送调查问卷、走访调研，经过充分的听取意见后，为进一步推动校园安全建设，有效防范职校学生违法犯罪行为发生，我们向临沂市教育局发出了这份检察建议。”蒋万云说。

山东省临沂市检察院向临沂市教育局公开送达“一号检察建议”

据了解，这份文号为临检建〔2018〕1号的检察建议，共计10页5000多字，用61组数据、6个案例详细分析了临沂市职业院校学生违法犯罪的5个突出特点、5个原因并提出了4条检察建议。此外，这份检察建议还附了检察机关办理职业院校学生犯罪情况调研分析图表以及临沂市检察院微信、微博及“沂蒙未检”二维码，图文并茂。

临沂市检察院未检处副处长胡阳表示，临沂市教育局收到检察建议之后高度重视，一个月后就向临沂市检察院书面反馈落实意见。

“接到检察建议后，市教育局针对建议提出的问题和意见建议进行了研究。我们制定了整改落实的7条措施，其中有3条明确了领导和教师的责任，主要是成立了职业院校安全工作领导小组、在职业院校推行重大事件报告制度，健全、完善职业院校领导、教师值班制度，着重加强对校园安全隐患的风险排查，对学生间的摩擦、斗殴、出走、长期旷课等行为进行摸底排查，出现问题第一时间上报。另外4条措施着重加强了职业院校安全的日常和微观管理，建立校舍定期巡查制度，组建校园安全心理咨询中心，对学生持续开展全覆盖法治教育，联合文化管理部门加强对校园周边文化场所监管。”临沂市教育局职业教育科林科长说。

2019年2月2日，临沂市教育局制定下发了《关于进一步加强中等职业学校法治校园建设的意见》，从落实责任、优化育人环

山东省临沂市检察院检察长在临沂市高级财经学校讲授法治课

山东省临沂市检察院开展“检察长担任法治副校长暨开学季普法进校园”活动

境，加强教育、提高法律意识，完善制度、提升育人质量等三方面，提出了12条加强中等职业学校法治校园建设的意见，形成了职业院校管理的长效机制。

检察建议贵在落实落地。据介绍，在落实检察建议的过程中，蒋万云带领办案人员到市教育局“多走动”，共同推动检察建议的落实。

2019年2月25日，新学期伊始，临沂市检察院开展“检察长担任法治副校长暨开学季普法进校园”活动。这天上午，在临沂市高级财经学校，蒋万云以“尊崇法治、知法善行、从现在做起”为主题，结合鲜活生动的真实案例和社会热点案件，围绕“尊崇法律、崇尚法治”“知法善行、预防犯罪”以及“加强自我保护、提升思想境界”三个方面，教导同学们要“预防暴力犯罪，远离打架斗殴”“预防激情犯罪，拒绝冲动魔鬼”“走出虚拟世界，让真实的生活更精彩”，引起了师生们的警醒和共鸣。

该校一名学生说：“这堂课都是讲的我们身边的案例，从中我懂得了很多法律知识，给我很深的启迪，也让我对检察官这个职业有了更深刻的了解。”

临沂市检察院的统计数据显示，去年以来，临沂市检察机关开展“法治进校园”巡讲活动99次，受教育学生12万余人次，134名检察干警被聘为法治副校长或法治班主任。

再审检察建议戳穿3700万元虚假诉讼

检察长亲办临沂市“一号检察建议”的背后，是整个临沂检察系统如火如荼在开展的检察建议改革工作。

2019年2月19日上午，临沂市检察院召开全市检察机关深化“沂蒙检察+”新闻发布会，会上发布了2018年度全市检察机关优秀检察建议。其中，临沂高新区检察院发出的针对李某某等虚假诉讼的再审检察建议以得分第一名的成绩位居榜首。

李春吉在高新区检察院任民行科科长、员额检察官，同时承担侦监业务。2017年4月，案外人临沂某融资担保有限公司就李某某与临沂某机电制造公司民间借贷纠纷涉嫌虚假诉讼一案，向高新区检察院提出刑事立案监督申请。

李春吉受理该案后，首先到高新区法院调阅该案的民事诉讼卷宗。通过审查卷宗，他发现原、被告之间有明确的汇款记录，亦写有借款单据，从表面现象看很难断定该案属于虚假诉讼，但是一张李某某系被告公司会计的单据引起了李春吉的怀疑。

“该民事调解案件的原告李某某系被告某机电制造公司的会计，公司向个人借款2221万元，如此巨额的资金往来，这不符合常理。考虑到在公司经营中，出于避税等目的，很多公司利用个人账户开展资金结算等业务，那么这笔巨款很有可能就是公司的钱，只不过是先打到会计个人账户、后转入公司账户。根据这一推断，该民事调解案件极有可能是公司为了保全资产、自我保护，而与会计串通捏造的一起虚假诉讼案件。”李春吉说。

2017年11月14日，李春吉向公安机关发出《要求说明不立案理由通知书》，监督立案侦查。高新区公安分局于2018年1月16日立案侦查，一举查明了该机电制造公司为逃避债务、保全资产，由公司监事、副总经理顾某某与主管会计李某某、财务经理刘某某恶意串通，以李某某对公司的汇款记录为依据，伪造2221万元的借款收据后提起虚假民事诉讼的犯罪事实，并于2018年2月7日提请检察机关审查批捕。

李春吉在办理李某某、顾某某、刘某某三人涉嫌虚假诉讼罪的审查逮捕案件时，通过再次审查该案的民事诉讼卷宗，敏锐地发现了一份授权委托书，内容为“现委托顾某某在我单位与潘某某因民间借贷合同纠纷一案中，作为我方参加诉讼的委托代理人”。

“当时发现这张多出来的授权委托书时，我很意外。因为潘某某和我们正在办理的案子并没有任何联系。经过仔细核对，我发现这份授权委托书的时间和正在办理的虚假诉讼案件在法院立案时间是同一天，都是2015年10月13日。于是想到潘某某诉该机电制造公司民间借贷纠纷一案，极有可能也是一起虚假诉讼案件，因法院在同一时间受案、同一时间开庭审理，所以法官放错了卷宗。”李春吉解释道。

为证实自己的想法，挖出更多的虚假诉讼案件线索，李春吉制定了严密的讯问提纲，迅速提审犯罪嫌疑人顾某某。果不其然，当李春吉抛出“说说和潘某某一起捏造虚假诉讼案件的经过”这个问题时，顾某某绝对没有想到检察官已经掌握了另一起虚假诉讼案件，心理防线直接崩溃，不仅承认其与潘某某捏造事实提起诉讼标的为469万元虚假诉讼的犯罪事实，在李春吉的法治教育下，又供述了第三起诉讼标的高达735万元的虚假诉讼案件。

至此，三起诉讼标的高达3700万元（本金、利息合计，以最终判决书认定数额为准）的重大虚假诉讼案件现出原形。为确保办案效果，防止有关人员串供、逃跑、伪造证据，2018年2月13日，李春吉对李某某、顾某某、刘某某作出批准逮捕的决定的同时，监督公安机关对潘某某虚假诉讼案、刘某虚假诉讼案立案侦查。公安机关于2018年3月12日对该两案同时立案。

2018年12月14日，经高新区检察院提起公诉，高新区法院以虚假诉讼罪依法判决5名被告人三至一年不等的有期徒刑并处1万至5万元不等的罚金，判处单位被告临沂某机电制造公司罚金20万元。

“虚假诉讼案件妨害了国家正常的司法秩序，严重损害了人民法院的司法权威，侵害了国家利益和他人的合法权益。因此，对于虚假诉讼案件，不能止步于追究刑事责任，对于错误的调解、判决进行监督纠正，民行检察工作义不容辞。”李春吉说。

2018年4月11日、5月17日，李春吉先后向高新区法院发出三份检察建议书，建议法院依法再审。高新区法院收到检察建议后，分别于2018年4月27日、7月25日作出三份再审民事裁定。

2018年12月26日，经开庭再审，法院判决撤销原审民事调解书，驳回原告李某某、潘某某、刘某三人的诉讼请求，遏制了“老赖”的阴谋，保障了案外人的合法权益。

系好检察建议每一粒扣子

“检察建议是检察机关进行法律监督的一个重要手段，必须狠抓规范，从一开始就要系好每一粒扣子，做到步步规范，这样才能树立检察建议的权威。为此，我们把检察建议放在三大改革攻坚战之首，集中力量进行攻关。”蒋万云表示。

据介绍，开展检察建议改革以来，临沂市检察院成立了由检察长任组长、党组副书记和分管副检察长任副组长、其他党组成员为组员的检察建议规范化建设领导小组，并下设了由分管副检察长兼任主任、一名专委为副主任的工作专班，切实加强了对这项工作的组织领导和统筹协调等工作。从全院范围内抽调1名员额检察官和两名司法辅助人员到研究室，专门负责检察建议审核把关、督导调度等工作。在深入调研、全面把握全市检察建议工作现状的基础上，及时召开全市检察建议规范化建设会，对全面推开这项工作作出周密部署，突出抓好向当地党委、人大专题汇报，争取人大常委会尽快出台相关决议，以及公开宣告室、信息化等平台载体建设等六项重点工作。

临沂市检察院副检察长贾卫国表示，根据山东省检察院的要求，临沂市检察院出台了《关于规范和加强检察建议工作的意

“沂蒙检察+”新闻发布会现场

见》，对检察建议工作的指导思想、基本原则以及检察建议的适用范围、启动、制作、送达、异议处理、管理等，作出进一步明确和规范。建立月通报、季分析、年报告制度，对基层检察院和市检察院部门工作情况实行一月一调度、一月一通报。

“对本部门本系统发出的检察建议实行季度分析制度，并报市检察院工作专班，综合整理后下发全市检察机关，并报本院领导和上级相关部门；各主要业务部门每年12月份或第二年初形成年度分析报告提交本院检委会审议，综合整理后形成年度工作报告分别呈报省检察院和当地党委、人大、政府等几大班子领导。”贾卫国表示。

同时，临沂市检察院积极完善优秀检察建议评选、发布制度，在坚持做好每年一度评选工作的同时，要求采取印发典型检察建议、召开新闻发布会、利用门户网站和“两微一端”等媒体的方式，及时发布、宣传优秀检察建议，以此引领带动检察建议规范化建设健康发展，提升检察机关的司法公信力。

“我们还积极推行借力监督机制。全面推行试点期间形成的第三方参与公开送达、听证、回复、回访制度，在人大代表议案、政协委员提案中筛选监督线索的做法，与纪委监委会签文件形成协作配合机制等行之有效的做法和制度机制，努力构建多方联动支持监督的工作格局。”贾卫国说。

制度的落实，抓好主体责任是关键。

临沂市检察院检委会专职委员臧得勇介绍，临沂市检察院明确规范了检察建议各层面的责任。

“实行双考核制度，把检察建议工作纳入对基层检察院和市检察院业务部门的考核范围。对制发检察建议数量多、质量高、效果好的，给予加分激励；对应当制发检察建议不制发或者制发质量不高、效果不好的，给予减分处理。将是否入选典型精品优秀案件或检察建议，是否得到党委政府领导、上级院领导书面批示肯定，作为评定员额检察官、检察辅助人员等次的考核内容之一。”臧得勇说。

以强化检察官办案责任为例，临沂市检察院把制发检察建议的任务和质量要求压到具体办理案件的员额检察官身上，重点考核员额检察官制发检察建议的质量和效果。

再以明确部门责任为例，临沂市检察院制定分工方案，进一步明确研究室的牵头抓总、统筹协调、规范把关、建言献策等责任，案管部门的线索管理、立案登记、案件分配、流程监控、分析评估、质量评查等责任，主要业务部门的主体责任和对下指导责任，派驻基层检察室的线索移送责任，信息技术部门的服务保障责任，办公室的规范用印责任以及督察部门的督导检查责任。

“我们还明确规定，入额领导干部要带头办理检察建议监督案件，全面落实院领导带队上门送达制度。公开宣告送达的，检察长或分管该检察建议承办部门的副检察长必须参加。”臧得勇说。

系好检察建议的每一粒扣子，临沂市检察院真正将检察建议这件“衣服”穿出了光彩、穿出了新意。

苏州检察院探索“屏上谈兵”大幅提升查办案件效率

中国新闻网（2019年11月20日）钟　升

屏幕上显示着一座房屋的立体模型，随着点击，视角切换到屋内的各个位置，让观看者自由“徜徉”于屋内。放大画面，各处细节清晰可见。20日，苏州市人民检察院召开新闻发布会，介绍该院在应用VR全息复刻技术查办案件中取得的新成果。

VR技术全称“虚拟现实技术”，是利用计算机模拟虚拟环境，从而给人以环境沉浸感的一项新兴实用技术，已在多个领域被陆续应用。

对于采用VR技术的初衷，苏州市检察院检察信息技术部主任周先豹解释道：“长期以来，在刑事案件的办理中一直是采用

苏州市检察院的技术人员展示VR全息复刻技术

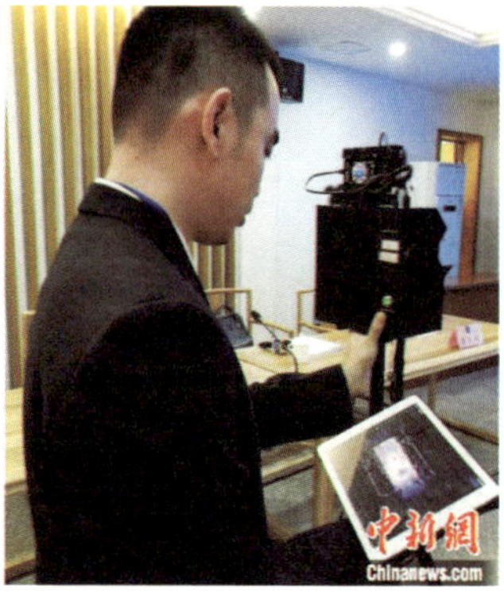

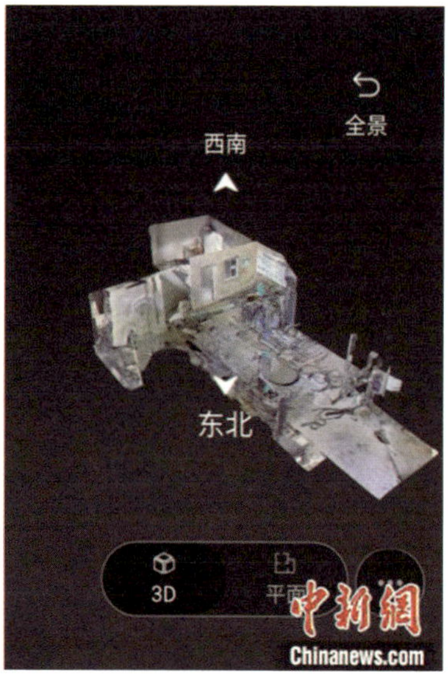

拍照、录像等方式来记录案件现场，但对于一些重大复杂的案件，仅依靠传统的现场勘查笔录来‘脑补’，难以实现案件的场景化重现，对案情的还原不够直观。到案件现场实地进行侦查实验、反复勘查、案件推演则推高司法成本，而且实地案发现场难以长久保存。这些司法办案的痛点促使我们迫切地去寻找一种场景化的手段，来尽可能全面、准确、真实地重现案件现场。”

而VR全息复刻的应用，则帮助办案人员将“人脑补”变成了“电脑补”，并能将案发现场数据化永久保存。

苏州市检察院第一检察部检察官张飞刚刚承办了一起发生在群租房中的故意杀人案。他介绍：“VR技术节省了大量的办案时间。一个100平方米的案件现场，从扫描到生成至发布，总共耗时不超过2小时。对于刑事案件的快速反应、快速研判而言，具有重要意义。”

案件现场的VR全息复刻还大大提升了沟通、交流的便利性。张飞说：“以往汇报案情时，非常考验汇报人的语言能力，稍有不慎甚至可能导致办案人员产生判断偏差。现在我们可以请不同人员以不同视角、不同路径无限次到‘案发现场’查看，消除不同人员对案件以及空间布局理解存在的差异，增强了对案件判定的准确性。之前需要约专家勘查现场再回办公室讨论，劳神费时不说，彼此的时间还不一定能碰上，现在我们可以直接带着‘现场’上门找专家。”

周先豹表示，目前在苏州市检察院办理的一些刑事案件中已经开始采用VR全息复刻进行案件推演，比如，办案人员可以将作案工具植入场景，并将人物模型尽可能地贴近案情进行摆放。现在人物模型已实现了48个关节的自由活动，随着技术研究的深入，很快就能让人物模型依照预设活动轨迹自行动起来，更好地还原案发时的情形，提升办案的智慧化与高效性。

为促进社会治理体系和治理能力现代化贡献『法治智慧』和『检察担当』

——法制日报◎周斌

新华社 XINHUA NEWS AGENCY　法制日报　南方周末

南方都市报　民主与法制　CMG 中央广播电视总台

03

推进认罪认罚从宽

最高检：加大认罪认罚从宽制度适用力度

新华社（2019年10月31日）周闻韬

最高人民检察院30日—31日在重庆召开全国检察机关适用认罪认罚从宽制度推进会，要求各级检察机关要站在促进国家治理体系和治理能力现代化的高度，深刻认识认罪认罚从宽制度的重要意义，切实承担起在认罪认罚从宽制度中的主导责任，加大制度适用力度。

认罪认罚从宽制度体现了巩固诉讼理念的重大变革和刑事诉讼制度的重大改革，本质上是推动国家治理体系和治理能力现代化的一种诉讼模式。

根据修改后的刑事诉讼法，检察机关在认罪认罚从宽制度中履行主导责任。最高检副检察长陈国庆在会议上要求，各级检察机关要以时不我待的责任感、使命感和紧迫感，积极履行主导责任，进一步加强组织领导，着力提升量刑建议精确化，充分保障当事人的合法权益，依法规范认罪认罚案件的抗诉工作，高度重视认罪认罚案件的廉政风险防范，大力推进认罪认罚从宽制度的适用。

2019年10月30—31日，全国检察机关适用认罪认罚从宽制度推进会在重庆召开

检察机关承担主导责任、推动实施认罪认罚从宽制度全面深入落实纪实

法制日报（2019年7月12—13日）周　斌

编者按

修改后的刑事诉讼法确立了认罪认罚从宽制度，这是一项重大司法制度变革。自这项制度施行以来，司法机关积极贯彻落实，在提升诉讼效率、化解社会矛盾、减少社会戾气、创新社会治理、促进社会和谐等方面取得了明显成效，实现了办案法律效果、政治效果、社会效果有机统一。特别是检察机关面对新时代人民群众在民主、法治、公平、正义、安全、环境等方面提出的更高要求，在适用认罪认罚从宽制度过程中积极主动发挥主导作用，与其他司法机关一道，为促进社会治理体系和治理能力现代化贡献“法治智慧”和“检察担当”。近日，本报记者走访了检察机关基层一线，对这项制度的实践情况进行深入采访，形成了上下两篇纪实，敬请关注。

共同凝聚中国社会治理的法治智慧

“治国有常，而利民为本。”在习近平新时代中国特色社会主义思想中，坚持以人民为中心的发展思想是一以贯之的红线，是新时代坚持和发展中国特色社会主义的根本立场。在社会治理方面，习近平总书记更鲜明地提出，“坚持社会治理为了人民”。

以人民为中心，就是指引司法机关改革风帆永不迷航的灯

认罪认罚案件庭审

塔。作为党领导下的司法机关和国家法律监督机关，检察机关坚持以人民为中心，为创新社会治理出新招、献实策，贡献法治智慧，体现检察担当，用五年时间为一项重要的刑事司法制度作了大量探索和努力。

2018年11月至今，认罪认罚从宽制度成为“高频词”，反复出现在最高人民检察院党组书记、检察长张军的讲话中——

“全面落实认罪认罚从宽制度，切实发挥检察机关的主导作用。”

“特别是要充分发挥检察机关的主导责任，全面推进认罪认罚从宽制度，提升工作能力，提高办案效率和质量，减少社会矛盾。”

“要从推进国家治理体系和治理能力现代化的高度，充分认识认罪认罚从宽制度是节约司法资源、化解社会矛盾、减少社会戾气、促进社会和谐的重要落实方式和环节，也最能体现四个

‘铁一般’的要求。”

……

共和国首席大检察官为什么如此重视认罪认罚从宽制度？全国检察机关是怎样推进该制度的贯彻落实的？该制度的适用又给检察机关带来哪些思考和启示？近日，记者走访全国四级检察机关，对落实认罪认罚从宽制度的情况进行了深入采访和调研。

试点“催生”立法，司法机关合力交出一份富含法治智慧的改革答卷

迟到的正义非正义！公正与效率是刑事诉讼追求的两大价值目标。对公平正义的追求，不能无视代价，必须兼顾效率与公正。二者如车之两轮、鸟之双翼，不可偏废。

近年来，我国社会大局保持稳定，但国家安全和社会治安形势依然严峻复杂，尤其是随着经济社会的发展，国家安全、公共安全、经济领域犯罪及网络犯罪呈现新的特点，新型犯罪案件不断增多，司法机关惩治犯罪、维护稳定压力增大，无论是侦查取证，还是审查起诉、提起公诉、审判定案，难度都不断加大。

办理刑事案件，在案多人少、司法资源有限的情况下，如何保障公平不打折、正义不迟到？如何保障案结事了，促进社会和谐，减少情绪对抗？如何努力让人民群众在每一个司法案件中感受到公平正义，实现“三个效果”有机统一？

让当事人充分地参与刑事诉讼，是现代刑事司法的趋势，也是解决上述问题的理性选择。

党的十八届四中全会提出，完善刑事诉讼中认罪认罚从宽制度。这一重大改革部署充分体现了现代司法宽容精神，是我国宽

严相济刑事政策的制度化，也是对刑事诉讼程序的创新。

五年磨剑，功不唐捐。这一重大刑事司法制度改革在实践中不断探索、发展。

早在2014年6月，全国人大常委会就专门作出决定，授权最高人民法院、最高人民检察院在北京、天津、上海、重庆等18个城市开展为期2年的刑事案件速裁程序试点。

2016年11月，根据全国人大常委会授权决定，两高共同发布试点办法，继续在这18个城市开展刑事案件认罪认罚从宽制度试点工作，试点期限为两年。同时，刑事速裁试点工作按照新的试点办法继续实行。

认罪认罚从宽试点工作取得了较好效果，检察机关更是在其中发挥了积极的促进作用。实践中，检察机关在认罪认罚从宽制度中的主导地位不断凸显，主导作用发挥得越来越充分。

据统计，截至2018年10月，试点地区适用认罪认罚从宽制度

检察官与公安机关办案人员就一起认罪认罚从宽案件交换意见

起诉的案件数，占同期起诉刑事案件总数的50%左右，其中绝大部分是检察机关建议适用，审查起诉平均用时缩短至26天；适用速裁程序审结的占70%左右，其中当庭宣判率达95%；适用简易程序审结的占25%左右，当庭宣判率为79.8%。

2018年10月26日，全国人大常委会通过《关于修改〈中华人民共和国刑事诉讼法〉的决定》，以法律形式巩固了司法改革成果，将“认罪认罚从宽”确立为刑事诉讼法的一项重要制度。

修改后的刑事诉讼法用19个条款对认罪认罚从宽制度的适用条件、办理程序、当事人权益保障等作出具体规定，贯穿了整个刑事诉讼程序，为认罪认罚案件的依法从宽处理，构建与速裁程序、简易程序、普通程序有序衔接、繁简分流的多层次诉讼制度体系，推进刑事诉讼制度现代化提供了基本遵循。

法律的生命重在施行。记者了解到，开展认罪认罚从宽制度，在充分听取犯罪嫌疑人、被告人和被害人的意见并保障其权利的基础上，犯罪嫌疑人、被告人认罪认罚，并在辩护人或值班律师的见证下签署具结书，检察机关提出从宽的量刑建议，由法院予以确认，形成一种控辩审之间良性互动的关系，对控辩审三方诉讼结构产生积极的影响。

2019年3月，最高检有关负责人在十三届全国人大二次会议上作最高人民检察院工作报告时说，检察机关在办理认罪认罚从宽案件中充分发挥主导作用，检察机关建议适用该程序审理的占98.3%，试点期间量刑建议采纳率96%。

良法带来善治。修改后的刑事诉讼法施行8个多月以来，通过落实认罪认罚从宽制度，贯彻宽严相济刑事政策，提升刑事司法质效和社会治理能力，化解对抗情绪，减少社会戾气，促进社会和谐，中国司法机关合力交出了一份富含“法治智慧”的改革答卷。

紧锣密鼓，
四级检察机关全力推进认罪认罚从宽制度的贯彻落实

推进改革关键在于“顶层设计”。最高检从试点伊始就注重指导各级检察机关贯彻落实认罪认罚从宽制度。

2016年11月16日，改革试点工作正式启动。“两高三部”对改革试点的具体制度设计进行了反复研究论证，形成了《关于在部分地区开展刑事案件认罪认罚从宽制度试点工作的办法》，经报全国人大常委会备案，印发实施。

2017年9月18日，最高检召开检察机关刑事案件认罪认罚从宽制度试点工作推进会，引导这项工作在18个试点城市检察机关积极稳妥有序推进。

2018年11月6日，最高检有关负责人在最高检党组会上强调，要落实好修改后刑事诉讼法有关认罪认罚从宽的规定，对符合改变羁押强制措施的及时改变，对符合从宽处理的案件依法坚决从宽。

2019年3月初，最高检成立研究指导小组重点研究认罪认罚从宽制度和量刑建议的精准化和确定性。

响鼓再敲重锤，落实紧而又紧。2019年5月初，最高检又使出“撒手锏”，将适用认罪认罚从宽制度办案比例靠后的10个省级检察院在工作联络微信群“晒出来”，督促工作落实。一批可复制、可推广的宝贵经验和做法不断涌现。

……

重协商促沟通，
检察机关积极承担主导责任发挥主导作用

过去，社会上、司法机关内部往往把检察机关只看作犯罪的追诉人和惩治者，没有看到检察机关法律守护人的角色。当然，在一定程度上，也是由于检察机关没有依法全面履行好法律监督职能，存在重打击轻保护、重实体轻程序等倾向。

检察机关必须通过自己的职业努力来改变这种认知。

认罪认罚从宽制度给检察机关带来了“转换动能”的契机。

从修改后的刑事诉讼法的规定看，认罪认罚从宽制度的适用覆盖侦查、逮捕、起诉、审判各个环节。检察机关在刑事诉讼中依法充分发挥主导责任，落实认罪认罚从宽，就是一个重要“发力点”。

如切如磋，如琢如磨。检察机关在落实认罪认罚从宽制度过程中注重和各方积极沟通协调，合力将刑事诉讼法条文中的制度

重庆市南岸区检察院与广西壮族自治区防城港市检察院开展检察机关认罪认罚从宽制度工作交流会

璞玉打磨成为司法实践中的实用利器。

——主导认罪协商，为犯罪嫌疑人打开悔罪重生之门。

天津市红桥区检察院员额检察官古正宇向记者说起他办理的一起认罪认罚从宽案件。刘某贩卖淫秽光盘共计540张，依法应判处三年以上有期徒刑，并处罚金。刘某到案后有很深的顾虑，认为自己可能数年之内见不到自己的孩子，情绪波动剧烈。

在审查起诉阶段，古正宇向刘某认真阐述了认罪认罚从宽制度，并将相同罪名、情节下犯罪嫌疑人是否认罪认罚对刑期产生的不同影响，向她进行了深入细致的说明。刘某真诚认罪悔罪，向办案检察官表示，“以后再也不做违法犯罪的事情，积极找工作养家糊口”。

“我们了解到刘某一共抚养了四个子女，最小的孩子尚在哺乳期，结合刘某认罪悔罪情况、家庭情况、犯罪行为的社会危害性，我们决定对其适用认罪认罚从宽制度。”古正宇说，案件判决后，该院执检部门及时为刘某办理了监外执行相关手续，保证其能在社区服刑，同时兼顾抚养子女。

对于检察官主导认罪协商的职责和作用，全国人大代表、甘肃省律师协会会长尚伦生认为，检察机关在刑事诉讼中处于承上启下的地位，既有决定程序是否走下去的权力，也有对部分案件作出最终处理的权力。在适用认罪认罚从宽制度案件中，检察机关则处于启动者、主导者、监督者的地位，从司法实践看，确实发挥了主导作用。

——对被害人进行沟通安抚，修复破损的社会关系。

修改后的刑事诉讼法将听取被害人及其诉讼代理人意见作为检察机关办理认罪认罚案件的必经程序。

尊重和保障刑事被害人的合法权益，对于减少社会对抗、修

四川省泸定县检察院适用认罪认罚从宽制度办理案件，图为犯罪嫌疑人签署认罪认罚具结书

复被损害的社会关系、化解矛盾，意义重大，将直接影响认罪认罚从宽制度的实际效果。

四川省泸定县检察院办理过一起盗窃案，通过与被害人积极沟通，最终实现了案件适用认罪认罚从宽制度妥善办理。

李某多次入户盗窃乡邻财物共计4万余元，用于个人挥霍享乐。因李某父亲是该村村支书，被害人对李某偷窃财物的行为十分不满，最终上升为对村“两委”、基层党员干部素养的质疑。办案检察官对犯罪嫌疑人李某进行教育和引导后，李某认罪悔罪，并向检察官表达了退赔意愿。

检察官积极协调李某家人向失主赔礼道歉、退赔损失，修复被破坏的邻里关系，消除村民的抵触情绪，取得被害人谅解。本案的妥善办理，对当地强化基层群众自治组织管理、开展乡村治理工作都起到了积极作用。

值得一提的是，在适用认罪认罚从宽制度过程中，检察官会积极征求被害人的意见，但是并不会将被害人谅解作为适用该制度的必备前提条件。对因被告人确无赔偿能力而未能与被害人达成和解协议的，不影响认罪认罚从宽制度的适用。

记者了解到，重庆市合川区检察院办理的侵财类案件数量较多，且多数情况下犯罪嫌疑人无力退赔被害人的经济损失，如果硬性要求必须全额退赔才能适用认罪认罚从宽制度，在大幅度降低该制度适用率的同时，容易增加犯罪嫌疑人的对抗情绪，不利于化解社会矛盾。

该院明确，对审查起诉阶段愿意退赔被害人经济损失，但因经济能力有限未能退赔到位的犯罪嫌疑人，也可适用认罪认罚从宽制度，但主办检察官将严格控制从宽减让幅度，既保障犯罪嫌疑人与被害人合法权益，又有效减少社会对抗情绪。

——主动和值班律师沟通协作，保障犯罪嫌疑人认罪认罚的自愿性、真实性。

落实认罪认罚从宽制度，检察官不能唱独角戏，必须格外重视发挥值班律师的作用。

修改后的刑事诉讼法明确规定，犯罪嫌疑人自愿认罪，同意量刑建议和程序适用的，应当在辩护人或者值班律师在场的情况下签署认罪认罚具结书。

"值班律师的依法见证在检察机关得到了充分保障。"四川省泸定县司法局局长赵洪庆告诉记者，在认罪认罚从宽制度推行过程中，能切实感受到检察机关十分重视听取值班律师的意见建议。

在经济不发达、人才资源匮乏的泸定县，全县仅有一名律师。为解决值班律师数量不足问题，该县检察院主动与这名律师积极沟通，确定了他的双重身份——既是"值班律师"，也是"辩护律师"。

赵洪庆介绍说，泸定县检察院曾办理过一起危险驾驶案，值班律师对检察机关提出的量刑建议持有异议，该院充分听取了值班律师的意见后，对案件进行再次审查，并采纳了值班律师的意见。

甘肃省兰州市城关区法律援助中心援助律师韩佩君对记者说，适用认罪认罚从宽制度之后，作为值班律师，很有成就感。“不少认罪认罚案件适用简易程序或速裁程序后，在兼顾公平的同时，在案件处理方面非常有效率。对于司法机关而言，可以将更多的司法资源放在处理疑难重大复杂案件上，避免司法资源浪费。”

——与侦查人员沟通协作，快速办小案、突破大要案。

“认罪认罚从宽制度的适用，让许多不容易取证的案件，迎刃而解!”

重庆市公安局南岸区分局南坪镇派出所副所长胡卫东告诉记者，了解认罪认罚从宽制度之后，很多犯罪嫌疑人都会主动交代犯罪事实，希望能被从宽处理，这对公安机关突破案件、固定证据有很大帮助。

记者走访一些基层检察院，发现一个共同特点——危险驾驶、盗窃、非法持有毒品等轻刑案件占比较大，“简案快办”对基层提高司法效率、节约司法资源有着重要意义。

在试点期间，福建一些基层检察院将端口前移，联合侦查机关出台危险驾驶、毒品犯罪等多类罪名证据指引，提高取证时效性和针对性，减少退补率；对可能判处一年以下有期徒刑的认罪案件，要求在7日内移送审查起诉；探索刑拘直诉办案模式，大大缩短了轻罪案件办案周期。

在河南登封，占当地刑事案件绝大部分的是“醉驾”等轻刑犯罪，登封市检察院与公安机关沟通协调，约定了“集中批量受理速裁案件”，然后集中审查起诉阅卷、律师集中见证具结、集中批量出庭支持公诉，节约了大量移送受理案件的“路上”时间成本。

据了解，与河南登封相似，很多地方的基层检察院都主动与

河南登封检察机关与公安机关建立沟通协调机制

公安机关、法院沟通，探索了“三集中”工作机制，即公安机关相对集中移送审查起诉、检察机关相对集中提起公诉、法院相对集中开庭审理，通过批量移送、办理、审理案件，解决了“小案件”耗费“多人力”的问题，让司法机关集中精力突破大要案和复杂疑难案件，这在从根本上缓解案多人少矛盾的同时，显著提高了办案效率，让正义更快到来。

——加强与法官的沟通协作，打通司法办案双赢多赢共赢“最后一公里”。

“‘认罪认罚从宽制度’与‘以审判为中心’更像是两朵‘姊妹花’。”重庆市检察院检察一部员额检察官孙琳对记者说，二者既并行不悖，又相互配合，认罪认罚从宽制度在保障了被告人合法权益的同时，确保了办案质效。

检法两家的沟通协作成效如何？孙琳告诉记者，重庆市检察院经与该市高级法院多次协调规范“从宽”的标准，明确将“认罚”作为单独考量的量刑减让情节。

在重庆采访期间，记者在重庆市合川区法院旁听了适用认罪认罚从宽制度的案件庭审，速裁程序案件从开庭到宣判用时不到10分钟，简易程序案件也仅仅需要20来分钟就能完成，极大提升了司法效率。

庭审的高效率源于庭前大量、扎实的工作。其中，检察官提出确定的量刑建议，是决定认罪认罚从宽案件办理成功与否的“最后一公里”。

有人担心，量刑是法官行使的审判权，检察官提出明确、具体的量刑建议，会不会影响法官的自由裁量权？

记者在采访中了解到，这种担心完全没有必要。检察官在适用认罪认罚从宽制度中，其实发挥的是“准法官”的作用，主要是对事实清楚、证据扎实的案件开展工作，控辩双方意见一致，让本不复杂的案件简单处理，促使当事人认罪服法，不把矛盾拖到下一个环节，这样更有利于法官集中精力审判更重要、更复杂的案件。即便法院不同意检察院的量刑建议，也可以要求检察院进行调整，检察院不调整或调整后仍然不当的，还是由法院依法作出判决，法官自由裁量权的行使得到优化。

重庆市合川区法院刑事审判庭副庭长杨刚认为，认罪认罚从宽制度的适用，在缓解案多人少的矛盾、保护被告人的各项合法权益、减少社会矛盾等方面起到了十分积极的作用。

谈及量刑建议的采纳，杨刚告诉记者：“制度适用初期，有过短暂的‘磨合期’，检法双方对量刑的问题进行了大量的协调沟通，增强了量刑建议的精确性。”

湖北省武汉市硚口区法院法官龚文莉认为，认罪认罚从宽制度刚开始试点时，检法两家都有一个适应的过程。通过加强沟通交流，检察官具体了解了法院的《关于常见犯罪的量刑指导

重庆市检察院组织召开“认罪认罚从宽制度检察实践研讨会”

意见》，解决了从宽标准问题。

“主导作用不是权力而是责任!”最高检有关负责人在2019年最高检领导干部业务讲座上明确指出。记者了解到，不少地方的一线检察官都在自觉适用认罪认罚从宽制度这把“金钥匙”，以“本领恐慌”的危机感和紧迫感，深刻领悟这一制度的真谛和奥妙，积极推动案件高效优质办理，努力在落实认罪认罚从宽制度中全面充分地履行主导责任、发挥主导作用。

自觉扛起中国社会治理的“检察担当”

为中国人民谋幸福，为中华民族谋复兴，中国共产党人的初心和使命永不褪色。

在刑事司法领域，检察机关和检察干警的这份初心和使命具象为守护人民群众可触可感可信的公平正义，重在化解矛盾、促进社会和谐、减少社会戾气、节约司法资源，通过促进社会治理体系和治理能力现代化，努力实现最佳的法律效果、政治效果、社会效果。

新时代，检察机关面向新形势新要求，全面深入落实认罪认罚从宽制度，为创新中国社会治理积极担当作为。

祛戾气促和谐，为实现“三个效果”贡献“检察担当”

随着新时代我国社会主要矛盾的变化，人民群众在民主、法治、公平、正义、安全、环境等方面有了新的更高需求，这也对司法工作提出了更高要求。

当前，国际形势风云变幻，国内改革进入攻坚期和深水区，社会矛盾多发叠加，影响社会治理、社会稳定的因素正在变得敏感而复杂。一些看似平常小事，稍有不慎就造成“点火就着”的现象，最后演变成“充满戾气”的事件。

在司法机关办理的案件中，有许多都是轻微刑事案件，及时而妥善地处理好那些大量的看似轻微的案件，意义重大。

根据司法机关的办案经验，80%的简单案件当事人是认罪认罚的，或者经过教育劝导后会认罪认罚，对他们进行从宽处理，不仅有利于节约司法资源，提高司法效能，让司法机关将更多的精力放到那些确有问题的疑难复杂案件上，更为重要的是，通过细致工作让当事人认罪认罚并获得从宽处理，同时得到受害方谅解，有利于最大限度地实现改造效果，化解社会“戾气”，消除社会矛盾。

摆在检察机关面前的一个重大现实课题，就是如何才能祛戾气、促和谐、护稳定，为经济社会发展、民主法治建设提供更多更优的法律监督产品？如何真正做到以人民为中心，在检察工作中满足人民群众更多、更实的获得感、幸福感、安全感？如何达到法律效果、政治效果、社会效果的统一？

贯彻落实认罪认罚从宽制度，恰逢其时，大有可为。刑罚的目的，除了惩戒，还在于教育、感化、预防和恢复等，不仅直接对犯罪人产生效应，还会对社会其他成员产生效应。不考虑刑罚的社会效应，刑罚目的就会变成空中楼阁，无从实现。

贯彻落实认罪认罚从宽制度，也为民营企业健康发展提供了法治容错空间。天津某五金制品有限公司法定代表人吕某为达到多抵扣税款的目的，以支付“税点”的方式，通过刘某（另案处理）的公司虚开增值税专用发票12份，税额总计18.31万余元。

天津市北辰区检察院第三检察部员额检察官孙跃文告诉记者：“虚开增值税发票的受票人一般都是实体民营企业的经营者，责任人一旦被判实刑，不但企业无法继续经营、企业职工面临下岗，而且也会严重影响区域经济的持续发展，不利于社会稳定。”

犯罪嫌疑人吕某到案后如实供述不法事实，自愿认罪认罚，且已补缴全部税款，考虑到如果刑事犯罪打击范围过广，会给当地经济发展带来不良影响，综合权衡后，检察机关依法对其作出相对不起诉决定。

天津市北辰区检察院办案检察官对虚开增值税发票案认真阅卷

千里之堤，溃于蚁穴。微小刑事案件密集高发，其社会危害性有时比大要案更甚。

在司法实践中，很多轻微刑事案件原本可以作不批捕、不起诉处理，认罪认罚从宽制度赋予了检察官自由裁量权，发挥审前程序的主导作用，对这些案件进行繁简分流处理。

2019年6月下旬的一天下午，一起不起诉训诫宣告在山东省济南市历城区检察院举行，被告席上是5名涉嫌故意伤害的在校学生。这5名在校生与同学因琐事发生争执，导致被害人二级轻伤。

考虑到5人均系在校学生，其中2人系未成年人、另外3人刚满18周岁，且积极认罪悔罪，主动赔偿被害人并获得谅解等情节，办案检察官对涉案人员进行了充分的社会调查，征求双方当事人及其法定代理人、法律援助律师、公安机关意见后，适用认罪认罚从宽制度对5人依法作出了不起诉决定，并结合案情和日常表现进行了不起诉训诫宣告。

山东省济南市历城区检察院进行不起诉训诫宣告

全国人大代表、江苏省泰兴市邮政局江平路支局局长何健忠评价说，认罪认罚从宽制度在基层检察院很受欢迎，在提高了办案效率的同时，也强化了法律监督。从江苏省泰州检察机关适用认罪认罚从宽案件判决情况来看，一审判决不满三年有期徒刑及拘役、管制、单处罚金、免予刑事处罚的人数占92.27%，体现了法治的力度和温度。

从“工匠”到“大师”，刑事诉讼制度现代化倒逼检察机关“整体司法能力”提升

认罪认罚从宽制度是一场刑事诉讼制度现代化的深刻变革，履行检察官主导责任，落实认罪认罚从宽制度，最大的挑战来自检察官的能力素质。

这种能力素质不限于法庭上指控证明犯罪，而是涵盖检察履职整个过程，包括批捕、对侦查工作的引导、对移送起诉案件事实证据的理解适用、对法律的理解适用、以案释法与群众工作能力，以及与律师沟通的能力等。

有些案件，检察官必须反复做通当事人双方以及律师和有关方面的工作，才能正确适用这一制度，使犯罪嫌疑人认罪认罚、获得受害方谅解，最终获得从宽处理。

最高检第一检察厅主办检察官曹红虹对记者说，要落实好认罪认罚从宽制度，检察机关和检察人员必须尽快转变司法理念，提升司法能力。当务之急是各级检察官都要自我加压，像张军检察长要求的那样，提升“整体司法能力”，从单纯的执法“工匠”转变为有担当有情怀的法治“大师”。

——理念一新天地宽。落实认罪认罚从宽制度，最重要的就是转变理念。

认罪认罚从宽制度给执法司法部门提出了一个全新课题，尤其是给检察机关在落实过程中履行主导责任提出了更高要求，赋予检察机关更大的审前主导空间，推动检察机关司法观念、工作机制、办案方式、办案能力整体变革和提升，意义特殊，影响深远。

记者了解到，在办理民营企业及其负责人涉嫌职务犯罪案件中，甘肃检察机关积极适用不起诉，平等保护民营经济健康发展。“具有情节较轻、积极主动配合有关机关调查、认罪认罚从宽等情形的，一般不采取羁押性强制措施，实行非羁押诉讼。对犯罪情节轻微，不需要判处刑罚的，依法作出不起诉决定。”甘肃省检察院副检察长李保岗对记者说。

河南省郑州市检察院探索制定了常见轻微刑事案件认罪认罚制度适用相对不诉指导意见，对相对不起诉的一般性适用条件、适用程序，以及12个常见罪名的不起诉标准作出规定。该院特别要求，对案情复杂、存在较大争议或在当地有较大社会影响、社会关注度高，拟作不起诉的案件，探索采取公开审查听证的方式，主动接受外部监督，确保不起诉权依法规范适用。

理念转变引领实践创新。检察官不再满足于做法律“工匠”，而是积极谋求提升整体司法能力，追求极致的办案效果，争做综合掌握多项司法能力的“大师”。

——提升确定量刑建议能力，检察官让犯罪嫌疑人和辩护人感受到检察机关“说话算话”，对量刑建议“心服口服”。

“量刑建议确定与否，既是检察官业务素质是否过硬的最直接体现，更是检察机关能否履行好主导责任的最关键因素。”河南省检察院副检察长胡保钢对此深有体会。

河南检察机关本着先易后难原则，正在研究制定常发、易发案件的认罪认罚从宽量刑指导意见，通过对近三年办理的交通肇事、故意伤害、盗窃、诈骗、非法吸收公众存款、集资诈骗六类案件进行分析研判，总结类案量刑规律和特点，加强量刑标准研究，切实提升量刑建议精确度。

在四川，对常见罪名，成都市检察院对可能存在的各种量刑情节采取表格计算方式，全部提出确定量刑。成都市大邑区检察院针对常见、高发罪名创新制作量刑计算电子表格，输入起点刑和相关情节增减刑期的百分比，就可直接计算出刑期供办案检察官参考。该院办理的认罪认罚从宽案件全部提出确定量刑建议，法院采纳率100%。

在重庆，南岸区检察院与法院密切互动以确保确定量刑。南岸区检察院多次邀请法院审理案件经验丰富的法官到检察院交流座谈。遇到相对疑难复杂的案件，检察官会充分听取法官的意

四川省召开检察机关认罪认罚从宽工作推进会

见，在此基础上再提出量刑建议。

——又好又快办案，考验检察官对案件事实证据的理解适用能力。

从办案周期看，认罪认罚从宽案件的诉讼效率明显提高，实现了效率与公正兼顾。

以江苏省检察机关为例，2018年11月至2019年5月，全省共审结处理一审公诉案件38157人，其中适用认罪认罚从宽制度18267人。适用认罪认罚从宽制度案件平均办案周期为17.06天，比同期非认罪认罚案件办案周期22.75天短5.7天。适用认罪认罚从宽制度案件退查率6.27%，而同期非认罪认罚案件退查率为41.19%。

提升诉讼效率，是否会以牺牲案件质量为代价？针对这个担忧，江苏省南京市江宁区检察院副检察长马虹对记者说："适用认罪认罚从宽案件，检察机关对证据取证标准丝毫没有降低，审查案件实体和证据标准与以往是一样的。不能因犯罪嫌疑人认罪认罚而忽略了对案件的实体审查。"

马虹举例说，李某喝酒找代驾，因价格问题与代驾人员发生纠纷，遂自行将其轿车开至小区地下停车库，后被民警查获，经检测李某的血液酒精含量为144.3mg/100ml，已构成醉酒驾驶。公安机关移送审查起诉，建议适用速裁程序快速办理。

在侦查阶段和审查起诉阶段，犯罪嫌疑人均表示认罪认罚并签字具结。江宁区检察院在办案过程中，严格坚持审查标准，发现疑点。李某在小区内自行驾车开至地下停车场车库后，回到家中又喝了两瓶啤酒，3小时后经群众举报，才被公安机关抓获，此时进行酒精浓度测试测出的血液酒精含量，不能作为事发时血液酒精含量的证据。

江宁区检察院将此案退回公安补充侦查，上述问题仍未能查清，因事实不清、证据不足，最终决定对李某作存疑不起诉处理。

——提升重大疑难案件突破能力，认罪认罚从宽制度送上“神助攻”。

认罪认罚从宽制度全覆盖，重大疑难案件同样可以适用。

据统计，今年前5个月，检察机关依法适用认罪认罚从宽制度办理毒品犯罪案件9255件10164人。对于初犯、偶犯以及具有认罪悔罪、自首立功等情节的被告人，依法兑现从宽政策，不仅节省诉讼成本，还能在分化瓦解以组织性强为突出特点的毒品犯罪方面，取得良好效果。

在攻克重大职务犯罪案件过程中，认罪认罚从宽制度同样作用显著。

2019年4月10日，安徽省检察机关办理了首例适用认罪认罚从宽制度的职务犯罪案件——安徽省儿童医院原党委书记、院长金玉莲受贿案。

案件承办人、淮北市检察院检察长唐保银注意到，安徽省监察委对金玉莲审查调查期间，金玉莲主动交代了监察机关尚未掌握的收受刘玲等9人980多万元财物的问题，对监察机关已掌握的问题也予以坦白。之后，金玉莲退缴了全部1100多万元的违法违纪所得。在审查逮捕和审查起诉期间，金玉莲均作如实供述，并真诚悔过、自愿认罪认罚。

基于法律规定和金玉莲的表现，唐保银在多次提讯金玉莲时，注意加强释法说理，告知其权利义务，保障其知悉并自愿适用认罪认罚从宽制度。最终，金玉莲自愿签署了认罪认罚具结书。

在此期间，唐保银还就案件适用认罪认罚从宽制度、普通程序简化审理和量刑建议等问题，及时与淮北市中级人民法院进行了深入细致的沟通协商，较好地履行了办案检察官的主导责任。

此案一审公开开庭审理，法院采纳了检察机关提出的量刑建议，当庭以受贿罪判处金玉莲有期徒刑十年，并处罚金人民币50万元。金玉莲当庭表示不上诉。

——工欲善其事，必先利其器。智慧检务升级为检察官提升整体司法能力插上了科技“翅膀”。

2019年4月10日晚，江苏省检察院副检察长王方林到该院刑事办案智能辅助系统项目组调研指导工作。通过该系统抽查连云港海州区检察院办理的一起盗窃案件，王方林发现该案犯罪嫌疑人对不法事实供认不讳，且同意赔偿被害人损失，但承办人没有适用认罪认罚从宽程序。

王方林当即与该案承办人沟通核实，之后又联系连云港市检察院领导研究解决问题，并部署江苏省检察院案件管理办公室对全省认罪认罚从宽制度的适用情况及配套措施落实情况进行排查梳理，及时进行通报。目前，连云港市检察机关已全面落实认罪

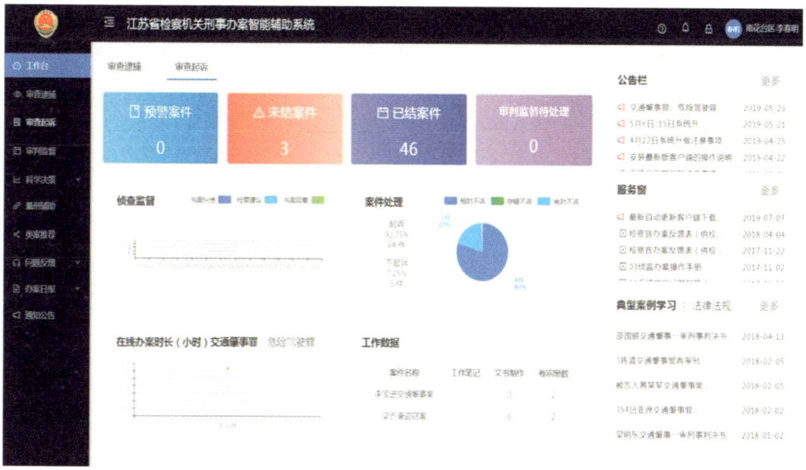

江苏省检察机关刑事办案智能辅助系统

认罚从宽制度。

江苏省检察院制定下发《江苏省检察机关认罪认罚刑事案件办案指引（试行）》后，该院刑事办案智能辅助系统项目组在短时间内完成了认罪认罚从宽的审查规则、程序适用以及文书制作功能的研发，随即在系统中推广应用。该系统还实现了与全国检察机关统一业务应用系统的对接。

据统计，自今年1月28日至今，江苏省南京市13家基层检察院依托刑事办案智能辅助系统办结盗窃案件提出的量刑建议，采纳率最高为100%，最低为85%。智能手段辅助量刑，最终促进量刑均衡化，有效避免“同案不同判”结果。

大数据技术辅助精准量刑也初见成效。记者了解到，对于寻衅滋事、拒不执行判决裁定及生产、销售、有毒、有害食品等犯罪情节和刑期较难量化的罪名，浙江省杭州市西湖区检察院联合技术公司，利用大数据为量刑建议提供技术支持。公诉人只需将审查认定的事实粘贴到系统中，无须填写其他信息，系统就会自动进行罪名判断和量刑计算，并将类似案例一起推送给公诉人参考，确保量刑建议科学化。

聚焦顶层设计，回应社会关切，推动制度完善

任何新生事物的成长都不会一帆风顺，必然要迎接种种考验、闯过重重难关。

认罪认罚从宽制度适用过程中，不可避免地也遇到了来自社会乃至检察机关内部的担心和疑虑。面对这些不同声音，该如何廓清理念误区、澄清质疑问题，并从顶层设计的角度推动该制度发展完善？

认罪认罚的真实性、自愿性，可以说是适用认罪认罚从宽制度的“基石”。如何来保障？一些地方检察机关纷纷亮出自己的“高招”。

四川省检察机关探索建立被告人“反悔程序回转机制”，通过权利义务告知、听取意见等方式，全面审查犯罪嫌疑人认罪认罚的自愿性，防止出现被迫认罪的情况。同时，在每名被告人卷内附有“认罪认罚情况记录表”，对诉讼环节中涉及的认罪情节进行连续登记。被告人在任何一个环节反悔，便回转到相应的对接程序。

针对被告人适用认罪认罚后反悔或者判决后上诉的情形，上海市检察机关做好“选择题”。检察官在审查报告中同时明确不认罪认罚情形下的量刑建议和认罪认罚情形下的量刑建议，进而确定基于犯罪嫌疑人认罪认罚作出的量刑减让幅度，并在签署认罪认罚具结书时告知犯罪嫌疑人、值班律师，使犯罪嫌疑人充分了解对协商确定的量刑建议表示反悔可能导致的法律后果，确保控辩双方达成的量刑协商合意能够稳固。

适用认罪认罚从宽制度，有人担心是否会导致“花钱买刑”现象？

针对这个问题，记者了解到，各地检察机关强化对适用认罪认罚从宽程序的监督，着力预防和惩治司法腐败等问题。

如何从制度上防止出现“花钱买刑”？西南政法大学法学院教授李昌林建议，对于适用认罪认罚案件的从宽幅度，亟须通过制定司法解释，明确认罪认罚与自首、立功、刑事和解等制度的关系，以及在多个量刑情节并存时如何提出量刑建议、如何判处刑罚。

落实检察官主导责任，全面深入落实认罪认罚从宽制度，已经成为司法实务界和学术界的共识。那么，认罪认罚从宽制度的顶层设计如何进一步发展完善？

华东政法大学校长、教授叶青认为，贯彻落实好认罪认罚从宽制度，检察机关应着力在三个方面发展完善。一是进一步推进量刑建议精准化、智能化。二是推动犯罪嫌疑人获得充分、有效的律师帮助，探索在检察机关设立值班律师工作站、检察官讯问时律师在场等制度。三是强化诉讼监督。一方面，加强对侦查阶段认罪认罚自愿性的监督；另一方面，对法院未采纳指控罪名和量刑建议，检察机关认为确有错误的，要区别情况向法院提出纠正意见或者抗诉。

南京大学法学院教授秦宗文认为，认罪认罚从宽制度的实施已取得很大成效，但仍存在一些亟待解决的问题，检察机关可重点从以下方面进行探索：进一步简化内部办案流程和文书材料，切实减轻办案人员工作负担，调动一线人员积极性；对不同类型案件的证据标准进行层次化把握，形成公检法达成共识的类案证据标准，提高诉讼效率；与法院沟通，适度限制法院无正当理由转换程序和擅自改变量刑建议；探索保障法律援助律师充分参与案件办理的新机制，保障被告人认罪认罚的自愿性、真实性。

来自学术界的呼声和实务界的做法，最高检一直在认真关注、积极回应，引导这项制度不断发展完善、落地落实。

2019年4月12日，全国检察机关贯彻落实认罪认罚从宽制度电视电话会议在京召开，为一线检察官再次送来了指导实践的及时雨。

会议要求，各级检察机关要加强与公安、法院等部门的沟通协调，明确办案政策把握、法律适用原则，共同研究解决新情况新问题，形成工作整体合力。

最高检第一检察厅相关负责人透露，最高检正在选编适用认罪认罚从宽制度的指导案例，力求尽早为各级检察机关提供具体的办案参考。下一步，拟推动先进省份和后进省份“结对子”互助的方式，进一步扩大认罪认罚从宽制度适用比例，真正做到又好又快办案，实现案件办理“轻轻重重、繁简分流”。

同时，最高检检察技术信息研究中心正在研发统一业务应用系统2.0版本，通过大数据技术提供同类认罪认罚案件的量刑参考，还将通过人工智能提供精准量刑建议辅助。

终日乾乾，与时偕行。毋庸讳言，认罪认罚从宽制度赋予了检察机关一个新的发展空间，更是司法为民的一项重要责任。全国各级检察机关要大力弘扬张军检察长提出的“求极致”精神，做好各项工作。唯有勇挑重担，勇闯难关，努力做新生事物的实干家、促进派、捍卫者，推动这项新生制度不断走向成熟，才能不辜负党和人民的信任和重托，为全面依法治国，促进社会治理体系和社会治理能力现代化，作出检察机关应有的贡献。

检方被告协商量刑，刑罚改革全面铺开

南方周末（2019年11月7日）谭　畅　宋思静

2019年1—9月，重庆每100个办结的刑案中，约有85个案件的被告人因为认罪认罚，得到了司法机关相对轻缓的惩罚。这是重庆作为18个试点城市之一，探索认罪认罚从宽制度的第三个年头。

认罪认罚从宽，这项与美国“辩诉交易”有相似之处，但又具有鲜明本土特色的诉讼制度，在2018年10月正式写入新修改的刑事诉讼法，之后在全国推行，但目前推进还不平衡。

2019年8月，最高人民检察院提出一个“小目标”：到2019年底，全国认罪认罚从宽制度的当月适用率要提升至70%左右。这意味着，如果目标实现，未来全国七成左右刑事案件的控辩双方都将在上法庭之前达成一致——认罪认罚从宽制度的改革驶入快车道，中国的刑事司法将迎来结构性变革。

鼓掌欢迎者有之，犹豫迟疑者亦有之。为了推进改革，2019年10月底，最高检召集来自全国各地的120余名检察官，同时邀请多家媒体，在今年认罪认罚从宽适用率居全国第一的模范城市——重庆，上了一堂“公开课”。

缩短办案周期

“被告人，该份（认罪认罚）具结书是否由你签署?”“是。”

“签署具结书时，是否有律师在场?”“有。”

“你是否自愿认罪认罚?”“自愿。”

“你是否理解认罪认罚的法律后果?”“理解。”

……

10月30日下午，王某涉嫌贩卖毒品罪一案在重庆市渝北区法院开庭审理，采用刑事速裁程序。检察机关表示，王某自愿认罪认罚，依据刑事诉讼法第15条的规定，可以依法从宽处理，同时建议法院判处王某有期徒刑八个月，并处罚金2000元。

没有法庭质证，也没有法庭辩论，在公诉人简要宣读起诉书后，法官向王某抛出一连串与认罪认罚从宽制度有关的问题，都得到肯定的回答。

法官当庭宣判，完全采纳了检察机关的量刑建议。当法官敲下法槌时，距离开庭还不到十分钟。

一个下午的时间，渝北区法院审完了四件适用认罪认罚从宽制度的案件，全部当庭宣判。其中一个案件采用普通程序审理，即便如此，庭上耗时也不过34分钟。

来自全国各地的检察官在旁听席上观摩庭审，一位检察官向身边的同伴小声嘀咕："法庭上的时间确实缩短了，但是庭前的工作，应该更多了吧?"据南方周末记者了解，一些地方认罪认罚从宽适用率较低源于检察官不敢用、不愿用、不会用这项制度，而"不愿用"正是顾虑其增加工作量。

重庆市九龙坡区检察院检察官张永却从亲身经历中感受到，适用认罪认罚从宽制度是给司法人员"减负"。

九龙坡区是重庆传统的城乡接合部，历来刑事发案高，检察官的办案量是重庆市平均水平的数倍。

张永办理过多起毒品案件。在2019年6月一起案件中，证人供述罗某林贩卖毒品，但罗某林到案后拒不认罪，侦查一度陷入僵局。

公安机关在突破之后，该案移送审查起诉。张永讯问罗某

重庆检察机关对一起认罪认罚从宽案件的犯罪嫌疑人进行不起诉公开宣告

林，告知其在认罪认罚前提下的量刑建议："正常刑期是有期徒刑一年一个月，从宽处理可以减轻到十一个月，并且可以程序简化。"

在值班律师见证下，罗某林签署了认罪认罚具结书。最终法院以贩卖毒品罪判处有期徒刑十一个月，并处罚金2000元。

"普通的不认罪案件，侦查、审查起诉、法院审理一般合计需要用时一年。而这个案子，一共只历时两个半月。"张永认为，认罪认罚从宽制度明显的优势是节约了司法成本。

也有司法人员注意到，加快办案流程对于保障被告人的权益有深远影响。10月24日，最高人民法院刑一庭庭长沈亮在最高检召开的"准确适用认罪认罚从宽制度"新闻发布会上表示，适用该制度的轻罪案件办案周期缩短，能有效减少诉累，避免"关多久判多久"的现象发生。

不同于美国“辩诉交易”

2019年10月31日，九龙坡区检察院检察二部主任何可向前来采访的记者们介绍了他办理的一起盗窃案。在这起盗窃案中，公安机关最初只是从在案发时间出入案发地点的人员中，锁定了一名有盗窃前科的嫌疑人袁某波，但没有充分证据证明作案的就是袁某波。

“如不能突破嫌疑人的供述，无法形成完整的证据链，起诉存在风险。”在审查起诉阶段，何可与袁某波释明认罪认罚政策，如果认罪，结合有前科的情况，可以建议量刑七到八个月；如果不认罪，也不向被害人退赔，刑期预计在九个月以上。

随后，袁某波签署了认罪认罚具结书，供述了盗窃经过。

听完何可的介绍，一位记者立马说：“这更像美国电影里典型的‘辩诉交易’。”

重庆检察机关检察官在看守所讯问犯罪嫌疑人，值班律师在场见证具结书签订

在美国，辩诉交易是一项历史悠久的刑事司法制度。早在1990年代，美国司法部公布的数据显示，只有10%的被告人经历了审判程序，90%的被告人都是通过辩诉交易的途径予以定罪科刑。

中国人民大学法学院教授何家弘曾在其博士论文中介绍，美国检察官选择辩诉交易主要有两种情况：其一是为了在对其他更严重的罪犯的起诉中获得该被告人的合作，其二是为了在有罪证据不够充分的情况下避免在法庭上的败诉危险。

同时，美国的辩诉双方达成协议后，法院便不再对该案进行实质性审判，只对辩诉交易的自愿性和合法性进行审查，在形式上确认双方协议的内容。

21世纪初，中国司法界曾经热烈讨论，是否仿效美国实行辩诉交易。当时存在不少反对声音，其中一种指向中美两国诉讼模式的差异：美国奉行当事人主义，刑事案件中控辩双方平等对抗，而中国奉行职权主义。

2014年，十八届四中全会提出“完善刑事诉讼中认罪认罚从宽制度”。2016年11月，全国人大常委会授权北京、天津、上海、重庆等18城市开展相关试点，为期两年。2018年10月，刑诉法修改，对认罪认罚从宽制度予以立法确认。2019年10月，两高三部联合发布《关于适用认罪认罚从宽制度的指导意见》（以下简称《指导意见》），对该制度的基本原则、适用范围和条件、从宽幅度等作出具体规定。

“辩诉交易在罪名和罪数上可以协商，我们不行。我们可以协商的就是量刑是否轻缓，诉讼程序是否加快。”在重庆“公开课”上，最高检有关部门负责人说，认罪认罚从宽制度借鉴了美国辩诉交易的一些合理因素，但主要还是从中国实际出发。

不过，刑事诉讼法对于认罪认罚从宽制度的规定中，从未出现“协商”“协议”“交易”等字眼，而是强调认罪认罚的自愿性及认罪认罚具结书内容的真实性、合法性。中国社会科学院法学研究所研究员熊秋红近日撰文称，美国辩诉交易属于“交易从宽”模式，检察官享有几乎不受控制的自由裁量权，被告人所获从宽处罚是控辩双方讨价还价的结果；中国认罪认罚从宽属于“法定从宽”模式，被告人认罪所带来的处罚优待基于较为明确、刚性的法律规定。

聚焦精准量刑建议

认罪认罚从宽制度中，被告人获得多少处罚优待，首先取决于检察机关如何提出量刑建议，其次取决于法院是否采纳量刑建议——不同于美国的辩诉交易，中国的法院仍须进行实质性审查。

试点刚开始时，九龙坡区检察院检察官郑虹回忆，当时一度出现过幅度较大的量刑建议。

“幅度过大就没有什么意义了，和你没提量刑建议效果一样。”最高检后来要求各地量刑精准化，郑虹说，精准量刑是为了让被告人对于自己认的“罚”是什么有准确的心理预期，从而产生激励。

“在和检察官沟通之前，我不知道自己会判多少年。检察官和我说（认罪认罚情况下）三到四年，是有所减免的。我觉得是给我一个改过自新的机会。”任某刚在2018年4月曾因交通肇事致人死亡，签署认罪认罚具结书后，在审判阶段，他积极补偿被害人家属并取得谅解，参加社区服务。法院最终判有期徒刑三年，缓期三年执行。

三至四年的量刑建议已比试点初期精准，但仍属幅度量刑。按照《指导意见》，对于绝大多数案件，特别是常见、多发的轻罪案件，检察机关应当提出精准量刑建议；对新类型、不常见犯罪案件以及量刑情节复杂的重罪案件等，也可以提出幅度量刑建议。

2019年1—9月，重庆市检察机关提出的量刑建议中，七成是精准量刑建议。

“这对检察官的要求更高了。”郑虹说，过去检察官主要负责罪与非罪、此罪与彼罪的审查，不涉及或者较少涉及量刑建议的内容。

重庆市江北区检察院想到的“笨办法”是，多与法院沟通，让检察官向法官学习如何精准量刑。

“非正式的沟通已经常态化，正式的一次是（2019年）3月底，我们检察官和江北区法院（刑庭）的法官坐在一起来讨论精准量刑。”江北区检察院副检察长徐建辉介绍，该院以前提幅度量刑建议，法院采纳率在95%，现在提精准量刑建议的采纳率在90%，“这里的法官对于检察官提精准量刑建议大体上是支持的，在一些个案上有分歧也正常”。

“两种量刑建议各有利弊。”江北区法院法官王国平认为，精准量刑建议虽然给法官留下的自由裁量空间较小，但如果检察官为支持量刑建议提供了充分的证据，其实也为法官节省了时间。

王国平还担心，幅度量刑建议会增加被告人反悔的风险。“被告人签具结书时的心理预期是走下限，法院如果按上限判罚，那最后可能执行不下去。”

在全国范围内，司法机关对精准量刑建议的接受程度不如重庆乐观。最高检第一检察厅厅长苗生明说，目前检察机关提出精准量刑建议的比例和法院采纳率还不够高。

最高人民法院大法官胡云腾认为，检察官在起诉时就提精准量刑建议，容易出问题。“如果我是检察官，我就会在法官独任审判的案件中尽量提出精准量刑建议并提议法官直接采纳，因为这类案件情节往往比较简单，容易权衡；如果法院是组成合议庭审判的案件时，就最好提有幅度的量刑建议，供合议庭量刑时参考，因为这类案件往往事实情节较多，不易权衡。”

“量刑建议越具体，犯罪嫌疑人对结果的预期越明确，达成认罪认罚具结的可能性就越大，对判决的接受度也就越高。”最高检有关部门负责人表示，精准量刑建议意味着控辩双方围绕量刑问题，展开了实质性的平等沟通与协商，最终形成了控辩合意，可以防止事后因量刑问题引发上诉、抗诉以及程序回转等问题。

当“协议”未能履行

对于签署了认罪认罚具结书的被告人而言，如果检方量刑建议最终没有被法院采纳，意味着控辩双方的“协议”未能履行。

“比如我们建议判两到三年，法院给判三年半，这也是对我们控辩双方的合意的否定，给被告人带来了不利的后果，实际上也不利于制度的良性推进。”重庆“公开课”上，最高检有关部门负责人表示，检法两家应加强沟通，形成统一执法尺度，使被告人有明确预期。

被告人也可能撕毁控辩双方的“协议”。

2019年1—9月，九龙坡区检察院认罪认罚案件一审判决1066

全国人大代表旁听重庆市万州区检察院正在进行的远程认罪认罚从宽案件提讯和庭审活动

人，提出上诉6人，上诉率为0.56%。同期，重庆市被告人上诉率为1.89%，全国为3.5%。

九龙坡区上诉的6人中，有5人是为追求缓刑，1人是“技术性上诉”，即通过上诉拖延去监狱的时间，以便在看守所服完余刑。九龙坡区检察院没有对这6人提出抗诉。

实践中，也有被告人无正当理由“反悔”、检察机关抗诉获二审法院支持改判的情况。如2019年6月，浙江宁波市奉化区检察院审查起诉王某某容留他人吸毒一案，王某某认罪认罚，奉化区法院采纳检察院量刑建议，判处王某某有期徒刑七个月。此后，王某某以其归案后认罪态度良好，原判量刑过重为由提起上诉。检方随即提起抗诉，王某某最终被判处有期徒刑九个月。

“该抗还是要抗，但不一定都抗。”上述最高检有关部门负责人说，检察机关可以抓住一些典型案例进行抗诉，让认罪认罚后又“违反契约精神”的被告人付出双重代价。

认罪认罚案件中，被害人一方可能对被告人受到从宽处罚感到不满。例如任某刚交通肇事一案中，最初任某刚与被害人家属久未达成和解。

“我们没有将被害人谅解作为认罪认罚的前提。”参与办理该案的重庆市九龙坡区检察院检察官助理周含玉说，当时相关规定尚不明确，检方考虑到，如果要求双方达成谅解才能适用认罪认罚从宽，会造成刑事案件久拖未决，已经认罪认罚的嫌疑人也无法获得法律赋予的从宽权利。“《指导意见》出来以后，我们发现和当时的做法是契合的。”

“不是急于求成”

2018年刑事诉讼法修改，在确立认罪认罚从宽制度的同时明确了值班律师制度。值班律师被派驻司法机关，为没有辩护人的嫌疑人、被告人提供法律帮助。如果当事人决定签署认罪认罚具结书，值班律师必须在场见证并在具结书上签字。

刑诉法没有明确值班律师是否享有阅卷权，《指导意见》弥补了这一遗憾。重庆更抢先一步，在试点期间就赋予值班律师阅卷权。

“但是从时间考虑，值班律师确实不可能像辩护人那样去详细阅卷。”重庆炜林律师事务所派驻在江北区检察院的值班律师安洲说，自己的工作通常是在控辩双方分歧不大的情况下，向当事人讲解认罪认罚的法律后果及检方量刑建议的合理性。偶尔遇上分歧大的案件，他的态度也比较中立：“只是告诉他法律是什么情况，不会劝他签（具结书）或者不签。”

“当前的普遍情况是值班律师介入案件程度不深。”重庆市检察院检察长贺恒扬在一份总结报告中提到。

但重庆至少保证了全市38个区县检察院值班律师制度全覆盖。在个别省份，经费保障不足导致值班律师缺失，成为提高认罪认罚从宽制度适用率的一块绊脚石。

然而，认罪认罚从宽制度适用率是不是越高越好？法律界依然存在不同的声音。

西南政法大学法学院副教授张武举认为，不能基于单纯提高办案效率适用认罪认罚从宽制度，也不能单纯因为犯罪嫌疑人或被告人想要获得更轻的案件处理结果就适用该制度。“是否适用该制度的关键是犯罪嫌疑人或被告人有无真诚的悔罪表现。”

“我们不是急于求成，目标是切合实际的。”最高检有关部门负责人在重庆“公开课”上举出两组数据：其一，当前中国重大刑事案件逐年下降，近几年法院判处三年有期徒刑以下刑罚的案件比例达到80%以上；其二，80%以上的案件中，被告人都愿意认罪。

“这两个80%，决定了适用认罪认罚从宽制度的比例达到70%是有现实基础的。”上述负责人说。

《指导意见》也规定，认罪认罚从宽制度对于所有刑事案件都可以适用，不能因罪轻、罪重或罪名特殊等剥夺犯罪嫌疑人、被告人自愿认罪认罚获得从宽处理的机会。

但“可以”适用不是一律适用。一位检察系统人士举例称，类似犯罪嫌疑人报复社会、砍杀无辜幼儿这样的恶性案件，“他认罪认罚也不行，必须从严从快、坚决处理”。

还有研究者担心，过多适用认罪认罚从宽制度会虚化法院庭审，与近年推行的以审判为中心的诉讼制度改革背道而驰。

“（认罪认罚从宽）制度的确立体现了一种新的理念：以直

接言词原则为核心、以控辩对抗为特征的正式审判并非在所有案件中均是必需的，完整的审判应当主要适用于被告人不认罪认罚的、控辩双方存在重大争议的案件。”熊秋红阐述上述观点的文章，被最高检有关部门负责人在重庆“公开课”上特意提及。

2019年10月9日，《法制日报》发表了一篇文章。文中表示，可以通过审前案件繁简分流，让检察官负责处理八成左右的认罪认罚案件，“这样有利于法官将主要精力集中在二成左右不认罪或疑难复杂案件上，从而确保庭审做到精细、优质、高效，把以审判为中心落到实处”。

法律援助值班律师参与协商提供帮助

南方都市报（2019年11月10日）刘　嫚

2019年10月30日，全国检察机关适用认罪认罚从宽制度推进会在重庆召开，重庆市九龙坡区检察院检察官助理周含玉如此形容认罪认罚从宽制度实施三年来的变化。

在外界看来，认罪认罚从宽制度是一种“中国式认罪认罚协商”，通过认罪认罚，犯罪嫌疑人、被告人可以获得更为轻缓的判决，羁押期限也大为缩短。

与此同时，认罪认罚从宽也给作为公诉方的检察官提出更高要求：不单要在起诉书中提出量刑建议，还要相对明确精准，以让犯罪嫌疑人、被告人对裁判有所预期。

40%刑案适用：“给勇于承担错误的人留了条路”

10月30日下午2点40分，重庆市渝北区法院的庭审现场，一起盗窃手机案的被告人韩英民接过法警手中的认罪认罚从宽具结书。

“该份具结书是否由你签署？”是否有律师在场？“你是否自愿认罪认罚？”主审法官逐一询问，被告人韩英民均回答“是”。

经过公诉人发表意见、被告人自行辩护、最后陈述等环节，约2点50分，主审法官对该案当庭宣判：检察机关的量刑建议被采纳，韩英民被判处有期徒刑七个月，并处罚金2000元。

南都记者从重庆市渝北区检察院了解到，因被告人韩英民自愿认罪认罚，该案从移送审查起诉到判决用时10个工作日。

这起刑事案件快速审结的背后，源于一项刑事制度的探索和

认罪认罚从宽案件庭审现场

适用。

2016年11月16日，“两高三部”印发《关于在部分地区开展刑事案件认罪认罚从宽制度试点工作办法》，在北京等18个城市开展试点工作，重庆是首批试点省份之一。

认罪认罚从宽制度开始进入公众视野，该制度通过对认罪认罚的犯罪嫌疑人、被告人依法给予程序上从简或者实体上从宽的处理，实现有效惩治犯罪、强化人权保障、提升诉讼效率、化解社会矛盾的目的。

在外界看来，这也是控辩双方就案件处理意见进行“协商”的一种司法程序，也有不少学者称之为“中国式认罪协商”。

“认罪认罚从宽制度则给每一个犯了错误，又勇于承担错误的人留了条路。”任职检察院刑事部门，长期与犯罪嫌疑人打交道的周含玉如此形容这一制度。

认罪认罚从宽推进三年带来的明显变化是，刑事诉讼中更多的犯罪嫌疑人、被告人获得了更轻缓的判决。

最高检发布的数据显示，1—9月认罪认罚从宽适用率达到40.1%，较上半年提升10%。作为首批试点省份的重庆在认罪认罚从宽制度适用上处于全国领先，1至9月适用率达84.3%。

有试点地区的法官则关注到，认罪认罚从宽让侦查机关收集证据更方便了，进入法院的卷宗也没有庞杂的证据材料，"法官阅卷、审查案件时间大大缩短"。

最高检发布的数据显示，试点地区适用认罪认罚从宽制度的案件审查起诉平均用时缩短至26天，其中速裁程序审查起诉平均5天左右。这也意味着，犯罪嫌疑人、被告人羁押期限相应缩短。

认罪认罚从宽中，检察机关则承担着与辩方协商的角色。

周含玉说，制度适用之初，检察机关首先要解决的是如何"统一化"的问题，"一个新的制度，从宽幅度是多少，有什么程序，每一个细节都要考虑进去，毕竟刑事诉讼非常严谨"。她还提到，公检法三家如何磨合也经历了一番探索，"认罪认罚是贯穿整个刑事诉讼过程的，不是检察院一家说了算"。

让周含玉印象深刻的是制度适用至今的两个时间节点，她形容为"两次飞跃"。

一次飞跃是试点两年后，2018年10月26日，刑事诉讼法修改，认罪认罚从宽写入法律，该制度随即在全国推开。"这代表这项制度是有法可依的，司法实践更好操作，我们也更有底气。"周含玉说。

第二次飞跃则是近日"两高三部"《关于适用认罪认罚从宽制度的指导意见》（以下简称《指导意见》）的出台。周含玉关注到，指导意见依托于地方探索实际，将许多此前有争议的问题明确下来。

10月30日，全国检察机关适用认罪认罚从宽制度推进会在重庆召开，最高检层面再次对这一制度作出部署。最高人民检察院副检察长陈国庆在会上透露，最高检第一至四检察厅将采取多种措施深入基层实地开展认罪认罚适用情况调研，加强案件评查力度，持续、均衡推动认罪认罚适用率的提升。

公正如何兼顾？审查自愿性避免为减刑而认罪

认罪认罚从宽在提升司法效率，让犯罪嫌疑人、被告人获得轻缓处罚的同时，应当如何平衡被害人的权利成为备受外界关注的焦点之一。

周含玉在办案中也遇到这一“两难”选择：犯罪嫌疑人、被告人无法获得被害人原谅时，是否还能适用从宽处罚？

2018年4月28日，重庆居民任某刚驾车行驶至九龙坡区五福大道时，与行人王某发生碰撞，造成王某受伤后经抢救无效死亡。事故发生后，任某刚让其朋友将王某送往医院，本人则藏匿于现场附近，次日到公安机关自首。

经重庆市公安局九龙坡区分局交通巡逻警察支队认定，任某刚承担事故全部责任。截至审查起诉阶段，王某近亲属已获赔偿62万余元，但表示不予谅解任某刚。

重庆市九龙坡区检察院经审查认为，犯罪嫌疑人任某刚如实供述自己的罪行，承认指控的交通肇事逃逸的犯罪事实，对量刑建议没有异议，愿意接受处罚，符合认罪认罚从宽的条件。

彼时，针对《刑事诉讼法》尚无具体的实施细则，司法实务中是否以被害人谅解作为犯罪嫌疑人认罪认罚的前提尚有争论。

“承办人认为，如果不给任某刚适用认罪认罚制度，他就无法获得法律上赋予的从宽权利，不利于社会矛盾的化解，也不利于服判息诉。”周含玉介绍，由于任某刚自愿认罪认罚，还有主动自首、赔偿等情节，承办检察官最终认为应当对他适用“认罪认罚从宽”，在本应判处的“三年以上七年以下有期徒刑”基础上予以从宽，提出了从宽的量刑建议，任某刚在辩护人的见证下签署了认罪认罚具结书。

2019年10月24日，“两高三部”发布的《指导意见》中，对上述问题予以明确，被害人及其诉讼代理人不同意对认罪认罚的犯罪嫌疑人、被告人从宽处理的，不影响认罪认罚从宽制度的适用。

但要“酌减从宽”，即要把被害人是否谅解、被告人是否就附带民事诉讼赔偿等事项与被害方达成和解调解协议作为从宽的重要考量因素。

认罪认罚从宽案件中，保障犯罪嫌疑人、被告人自愿性成为制度适用的关键一环。另一个备受外界关注的问题是，如何保证认罪认罚的自愿性，如何避免为了减刑而认罪？

南都记者了解到，在检察机关审查起诉环节，除法律规定的特殊情形外，所有适用认罪认罚从宽犯罪嫌疑人都需要签署专门的认罪认罚具结书。

九龙坡区检察院的一份具结书范本中，除需填写犯罪嫌疑人身份信息外，具结书内容还包括权利知悉、认罪认罚内容、自愿签署声明。

其中，自愿签署声明一栏特别提道，“《认罪认罚具结书》是在知情和自愿情况下签署，未受任何暴力、威胁或任何其他形式非法影响”。具结书还需要值班律师签字，证明犯罪嫌疑人已知悉权利及自愿签署。

根据“两高三部”2019年10月24日发布的《指导意见》，检察机关和法院都负有对犯罪嫌疑人、被告人认罪认罚的自愿性进行审查的职责，通过审查侦查和审查起诉阶段认罪认罚的自愿性来保证制度准确适用。

西南政法大学法学院副教授张武举认为，不能单纯为了提高办案效率适用认罪认罚从宽制度，也不能单纯因为犯罪嫌疑人或被告人想要获得更轻的案件处理结果就适用，是否适用的关键是要看犯罪嫌疑人或被告人有无真诚悔罪表现。

“在审查起诉阶段和审判阶段，检察机关和法院需要对犯罪嫌疑人或被告人有无违背意愿认罪认罚、认罪认罚时认知能力和精神状态是否正常、是否理解认罪认罚的性质和可能导致的法律后果、是否真诚悔罪、是否向被害人赔礼道歉等诸多情形进行考察。”张武举表示，审前及庭审中考察正是避免为了获得从宽处理结果而认罪认罚的重要途径。

南都记者了解到，认罪认罚从宽制度适用中，刑事速裁程序处理的案件占比很高，这类案件庭审中不再进行举证质证等环节，也不再有法庭辩论。

效率提升后，也引发外界对此类案件公正处理的质疑——如何在提升效率同时确保案件公正？

有试点法院法官对此解释，认罪认罚案件适用中增加了很多“前置性环节”，例如审查起诉环节要求值班律师参与，保障犯罪嫌疑人认罪认罚自愿性。而等到案件提起公诉环节，法院也会将主要精力放在对认罪认罚自愿性审查中，不会因为认罪认罚降低证据标准。

认罪认罚如何“不走过场”？值班律师介入提供法律帮助

保证犯罪嫌疑人认罪认罚的自愿性，签署具结书“不走过场”……伴随着认罪认罚从宽制度的推进，“值班律师”发挥的作用也更为显见。

2017年，重庆炜林律师事务所律师安洲接到了一项“新任务”。他开始接受重庆市司法局指派，担任认罪认罚从宽制度的值班律师。

据安洲回忆，“值班期间每天都会接触一两起认罪认罚从宽案件，多的时候可能会有十几起”。

安洲的“新任务”源于中央层面的一份文件。2017年8月，“两高三部”下发《关于开展法律援助值班律师工作的意见》明确，法律援助值班律师应当为自愿认罪认罚的犯罪嫌疑人、被告人提供法律咨询、程序选择、申请变更强制措施等法律帮助。

担任值班律师期间，安洲通常需要先了解案件情况，在跟犯罪嫌疑人当面交流时，告诉其罪名的含义，认罪认罚将如何轻缓量刑。“为保证自愿性，我还会告知犯罪嫌疑人如果对罪名和量刑有异议，在检察院审查起诉和法院庭审各个阶段都可以反悔。”

检察官、检察官助理通过检答网学习探讨认罪认罚从宽案件

虽都有“律师”二字，值班律师的职责定位与辩护律师也有不少区别。安洲认为，“值班

律师其实是个相对‘中立’的角色，主要是对犯罪嫌疑人提供法律帮助”。

一起盗窃案中，犯罪嫌疑人因在酒吧盗窃他人手机被抓捕，但认为“顺手拿走他人手机”不构成犯罪。类似案件中，安洲需要对犯罪嫌疑人进行更详尽的法律解释。

也有的案件，安洲和检察机关的量刑建议存在分歧，他会主动与办案检察官进行协商，“希望帮犯罪嫌疑人在量刑幅度内争取最大限度从宽”。

因不同于辩护律师，试点之初，对值班律师是否拥有阅卷权也存在争议，2018年修订的《刑事诉讼法》并未明确提及值班律师的阅卷权问题。

2017年，重庆市检察院发布的《认罪认罚从宽制度试点工作实施细则》作出制度创新，规定值班律师为提供法律帮助的需要，申请查阅案卷材料的，参照辩护律师阅卷的相关法律规定办理。

近日“两高三部”发布的《指导意见》也对此明确：自人民检察院对案件审查起诉之日起，值班律师可以查阅案卷材料、了解案情。

张武举认为，值班律师制度仍存在不足之处，“《刑事诉讼法》及‘两高三部’的《指导意见》均未明确值班律师是否拥有法庭辩护权，这可能会导致被追诉者对认罪认罚的自愿性、真实性难以得到全面保障”。他建议，在强制辩护无法全面推行的情况下，可以探索在庭审阶段让认罪认罚从宽案件的值班律师转为法律援助律师的道路，以更全面地保障被告人在庭审中的权益。

安洲则建议，司法局或法律援助机构应当加强值班律师培训。“如果值班律师没有经过系统的培训，或者本身是民商事案件的律师，对刑事案件不甚了解，就没有办法为犯罪嫌疑人提供帮助。”

认罪认罚从宽制度适用中，犯罪嫌疑人、被告人有“反悔”的权利。有检察官指出，极少数情况下，也会有法官不采纳量刑建议导致被告人“反悔”的情况。

根据《刑事诉讼法》第226条的规定，人民法院在审理过程中发现被告人违背意愿认罪认罚或者被告人否认指控的犯罪事实的，应当转程序重新审理。据此，被告人在审判阶段有权否定原来的有罪供述，不受原先表示的约束。

被告人认罪认罚后又“反悔”上诉的，检察机关是否要进行抗诉？

对此，最高检有关部门负责人回应称，“应当理性看待，对符合抗诉案件的，该抗就得抗”。具体而言，对法院采纳检察机关量刑建议后，被告人反悔上诉，符合抗诉条件的，应当抗诉。特别是对检察机关提出确定刑量刑建议，法院采纳后被告人无正当理由上诉的，原则上应当抗诉。

“检察机关抗诉不是为了多一个抗诉案件，也不是为了增加被告人三两个月的刑期，而重在通过抗诉形成引领，传递信号，促使被告人有正确预期，教育其信守承诺，从而促进认罪认罚从宽制度的良性运行、促进良性司法。”最高检有关部门负责人称。

量刑建议从“宽泛“到“精准”：
不会造成法院量刑权被虚化

“每一个犯罪嫌疑人几乎都会问检察官一个问题，你觉得我这个案子大概判多久？”认罪认罚制度适用三年间，周含玉的回答也发生了变化，“在制度适用之前我确实没法回答他，因为最终的审判权在法院，检察官不可能凭空说，但是现在我就敢告诉他，很精确”。

九龙坡区检察院检察一部检察官郑虹回忆，此前检察办案更多是进行罪与非罪、此罪与彼罪的审查，“在量刑方面，检察官是新手、是生疏的，对量刑制度的规范也在不断学习”。

“认罪认罚对检察官要求更高了，适用认罪认罚从宽制度后，检察官要给犯罪嫌疑人、被告人相对明确的量刑，这就需要检察官对案情有把控，提出精确量刑。”周含玉认为，这也是检察办案人员最需要提高的地方。

试点初期，检察机关的量刑建议也多以宽泛、幅度性为主。此后，最高检曾明确认罪认罚案件，一般应当提出确定刑量刑建议，特别是对常见、多发的轻罪案件，原则上都要提出确定刑量刑建议。

郑虹说，“告诉犯罪嫌疑人、被告人精准的一个量刑建议，他会有预期，他心里面一直悬着的心就落下来了”。也有犯罪嫌疑人对她表示，“不管是轻是重我都能够接受，我愿意接受处罚”。

在郑虹看来，精准量刑与认罪认罚从宽制度适用效果有直接关系，“我们把罪责刑谈好了，是多少就是多少，我们也不加重，你也不要反悔，主要是效率的提高。如果不精准，很可能会对此后的程序适用造成阻碍，导致后续的反悔和上诉，反而不利于诉讼效率的实现”。

在值班律师的见证下，检察官向犯罪嫌疑人说明认罪认罚具结书内容

重庆市江北区人民法院法官王国平认为，精准的量

刑建议“各有利弊”，检察机关的量刑建议越精准，法官可以节省时间，对提高诉讼效率有帮助。

但也有些复杂案件，在庭审期间可能会发生变化，比如被告人积极退赃退赔，与被害人达成赔偿协议或者谅解，就会产生新的有利于被告人量刑情节，这种情况下就需要重新调整量刑。

此外，若法院对检察机关提出的精准量刑建议不予采纳，则一方面会损及检察机关在认罪认罚协商程序中的公信力，进而影响犯罪嫌疑人或被告人认罪认罚的自愿性，导致犯罪嫌疑人或被告人在审判阶段得知法院的量刑倾向后撤销认罪认罚或是在宣判后不服量刑而提起上诉。

“从全国情况看，提出确定刑量刑建议的比例还有待提升。”最高检有关部门负责人表示，根本上还是要通过提升检察官的量刑建议能力和水平来解决。

在适用案件类型方面，最高检有关部门负责人介绍，认罪认罚从宽制度适用于所有刑事案件，但从实践情况看，认罪认罚从宽制度的适用主要集中于轻刑、普通案件，对重罪案件、职务犯罪案件等适用认罪认罚从宽有待拓展。

北京：规范中有突破

民主与法制（2019年10月28日）王　涵

北京市检察院举办全市检察机关2019年认罪认罚从宽工作培训班

认罪认罚从宽制度虽正式实施仅一年时间，但对于北京市朝阳区人民检察院、北京市海淀区人民检察院来说，作为第一批认罪认罚从宽制度试点单位，已经在践行这条制度的路上摸爬滚打了三年，并且形成了独具特色的朝阳经验和海淀模式。

朝阳区检察院：规范不起诉权适用

北京市朝阳区人民检察院曾是全国最早实行刑事和解、轻刑快审的基层检察院之一，也是全国首批开展刑事速裁试点单位之一。为了实现繁简分流，解决“案多人少”的办案压力，2016年

8月成立了专门办理轻微刑事案件的轻罪案件检察部，后在此基础上成立第三检察部。

2016年9月3日，全国人大常委会通过一项授权决定，授权最高人民法院、最高人民检察院在全国18个城市开展刑事案件认罪认罚从宽制度试点工作，朝阳区人民检察院率先迎接挑战，成为北京市刑事案件认罪认罚从宽制度试点单位之一。这一次，第三检察部这个年轻的团队被委以重任，将践行刑事速裁和认罪认罚从宽制度在轻微刑事案件中的适用。

团队年轻却不“轻”，刚组建时，有员额检察官11名，平均办案年限超过13年，更有北京青年奖章获得者、北京市先进工作者，可谓是一支名副其实的“精英办案队伍”。

“本人已阅读、理解并认可本《认罪认罚具结书》的每一项内容，上述内容真实、准确、完整，本人自愿签名。”犯罪嫌疑人付某在值班律师见证下签署《认罪认罚具结书》那一刻，忐忑不安的心终于放松了一些。

北京朝阳公安分局执法办案管理中心速裁法庭

“我路过时看到张阿姨家门开着，我当时脑子一热，不知道怎么想的……唉，都是自己犯的错。”付某在接受讯问时懊悔地说。据了解，2018年4月的一天，付某在路过和自己合租的张阿姨门口时，看见张阿姨房间里的桌上放了一部价值5888元的iPhone手机，便偷偷将其拿走。

张阿姨发现后立即报警，民警调查时，付某一直不敢承认。一整晚，付某辗转反侧，认识到了事情的严重性，第二天一大早便去向张阿姨主动归还手机，并承认错误，请求谅解。

朝阳区检察院受理该案后，经审查发现，犯罪嫌疑人付某能够主动承认自己的犯罪行为，积极赔偿被害人经济损失，并取得了谅解，后在律师见证下依法适用认罪认罚从宽制度。检察官最后对付某作出相对不起诉决定。

这只是朝阳区检察院适用认罪认罚从宽制度的一个缩影，轻罪案件中因民间纠纷引发的激情犯罪、偶发犯罪较多，犯罪嫌疑人多认罪悔罪。数据显示，从第三检察部成立至2018年年底，已累计办理审查逮捕案件3649件4420人，占全部审查逮捕案件的51.38%；办理审查起诉案件4668件5045人，占全部审查起诉案件的58.42%。适用认罪认罚从宽的案件占全部轻罪案件的80%，其中适用速裁程序的占全部认罪认罚案件的55.48%，实质上实现了“简案快办”。

第三检察部现有员额检察官16名，人数在全院刑检部门占比20%。相当于以20%的检察官办理了55%的批捕案件、61%的起诉案件。如何化解案多人少的棘手问题，怎样做到简案快办，朝阳区检察院经过不断探索，还创建了一套具有朝阳特色的认罪认罚从宽办案模式。

轻罪案件检察工作体系一个重要的特点是追求快速高效，为了快慢分道，第三检察部建立了案件集中简化审理机制，对速裁程序案件集中移送、集中开庭。公安机关对于建议适用速裁程序的案件集中移送；公诉部门收案后，专门负责速裁案件的办案组成员根据分工集中进行告知、提讯、审查等工作，审查完毕后，集中提起公诉，由轮值公诉人集中出庭支持公诉。

“在此之前，每个检察官几乎一周有三天要去法院开庭，每次开庭都要小半天时间，很多时间都浪费在路上。现在对于速裁案件开展轮值出庭，每个检察官最多每周去法院一个半天就可以了，节约很多不必要的时间成本，可以把更多精力放在案件的实质审查上面。”第三检察部一名检察官曾经在接受采访时表示。

除了审理机制的简化，第三检察部在流程制度、文书制作等方面也做了相应的调整，力求做到简者更简。对于认定没有疑问的批捕案件取消讯问，充分利用远程视频讯问系统，听取犯罪嫌疑人意见。将《犯罪嫌疑人权利义务告知书》《认罪认罚告知书》

北京市朝阳区检察院检察官进行公开宣告

和《法律帮助告知书》三书合一、统一制作，在告知时，只需签署一份文书即可，可节约告知环节。将《审查逮捕意见书》与《审查起诉结案报告》合二为一，并改变通常的叙述性案件报告的格式。对于证据没有发生变化的案件，在审查起诉阶段可以重复使用，不需要再单独制作。起诉书与量刑建议书两书合一，不再单独制作量刑建议，起诉书中也简化证据罗列，提高制作效率。

蒋某任职于某大型国企，拥有良好的教育背景，有着让很多人羡慕的工作、生活，但却因为“一时冲动”差点断送了这一切。

她在一次由北京到香港出差的途中，在首都机场二号航站楼免税店闲逛时，顺手窃走了店内多瓶高级化妆品，价值人民币近万元。案发后，蒋某十分后悔，认罪悔罪，并积极主动向被盗公司进行赔偿，获得了公司谅解。朝阳检察院第三检察部检察官经过认真审查，最终对蒋某作出了相对不起诉决定。“这位女士没有失去工作，我们其实也想给她一个改过自新的机会。”检察官说。

据第三检察部主任贾晓文介绍，检察机关正确行使不起诉权，对适当的案件作出相对不起诉处理，实现更好的法律效果和社会效果，是轻罪诉讼制度体系构建所追求的目标之一。为准确把握案件起诉必要性，规范检察官不起诉权的适用，朝阳检察院结合办案实际制定了《刑事案件相对不起诉适用规范》，专门针对交通肇事罪、寻衅滋事罪、故意伤害罪等23个相对不起诉常见罪名制定了具体适用标准，从正反双向实现检察官不起诉权力行使的规范和指导。

“我太冲动了，的确是我的错，我已经多次向邻居道歉，以后一定和睦相处。”魏某本在商场经营一家少儿游泳俱乐部，因为存在竞争关系，经常和对面商家暗自较劲。这次因为宣传问题，和对方大打出手，导致对方鼻骨骨折。在案件移送至朝阳区检察院后，魏某真心悔罪，认罪认罚，积极赔偿被害人损失并获得了谅解。在第三检察部检察官马艳君的主持下，魏某和被害人最终签订和解协议书，握手言和。马艳君对魏某作出相对不起诉的处理决定。

朝阳检察院第三检察部自认罪认罚试点工作开展至今，着眼办案实际，主动扩大相对不起诉比例，规范和统一相对不起诉的适用标准。

海淀区检察院：创新48小时全流程速裁程序

2017年5月10日晚，王某因酒后驾车在海淀区被民警查获，经抽血检测鉴定，其血液中酒精含量已达到醉酒标准。

当晚，警方以涉嫌危险驾驶罪将王某抓获归案，其如实供述了自己的犯罪事实。警方初步判断，王某涉嫌危险驾驶罪一案事实清楚、证据充分，危害较轻且其认罪态度良好，可以适用48小时全流程速裁程序。5月11日上午，北京大是律师事务所就接到通知，请其为王某和另两名同天查获的类似醉驾案提供法律帮助。

律师立即会见了3名被告人，告知他们速裁程序的特点和优势，讲明了通过适用速裁程序，可以最大限度地缩短被告人的羁押时间，争取从轻处理。3名被告人及其家属均同意适用48小时全流程速裁程序进行审理。海淀区人民检察院以涉嫌危险驾驶罪对3人提起公诉，建议法院分别判处3人拘役一个月至两个月，并处不同额度罚金。随后案件流转到海淀区法院。

12日下午，海淀区法院开庭审理3起醉驾案，认定公诉机关指控被告人王某犯危险驾驶罪的事实清楚，证据充分，指控罪

值班律师提供法律帮助

名成立，依法采纳海淀区检察院的量刑建议，判处王某犯危险驾驶罪，拘役一个月，罚款1000元，其他两名被告人均得到相应处罚。

这3起醉驾案从被告人被公安机关抓获归案，到法院最终宣判，整个流程只用了不到48小时，让办案效率再创新高。

据海淀区检察院轻罪案件部检察官李刚介绍，2017年年初，海淀区检察院作为认罪认罚从宽制度试点单位，与区公安、法院、司法局相互协作，创新48小时全流程速裁程序，试点之初在海淀公安分局执法办案中心设立新的速裁办公区和速裁法庭，充分利用这48小时将案件流转完毕。

为什么是48小时？因为执法办案中心将各办案单位分散办理的刑事案件全部统一集中，犯罪嫌疑人被抓获后也会立即送到执法办案中心接受讯问，全程录音录像，执法规范化程度进一步提升，且在送交看守所前有最长48小时的羁押期限。

48小时全流程速裁程序，是充分利用犯罪嫌疑人被传唤到案

值班律师提供法律帮助

后的24小时与拘留后送看守所前的24小时，在48小时内完成自公安侦查、检察院审查起诉至法院当庭宣判的整个司法流程，值班律师能够及时为犯罪嫌疑人提供法律帮助，公诉人、律师、犯罪嫌疑人三方同时在场签署认罪认罚具结书也得以实现。大大提升了审判效率，而认罪认罚从宽制度推行前，从头到尾跑一遍司法程序，可能需要一两个月。

李刚全程参与、策划和执行48小时全流程结案式速裁程序，"目前48小时全流程结案主要应用于酒驾一类的危险驾驶，虽然速裁程序遍及全国司法机关，但海淀区的48小时全流程结案是最早最成功的"。介绍起48小时全流程结案式速裁程序，李刚变得滔滔不绝。

为打破公检法各自独立的信息系统造成的信息壁垒，2018年3月，海淀区公检法三机关共建"公检法内部速裁案件电子卷宗交流系统"，并于当年4月投入运行，系统覆盖所有适用"48小时全流程结案”模式的速裁案件。该系统独立于公检法内部办案系统，以“海淀区速裁案件管理系统”为基础，由公安机关扫描录入电子卷宗，并通过系统自动向承办检察官发送收案信息，案卷流转未动，电子卷宗先行，保证了三机关承办人能够第一时间掌握案件证据及文书内容，检察机关办结后在系统中点击即可将案件移送法院。

2019年，海淀区检察院适用这个模式已经审结120余起案件。

在认罪认罚的海淀模式中，海淀区检察院注重律师作用的发挥，将值班律师辩护人化。

据李刚介绍，从2015年开始，海淀区检察院陆陆续续在海淀区设立了四个值班律师点。第一个在看守所，由值班律师每天去值班；第二个在海淀区法院，为开庭被告人提供帮助；第三个在检察院，主要是向取保候审的犯罪嫌疑人提供法律帮助；第四个在海淀分局执法办案中心，对那里可能适用认罪认罚的犯罪嫌疑人提供帮助。这四个值班律师点为值班律师制度和后续认罪认罚提供了充分的保障。

随着2017年开展认罪认罚从宽制度试点工作，海淀区检察院开始实行值班律师辩护人化。李刚解释：“在速裁程序里对犯罪嫌疑人进行讯问时，值班律师就在场。讯问完之后，检察官和值班律师、犯罪嫌疑人签署具结书，之后，犯罪嫌疑人与值班律师再签署一份法律帮助的委托书，实际上就相当于以前的法律援助律师。如果要起诉，检察官会将值班律师作为辩护人写入起诉书，并附上值班律师联系方式，开庭时就可以直接通知这位值班律师（实际已经是辩护人了）去开庭。这样就解决了值班律师阅卷、会见等一系列问题。后期值班律师可以拿着相关的手续到司法局法律援助中心申请经费，又提高了值班律师的积极性和参与度。”

值得一提的是，对于适用48小时全流程速裁程序的案件，律师全程介入，充分保障被告人权利，尤其是公安机关在决定启动速裁程序后，法律援助律师便介入侦查活动，为犯罪嫌疑人提供法律帮助，在审查起诉阶段参与量刑协商，在审理阶段出庭发表辩护意见，充分发挥律师在诉讼中的作用。

小李本是洗车行一名负责洗车的员工，因盗窃老板4000元被海淀区公安机关抓获。小李的案件适用48小时速裁程序，律师向他说明情况征求意见后，小李签署了具结书。在法院开庭前，小李的心思有点动摇了，因为他听跟他羁押在一起的其他犯罪嫌疑人说，有一种罪名叫职务侵占，入罪标准6万元起，如果他盗窃的这4000元按职务侵占来处理，那他就不用面对刑罚了。

这件案子的承办人就是李刚检察官，开庭那天，正值外地检察院来观摩学习。在法官问到小李对指控事实有没有意见时，小李当庭说：“我觉得我这不属于盗窃，属于职务侵占。”

“他的这个案子事实很清楚，小李也不是会计，钱就放在洗车行老板办公桌的抽屉里。可能老板在忙，就让小李把钱放进去，小李以此为借口，说这是职务便利，很明显不是。”李刚向记者解释。

法官问到公诉人的意见时，李刚琢磨既然当事人存在异议，那案子就不能走速裁程序了，他便考虑将案子转成其他程序再审理。李刚正准备开口时，小李的辩护律师起身，表示想跟小李再沟通一下。律师当庭又跟小李解释再三，这不属于职务侵占，而且要走普通程序的话，再一次开庭最快也要10天左右。最终，庭审还是按照原来的程序顺利进行。

对于这场观摩庭上出现的意外情况，李刚原本还觉得可能展示效果不好，没想到，参观的外地同行赞不绝口，说这次让他们看到了律师参与进来，并且发挥作用的必要性。“保障嫌疑人对程序、对法律适用有一个清醒的认识，这时就需要律师的加入。”李刚说。

认罪认罚不应有禁区

不难发现，在作为试点单位开展认罪认罚从宽制度的朝阳区检察院和海淀区检察院，认罪认罚也多用于轻罪案件检察部的速裁程序中，在重罪或其他类型案件中，应用比例明显偏低。

《刑事诉讼法》第15条规定：“犯罪嫌疑人、被告人自愿如实供述自己的罪行，承认指控的犯罪事实，愿意接受处罚的，可以依法从宽处理。”可见，法律规定并未对认罪认罚从宽制度在适用罪名和程序上加以限制。

北京市朝阳区检察院副检察长吴春妹认为，认罪认罚从宽制度并非一项独立的制度和程序，而是宽严相济刑事政策的法律化和制度化，是自首、坦白等实体从宽要件和速裁程序、简易程序、不起诉等程序从简规定在更高层面上的整合与统一。全面适用是认罪认罚从宽制度的基本原则，所有的案件类型、犯罪主体等都可以适用，不应当有禁区。

吴春妹表示，轻罪案件成为认罪认罚从宽制度的适用主体，重要原因在于认罪认罚从宽制度促进繁简分流、提升诉讼效率，这在轻罪案件中体现的更为明显。但这并不代表认罪认罚从宽制度只能适用于轻罪案件。

吴春妹对认罪认罚从宽制度在其他类型犯罪案件中的适用有

着自己的见解。“与轻罪案件不同，对于重罪案件尤其是可能判处无期徒刑、死刑的案件能否适用认罪认罚从宽制度存在认识分歧。特别是在该项工作试点之初，与速裁程序试点统筹安排，较多地在轻罪案件中适用，反而忽视了在其他案件中适用。甚至有观点认为，重罪案件事关犯罪嫌疑人、被告人长期自由的限制甚至生命的剥夺，即使认罪也会经历严格的证据审查和复杂的庭审检验，在排除民事赔偿和谅解的前提下，从宽幅度有限，简化程度有限，无益于效率提升，不应或不愿适用认罪认罚从宽制度。这些做法和认识是不对的。”

“在重罪案件中争取犯罪嫌疑人、被告人认罪认罚可以化解社会矛盾，减少社会对抗，修复社会关系，促进社会和谐，从而在更高层次上实现认罪认罚从宽制度的功能与价值。再则，《监察法》第31条明文规定，被调查人主动认罪认罚，符合相应情形的，监察机关可以向检察机关提出从宽处罚的建议。检察机关在职务犯罪案件进入审查起诉阶段后依法适用认罪认罚从宽制度，也是监检衔接的有效途径。”吴春妹解释。

这就是认罪认罚从宽制度北京基层检察样本，在规范中不断突破，不停探索。

最高检：切实推进认罪认罚从宽制度

央广网（2019年10月31日）赵聪聪

2019年10月30日上午，全国检察机关适用认罪认罚从宽制度推进会在重庆召开。

最高人民检察院党组成员、副检察长陈国庆在讲话时强调，各级检察机关要站在促进国家治理体系和治理能力现代化的高度，深刻认识认罪认罚从宽制度在及时惩治犯罪、强化保障人权、优化司法资源配置、提高诉讼效率、减少社会对抗、化解社会矛盾方面的重要意义，切实承担起在认罪认罚从宽制度中的主导责任，加大制度适用力度。

陈国庆指出，认罪认罚从宽制度体现了巩固诉讼理念的重大变革和刑事诉讼制度的重大改革，本质上是推动国家治理体系和治理能力现代化的一种诉讼模式。检察机关在认罪认罚从宽制度中履行主导责任，是由修改后刑事诉讼法规定的，是对检察机关的更高要求，是遵循诉讼规律的体现，其目的是更好地维护司法公正，优质高效办好案件。

陈国庆要求，各级检察机关要以时不我待的责任感、使命感和紧迫感，积极履行主导责任，进一步加强组织领导，着力提升量刑建议精确化，充分保障当事人合法权益，依法规范认罪认罚案件的抗诉工作，高度重视认罪认罚案件的廉政风险防范，大力推进认罪认罚从宽制度的适用。

既不能『降格』也不能『拔高』

——工人日报◎卢越

新华社 XINHUA NEWS AGENCY　工人日报　法制日报

北京青年报 BEIJING YOUTH DAILY　检察日报

04

一个不放过
一个不凑数

扫黑除恶“不放过”也要“不凑数”

新华社（2019年7月20日）易艳刚

江苏邳州市公安局扫黑办悬赏征集两名耄耋老人的犯罪线索，在网络引发争议。警方称两名老人曾受其三儿子指使，长期霸占村集体房屋拒不退出，并在公安机关调查期间多次辱骂民警、阻挠调查。老人的二儿子则说，父母的耕地因修路被占，去派出所讨要说法后被抓。

凭目前有限的信息，很难简单判断是非曲直。但很多人看了警方通报，都有同样的困惑：法律对年满75周岁的人有适当宽松的处理原则，退一步说，即使老人侵占集体房屋、阻挠调查等指控属实，此事也更像民事纠纷，或治安案件，至多是普通刑事案件，与“扫黑除恶”应该关系不大。网络热议背后，是公众对一些地方“扫黑除恶”出现偏差的担忧。

“两高”《关于办理黑恶势力犯罪案件若干问题的指导意见》和《关于办理恶势力刑事案件若干问题的意见》明确，黑社会性质组织应同时具备《刑法》第294条第5款中规定的“组织特征”“经济特征”“行为特征”和“危害性特征”；而恶势力是“经常纠集在一起，以暴力、威胁或者其他手段，在一定区域或者行业内多次实施违法犯罪活动，为非作恶，欺压百姓，扰乱经济、社会生活秩序，造成较为恶劣的社会影响，但尚未形成黑社会性质组织的违法犯罪组织”。

对照这些指导意见可发现，确有一些地方罔顾“两高”确定的“黑恶势力”的认定标准，存在人为拔高、凑数现象。比如，此前一些地方将幼儿园列为“扫黑摸排对象”，最终导致相关责任人被处分，就因为随意扩大范围既曲解了中央要求，又脱离了基层实际。

“扫黑除恶”是一项有助于保障人民安居乐业、社会安定有序、国家长治久安的重要工作。当前，一些地方还存在把持基层政权、操纵破坏基层换届选举、垄断农村资源、侵吞集体资产的黑恶势力，或利用家族、宗族势力横行乡里、称霸一方、欺压残害百姓的“村霸”，或在建筑工程、交通运输、矿产资源、渔业捕捞等领域强揽工程、恶意竞标、非法占地、滥开滥采的黑恶势力……“好钢要用在刀刃上”，将精力用于打击这些真正的黑恶势力并深挖保护伞，才是对人民群众负责。

事实上，中央对于一些地方“扫黑除恶”中出现的一些偏差，已有觉察。2018年10月，最高检检察长张军就曾公开强调，在“扫黑除恶”专项斗争中要重视办案质量，“是黑恶势力犯罪的，一个不放过；不是的，绝对不迁就凑数”。2019年7月18日，最高检官网发布《检察机关开展扫黑除恶专项斗争典型案例选编（第三辑）》，又重申了要“依法规范办案，既不降格处理，也不人为拔高”的原则。

“不放过”与“不凑数”，是确保“扫黑除恶”不跑偏的两个重要原则。相关部门在对“黑恶势力”“涉黑涉恶案件”进行认定时，一定要做到既不降格处理，也不随意拔高。如此，才能确保“扫黑除恶”专项斗争始终在法治轨道上运行，经得起历史和法律的检验。

最高检："是黑恶犯罪一个不放过，不是黑恶犯罪一个不凑数"

工人日报（2019年7月18日）卢　越

最高人民检察院今天发布《检察机关开展扫黑除恶专项斗争典型案例选编（第三辑）》（以下简称典型案例），并印发通知，要求各地检察机关在扫黑除恶专项斗争中，既要从严打击黑恶势力犯罪，又要严格遵循罪刑法定、证据裁判、非法证据排除、程序公正等法治原则，依法规范办案。既不降格处理，也不人为拔高，确保扫黑除恶专项斗争始终在法治轨道上推进，经得起历史和法律检验。

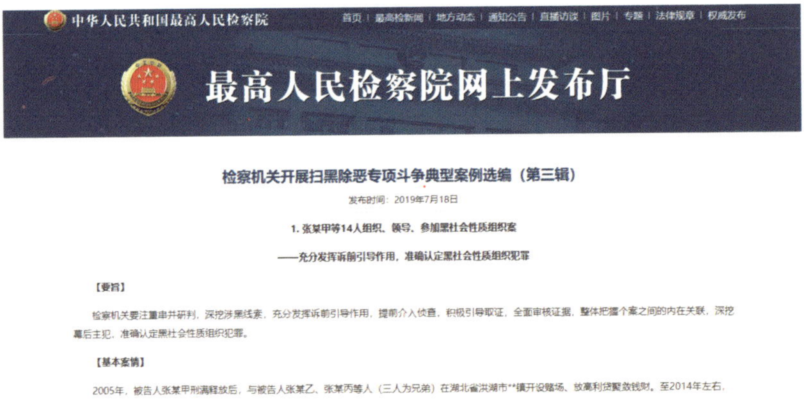
中华人民共和国最高人民检察院
首页 | 最高检新闻 | 地方动态 | 通知公告 | 直播访谈 | 图片 | 专题 | 法律规章 | 权威发布
最高人民检察院网上发布厅

检察机关开展扫黑除恶专项斗争典型案例选编（第三辑）

发布时间：2019年7月18日

1. 张某甲等14人组织、领导、参加黑社会性质组织案

——充分发挥诉前引导作用，准确认定黑社会性质组织犯罪

【要旨】

检察机关要注重串并研判，深挖涉黑线索，充分发挥诉前引导作用，提前介入侦查，积极引导取证，全面审核证据，整体把握个案之间的内在关联，深挖幕后主犯，准确认定黑社会性质组织犯罪。

【基本案情】

2005年，被告人张某甲刑满释放后，与被告人张某乙、张某丙等人（三人为兄弟）在湖北省洪湖市**镇开设赌场、放高利贷聚敛钱财。至2014年左右，

5件典型案例按照关于"是黑恶犯罪一个不放过，不是黑恶犯罪一个不凑数"两方面的要求进行选编，包括发挥检察职能，依法准确认定黑社会性质组织犯罪典型案例2件；依法追诉漏罪漏犯，追加认定恶势力犯罪集团典型案例1件；不拔高不凑数、依法不认定黑社会性质组织犯罪典型案例2件。检察机关在案件

办理过程中发现的“保护伞”线索，有的正在查，有的已审查起诉，有的已经判决定罪。

最高检扫黑除恶专项斗争领导小组办公室有关负责人表示，5件典型案例力图从不人为“拔高”和不人为“降低”两个角度，引导检察机关在办理涉黑涉恶案件时，要依法充分发挥批捕、起诉和诉讼监督职能作用，严把事实关、证据关、程序关和法律适用关，全面把握黑恶势力犯罪的基本特征和构成要件，确保法律统一正确实施，确保扫黑除恶专项斗争始终在法治轨道上运行。

该负责人在接受采访时强调，坚持司法公正，以事实为依据，以法律为准绳，尊重和保障人权，是检察机关的重要职责。在开展扫黑除恶专项斗争过程中，检察官必须履行《中华人民共和国检察官法》赋予的“忠实执行宪法和法律”的职责，坚持客观公正立场，严格把握法律政策界限，对不具备黑社会性质组织犯罪“四个特征”的，坚决不予认定。

要准确理解和把握“打早打小”“打准打实”的实质内涵，对定性分歧等问题要主动加强与公安机关、司法行政机关的工作衔接与配合，充分听取辩护律师意见，本着实事求是的态度，在准确查明事实的基础上，围绕黑社会性质组织犯罪、恶势力犯罪集团和恶势力犯罪、普通刑事犯罪的认定标准和界限，准确判定涉黑涉恶，构成什么罪，就按什么罪判处刑罚，坚持法治原则，既不能“降格”也不能“拔高”。

通知强调，各省级检察院在专项斗争中切实担负起责任，加大对涉黑和重大涉恶案件的统一严格把关力度，确保司法尺度一致、办案标准统一。

本固邦宁　斯在法治

——从最高检不放过不凑数案例回望40年刑事法治历程

法制日报（2019年9月9日）蒋安杰

检察机关充分发挥检察职能，依法对涉黑恶案件提起公诉

为确保扫黑除恶专项斗争始终在法治轨道上推进，经得起历史和法律检验，今年7月，最高人民检察院发布了涉黑恶案件“一个不放过，一个不凑数”五起典型案例，为检察机关正确把握黑恶势力的认定标准提供了具体指引，引起社会各界关注。

五起典型案例包括依法准确认定黑社会性质组织犯罪典型案例两件；依法追诉漏罪漏犯，追加认定恶势力犯罪集团典型案例一件；不拔高不凑数、依法不认定黑社会性质组织犯罪典型案例两件。

北京大学法学院教授陈兴良、中国人民大学法学院教授陈卫东、清华大学法学院教授张建伟以及北京德恒律师事务所高级合伙人王兆峰、北京东卫律师事务所主任郝春莉等业内人士接受采访时认为，五起案例，对于检察机关严格贯彻黑恶势力案件“不人为拔高、不随意降低”的办案原则，精准判定“涉黑涉恶”犯罪、“非黑非恶”犯罪统一了司法尺度和办案标准。尤其在江苏杨昊等25人涉恶案中，检察机关不仅依法改变了侦查罪名，还强化程序保障，对该案涉案人员依法全部适用认罪认罚从宽程序，真正体现了国家法律监督机关实事求是、坚持法治原则的担当精神！

一

“坚持以事实为依据，以法律为准绳，是黑恶犯罪一个不放过，不是黑恶犯罪一个不凑数。”这是最高人民检察院检察长张军在今年全国“两会”上作出的庄严承诺。

据悉，最高检党组对这五个案例非常重视。根据最高检党组的指示，最高检扫黑办今年3月底下发通知，向各省级院征集涉黑恶“保护伞”案件，不捕不诉涉黑恶案件，检察机关起诉时改变公安机关定性认定或未认定涉黑恶犯罪以及公检一致认定具有典型性、反映当前热点难点的涉黑恶案件三类典型案例。

最高检扫黑办从布置各省上报案例到最后选定共经过四轮筛选、三次修改文稿、上检委会讨论，并且根据张军批示，将案例分别发给最高人民法院扫黑办、公安部扫黑办及最高检扫黑除恶专项斗争领导小组各成员单位征求意见后才慎重定稿。

“要与各省级院沟通，逐案审阅审查报告和起诉书、判决书等法律文书，连体例如何统一规范都有明确要求。”最高检第一检察厅主办检察官劳娃介绍。

那么，最高检为何如此重视这组案例？与以往发布的案例相比，这五个案例具有怎样的指导意义？这里有必要从2018年中央作出的一项重要部署说起。

历史，总是在一些特殊年份给人们以特殊的记忆与力量。2018年就是这样的年份，以“极不平凡”被人们铭记。全面贯彻党的十九大精神的开局之年，决胜全面建成小康社会、实施“十三五”规划承上启下的关键一年，中国改革开放40年与世界百年未有之大变局亦交汇于此。

这一年的1月11日，中共中央、国务院发出《关于开展扫黑除恶专项斗争的通知》，对如何“保障人民安居乐业、社会安定有序、国家长治久安，进一步巩固党的执政基础”作出重要部署。

2018年1月23日，中央政法委在全国扫黑除恶专项斗争电视电话会议上发出动员令，要求坚决打赢这场战役，吹响了为期三年的“扫黑除恶”冲锋号。

有媒体曾用三个“前所未有”形容扫黑除恶专项斗争，党中央、国务院专门印发通知，力度前所未有；共同参与的部门从过去的十几个增加到了三十多个，营造齐抓共管综合化的惩防体系，广度前所未有；重视综合治理、源头治理、突出与基层组织建设结合、推动扫黑除恶专项斗争向农村基层延伸，深度前所未有。

“带有鲜明的新时代特征。”西南政法大学校长付子堂如是评价。

岁月不会说话，历史却在无声中悄然推进。此时，距离依法治国正式写入宪法的1999年已经将近20年，距离“人权”入宪也有14年之久。此时，从党的十八届三中全会开启全面深化改革的闸门，到十八届四中全会高举全面推进依法治国的旗帜，全面依法治国的战略布局已经逐步深入人心。这个大背景下开展的扫黑除恶专项斗争，更加注重法治理念与法治思维的全程引领。2018

2018年10月30日，最高检举行全国检察机关深入推进扫黑除恶专项斗争督促座谈会，党组书记、检察长张军出席座谈会并讲话

年1月11日，中共中央、国务院《关于开展扫黑除恶专项斗争的通知》明确要求，要坚持依法严惩打早打小，充分运用法治思维和法治方式，加强法治保障，明确政策界限，严格依法办案。

同年1月23日，全国扫黑除恶专项斗争第一次电话会议上，中共中央政治局委员、中央政法委书记郭声琨强调："在依法严惩的同时，要把握好法律政策界限，既不能降格处理也不能人为拔高。"

随着专项斗争的不断深入，进入侦查、起诉、审判阶段的涉黑恶案件越来越多，对精准运用法律武器能力的考验更加直接。10月17日，全国扫黑除恶专项斗争推进会上，郭声琨再次强调"法定办案程序、办案期限等规范，是保证办案质量的制度性要求，必须认真遵循"。

这次推进会上，国务委员、公安部部长赵克志的讲话给张军留下深刻印象，那就是赵克志强调的“要牢固树立正确政绩观，坚持实事求是原则，有多少打多少，打多少是多少，绝不允许好大喜功、虚报战果”。这段话被张军在各个场合以及全国检察机关深入推进扫黑除恶专项斗争督促座谈会上专门提及。

也是在这次推进会上，张军提出：“要在保证办案质量的前提下提高办案效率，不能人为收紧法定办案期限，要求15天、20天就要结案等，同时对案多人少、案情复杂、可能造成拖延的，上级检察机关要加强指导，确保把每一起案件办成铁案。”

很多人提及“扫黑除恶”就会联想到历史上的几次“严打”。其实，梳理40年刑事政策的变迁、回望40年中国刑事法治走过的铿锵步伐，就会看到中国法治在砥砺前行中，实现的跨越已经不仅仅是年代的久远，更是全面依法治国时代法治理念的提升。此次“扫黑除恶”与曾经的“严打”有相同，但更多的是“不同”。

二

“严打”刑事政策的提出与当时的社会背景密切相关。我国曾有过三次大规模的“严打”和一次“打黑除恶”专项行动，三次大规模“严打”分别在1983年、1996年、2001年；“打黑除恶”专项行动最早开始于公安机关，2006年2月22日，中央政法委部署后在全国铺开。

往事如烟，那是1979年，一场世纪审判终结了一个时代，也开启了一个时代。那时律师还是一个很陌生的词汇，远不及印度影片《流浪者》“拉兹之歌”流行，人们对律师的认知更多来自于女主角丽达。

那一年，有7部法律相继颁布，延续至今不断修改的“两法”

（刑法、刑事诉讼法）亦“诞生”于那时。为了保证实施，中央还下发了“64号”文件，有报道说，许多经历过“文革”的老同志看到这份具有法律意义的指导性文件时，热泪盈眶。

那一年，被砸烂的公检法司机关得以复建，司法部下发《关于律师工作的通知》时，全国登记在册的律师仅仅212人，有谁会料到，40年后的今天，中国律师队伍呈几何式增长，壮大到近43万人，成为依法治国方阵里的生力军。

那个时期的中国，伴随着改革开放，社会面貌发生改变，社会活力增强，同时刑事案件、恶性案件也大幅增多，典型的是东北“二王”事件。1983年2月12日，王宗坊、王宗玮两兄弟混入沈阳空军463医院，入室盗窃小卖部，被发现后杀人逃跑，流窜至湖南、湖北、江西等省，一路抢劫杀人，引起社会恐慌。中央决定“从重从快，严厉惩治破坏社会治安犯罪分子”，后来在时任最高人民法院院长江华的建议下加上了“依法”二字。1983年，历史上的第一次“严打”开始。

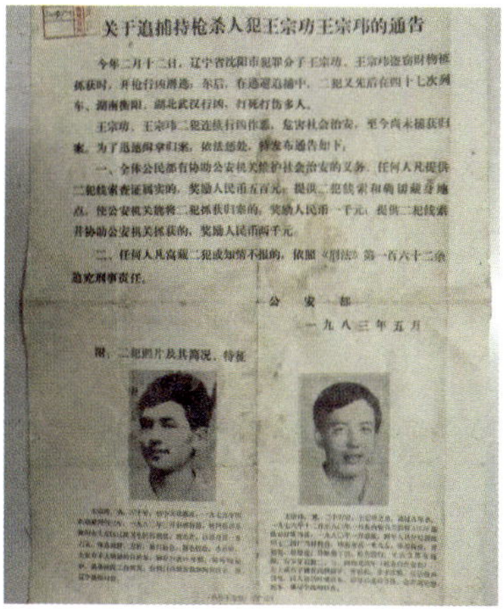

王宗坊、王宗玮案件

这一年，有一批年轻人正在北京市海淀区人民法院实习，没有人会料到，多少年后，他们会成为影响中国法治进程的领军人物，这其中就包括张军、姜伟、陈兴良3人。

1983年，陈兴良是中国人民大学法律系刑法二年级研究生。他说，自己以实习名义参加了海淀法院三个月的“严打”，现在回想，确实存在人为拔高的现象。例如，有案件会被回炉，也就是将“严打”之前已经判决生效的案件重新审理改判。这种做法既违反刑事诉讼程序，也违反罪刑相适应原则。

另一位当年曾参加过“严打”的实习生后来在最高法工作时曾经提及：“当年因为案件量大，看守所容不下，一些人羁押在京郊监狱。为免于奔波提高效率，书记员随法官住进这个监狱的监舍里办案，两天开了十几个庭。那时，有律师介入的案件也只能发表一次辩护意见，很少有第二、三轮辩论。”

去年，在纪念改革开放40周年的历史节点，记者曾采访当时还健在的最高人民法院原院长肖扬，他讲的一个案例，至今让记者无法忘怀。有一对男女青年谈恋爱，被民兵抓住后，男女分开审，女方迫于压力改口说被强奸，当时要判男的死刑。肖扬因不赞成这种背离法律的“从重”惩处而成为“靶子”。这类案子深深触动了肖扬的内心，让他开始思考有关刑事政策问题，并最早提出“严有度，宽有边，宽严相济”的理念。

1983年，十三届全国政协常委、国务院参事、北京市人民检

1983年“严打”

察院原副检察长甄贞，那时才刚刚大学毕业，被分配到北京市高级人民法院刑一庭工作，而刑一庭恰恰是集二审和死刑复核于一身的重要部门。“记忆中当时的办案，公检法司就像是一家人，讲配合讲协作，是一个战壕里的战友。”甄贞回忆，“刑事案件律师出庭辩护率非常低，很多死刑案件都没有辩护律师的参加，被告人有权获得辩护不过是一纸空文。”

甄贞介绍说，1983年8月25日，中共中央发出《关于严厉打击刑事犯罪活动的决定》，配套修改了刑法，增加了死刑罪种；同年9月2日，第六届全国人大常委会第二次会议通过《全国人民代表大会常务委员会关于严惩严重危害社会治安的犯罪分子的决定》，规定对特定严重危害社会治安的犯罪，可以在刑法规定的最高刑以上处罚直至死刑；本次全国人大常委会还通过了《全国人民代表大会常务委员会关于迅速审判严重危害社会治安的犯罪分子的程序的决定》，规定上诉期限由刑诉法规定的10天缩短为3天；同年，最高法还下放了死刑复核权。

记者问：“听闻那个年代包括执行死刑都是群众大会，公捕公诉公判公开执行，罪犯前面挂个大牌子游街?”回答说：“是的，为了在社会上形成强大攻势，起到震慑作用。”

从甄贞的叙述中，记者了解到，1983年“严打”期间，对疑案的处理，基本上没有今天的“疑罪从无”，重罪轻罪之疑也往往是从重。那个年代，为了震慑犯罪要靠“游街示众”，谁又会料到，40年后的今天，很多个案就引起全民围观。以检察机关最终认定正当防卫的福建赵宇案为例，“见义勇为是否犯罪”话题全民参与阅读数超过6亿次，讨论超26万次，进入“七五”时期的普法已经彻底唤醒公众的法律意识。

时针转到1996年。这一年的2月，发生了新中国成立以来北京首起持枪抢劫银行运钞车案，随即发生了1949年以来第一例国家领导人在家中遇害的事件，震动中央震惊全国，点燃了全国第二次“严打”的导火索。

这里不得不提及的是发生在河北石家庄的一起强奸案。1995年的3月，石家庄市中级人民法院以故意杀人罪、强奸罪判处一名不满21岁的年经人死刑，当年4月即被执行枪决。谁又会料到，该案沉冤21年后终得昭雪，成为中国法治进程中的标志性事件。

2016年12月2日，最高法第二巡回法庭宣告撤销原审判决，改判原审被告人无罪，其母在法庭上嚎啕大哭。这个最终被判无罪却再也“回不来的年轻人”，就是聂树斌。

聂树斌案改判有何重大意义？最高法有关负责人在答记者问时指出：聂树斌案是一起历时21年的重大疑难复杂案件，从另案被告人王书金2005年自认“真凶”后，社会公众对聂树斌案十分关注。聂树斌案再审改判，有力践行了我们党实事求是、有错必纠的一贯方针，是全面依法治国战略部署的具体落实；最直接的意义是，还了聂树斌及其家人一个公道，实现了个案正义。作为司法人员，一定要牢记错杀的沉痛教训，始终坚持司法为民、公

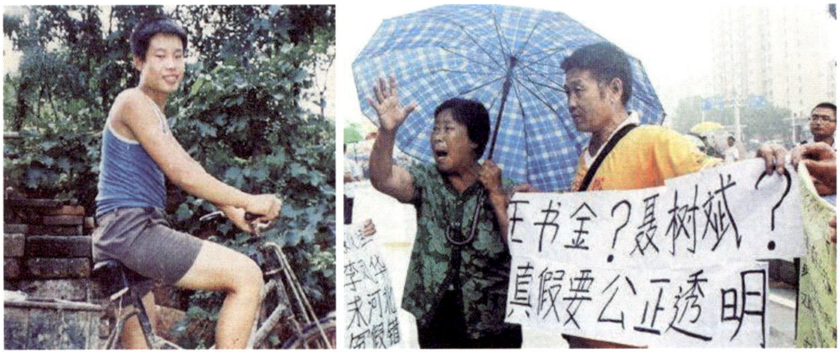

聂树斌案

正司法，确保悲剧不再重演，法治不再蒙羞，正义不再迟到。

最高法原副部级专委胡云腾在接受记者采访时曾经说过，那个年代，证据认定方面，主张抓大放小，不纠缠细节，刑事案件的证据只要符合“两个基本”（基本事实清楚和基本证据充分）即可定罪量刑。在一些案件中也出现了有效辩护很难落实、疑罪“从有”或“从挂”比较常见、冤假错案时有发生等后果。如前几年纠正的内蒙古呼格吉勒图案、安徽于英生案等冤假错案，都发生在那一时期。

时针转到2001年。当年河北石家庄发生了“靳如超爆炸案”，造成108人死亡、38人受伤，其在广西北海被抓获时身上还携带着356块炸药和34枚雷管，震惊全国，直接促成新一轮“打黑除恶，治暴缉枪”即第三次“严打”的开始。

同年5月15日，最高法特别发布《关于审理非法制造、买卖、运输枪支、弹药、爆炸物等刑事案件具体应用法律若干问题的解释（2001年）》。一名老法官对记者讲述了一件当年发生的案例。

那一年的夏天，东交民巷27号，南方某省的一对夫妇不会想到他们的生命会引起最高法的高度关注。这对年轻夫妇在乡下卖火药，因为无照，一审被判死刑。当时在农村因生产需要购买火药是普遍现象，因此“一刀切”极易造成错案，“毕竟人命大于天”。经过认真研讨，2001年9月17日，最高法及时下发通知，对“生产需要”作了明确规定：“行为人确因生产、生活需要而非法制造、买卖、运输枪支、弹药、爆炸物，没有造成严重社会危害，经教育确有悔改表现的，可依法免除或从轻处罚。”这一通知就是为了防止“严打”扩大化、统一办案标准。

记者问：“这对夫妇最终命运如何呢?”老法官欣慰地说：

“当然最终没有被判死刑。如果处罚过重，不仅违背罪责刑相适应原则，同时会让公众难以接受，损害司法公信力和权威。”

从这个案例看出，随着时代的进步，法治慢慢步入轨道，很多案件已经更多注入“法治因子”，宽严相济刑事政策开始得到体现，后来死刑复核权回归最高法后，最高法贯彻“少杀慎杀”，死刑案件连年下降，社会治安并没有反弹。

时针拨到2006年。据悉，这一年中央政法委部署“打黑除恶”专项行动时，“打黑”是否适用宽严相济刑事政策，在北京市委政法委组织的一次研究贯彻落实会议上讨论时还有不同意见，引起了较大争议。

最高检第一检察厅厅长（时任北京市检察院公诉处处长）苗生明回忆：“当时有人提出，即便是黑恶势力犯罪，毕竟还有被裹挟进来的偶犯、初犯、从犯，有自首坦白立功人员，应当区别对待，这是罪责刑相一致原则的基本要求，宽严相济的刑事司法政策应当在打黑除恶中一体坚持。后来，这一意见最终得到政法委支持，写入了相关的会议纪要之中。”

应该说，“这是新中国‘严打’斗争刑事政策演进中的一次重要调整，也标志着从1983年‘严打’以来刑事政策上的一次重大变化和进步。”苗生明评价道。

时针拨回2019年。此时，全面依法治国已经按下快车键，扫黑除恶专项斗争中，中央明确提出贯彻宽严相济政策、精准打击黑恶势力。4月9日“两高两部”联合印发《关于办理恶势力刑事案件若干问题的意见》，其中规定：对于恶势力犯罪集团的首要分子依法应当判处重刑或死刑的，坚决判处重刑或死刑；对具有自首立功坦白初犯等法定或酌定从宽处罚情节，可以依法从轻、减轻或免除处罚。

这说明，即便是罪大恶极的黑社会头子也要根据主观恶性、人身危险性、在具体犯罪中的罪责，切实做到宽严有据，罚当其罪。“开一个涉黑案件的庭最多时要20多天”，刑辩律师经常发出这样的感慨。

7月，北河沿大街147号，最高检的一次检委会上，因为即将发布的“不放过不凑数案例”，与会人员有分歧有争议，最后在讨论中达成共识。随后的大检察官研讨班上，张军强调“在全面依法治国大背景下，决不能前面扫黑除恶，后面再纠偏、再解决申诉问题”；涉黑恶势力案件到了检察环节，“重中之重”是要切实做到不偏不倚，既无过度也无不及。

回望40年，特别想用一句话概括，苦苦思索不得要领。突然想起采访徐建时写过的一句话。1982年，徐建曾因《反革命罪名科学吗?》一文差点成了反革命，幸亏高铭暄、王作富等人据理力争。毕业后他做了第一个吃螃蟹的人，辞职到深圳做律师。后

2019年7月20日，大检察官研讨班在成都开班，最高检党组书记、检察长张军讲话

来他回人大创建律师学院时，记者问他初衷，他说："希望年轻律师不必像自己1983年那样蒙嚓嚓摸着石头过河。"

40年间，世事变迁，很多若毫入微的事与物，在当时理所当然，在今天看来却是如此不可思议。令人欣慰的是，新时代的扫黑除恶更注重对被告人的权利保障，更注重庭审中的质证，而且对请不起律师的被告，法院都会指定法律援助。更值得关注的是，司法部法律职业资格管理局局长贾丽群向记者介绍，近年来通过司法考试和法律职业资格考试的100多万人中，有50余万人进入到法官、检察官、律师和公证员队伍中，职业队伍更加专业化，凸显了我国法治文明的进步。

40年刑事政策、法治环境的变迁，不就是一部鲜活的中国刑事法治史？这令人感慨万千。中国刑事法治经过40年的淬火锻造，早已经从蒙嚓嚓走出铿锵有力的步伐！

三

从"依法从重从快"到"宽严相济"再到"全面依法治国"，通过40年刑事政策的梳理、刑事法治的变迁，可以看到，"严打"是在社会治安混乱、刑事案件高发的特定情境下对犯罪进行有力打击的措施，是一种政治决断与决策。因此，有学者认为，扫黑除恶专项斗争，是我国惩治黑恶势力刑事政策又一次重要的发展和升级。

这个升级，根本原因在于黑恶势力违法犯罪形态的演变，比如向基层政权渗透、用软暴力实施"套路贷""校园贷"攫取暴利、更加有隐蔽化等；黑恶势力开始向城乡接合部、向农村的"袋口"转移。

习近平总书记指出：“法治工作是政治性很强的业务工作，也是业务性很强的政治工作。业务工作有业务工作的标准，即法律标准；政治工作也有标准，就是人民群众满意不满意。”

一些黑恶势力长期进行聚众滋事、垄断经营、敲诈勒索、开设赌场等违法活动，成为国家和社会治理的毒瘤，成为侵蚀群众获得感、幸福感、安全感，破坏党执政基础的罪魁祸首，老百姓敢怒不敢言，如何谈幸福指数?

“铲除黑恶势力滋生的土壤，这是一个具有政治远见的洞识，也指明了扫黑除恶专项斗争的工作方向。”中国政法大学校长马怀德如是评价。

当前，为期三年的扫黑除恶专项斗争已经进入深挖根治的关键时期，大量案件进入起诉审理环节，“排队上车”现象突出，还有不少案件停留在检察环节。从中央扫黑除恶专项斗争三轮督导反映的情况看，相对集中办案，个别案件还存在拔高或者降低处理的现象。

不可回避的是，坊间也出现了不同的声音。实践中有地方被媒体曝出将失独家庭列为扫黑除恶摸排对象；还有标语贴到了幼儿园，出现“扫黑除恶从娃娃抓起”的段子；传统的“从严从快”“就高不就低”“坚持两个基本，不纠缠细枝末节”运动性思维依然存在；处置黑恶势力犯罪涉案财产等方面还存在理解、执行不到位的问题；有的案件违背中央精神，出现降低证据标准“拔高”“凑数”的做法。这种现象似曾相识，或许在当年不算什么，但今天无疑已经成为法治的逆流而应引起警觉。

郝春莉介绍说，还有涉黑恶案件，案件事实尚在侦查中还没有查证属实、有的案件尚在审查起诉或审判期间，负责侦查机关就开始立功授奖，这些“未审先定”“舆论审判”的做法，有违“未经审判不得认定有罪”“以审判为中心”等刑事诉讼法基本原则。

对于这些现象，最高检党组高度重视。早在今年全国“两会”期间，最高检副检察长孙谦就曾经谈及，针对一些地方对扫黑除恶下指标问题，最高检去年发出紧急通知，要求各地检察机关必须严格把握逮捕和起诉标准。“逮捕的时候，必须弄清楚，不是黑社会的，就不能按照黑社会批捕。不是这个犯罪，就不能按照这个罪名起诉。这是我们检察机关必须坚持的，这很重要。”孙谦强调。

全国检察机关深入推进扫黑除恶专项斗争督促座谈会上，最高检强调：“扫黑除恶专项斗争是在全面依法治国这样一个大背景下部署开展起来的。全面依法治国不是口号，而是治国的基本方略，扫黑除恶专项斗争是治国方略下的具体工作部署。因此，这次的扫黑除恶专项斗争，就要不同以往，一开始就要规范，每一个案件都要规范，要更加重视办案的质量。”

最高检一位内部人士透露，在“证据标准”的认定上，张军经常显得很较真，这可能与他长期主管死刑复核的经历有关，他更强调“办铁案”和“要经得住历史的检验”。最高检另一检察厅检察官印证了这个说法：“检委会讨论案例时，张检问得特别细，逐字逐句进行，要求必须与承办检察官核实。”

面对有检察机关反映，公检法机关在理解和把握黑恶势力犯罪认定标准上存在分歧的情况，最高检党组的态度非常坚定，“关键要实事求是。是，就按照法律规定依法从严；不是，无论有多大的压力也要坚持依法，不枉不纵”。

我们先看一组数据。2018年，侦查机关以涉黑恶移送审查起诉，检察机关不认定9154件；未以涉黑涉恶移送，依法认定2117件。

再看另外一组数据。2019年上半年，对公安机关移送的涉黑涉恶案件，检察机关批捕时未认定涉黑涉恶的5390件，起诉时未认定涉黑涉恶的4879件；公安机关未以涉黑涉恶案件移送，检察机关批捕时认定为涉黑涉恶的1896件，起诉时认定为涉黑涉恶的1126件。

为了严把扫黑除恶办案质量，今年3月，最高检扫黑办专门下发通知，要求建立健全省级院对涉黑和重大涉恶案件统一严格把关制度。

再看一组数据，截至2019年8月6日，各省级检察院扫黑办共对885件涉黑和545件重大涉恶案件统一把关，其中，改变下级院定性107件。在省级检察院把关后认为不涉黑的53件案件中，县市院意见一致认定构成涉黑，省院把关后认为不涉黑并最终改变定性的24件；县市院对是否涉黑认定不一致，省级院认为不涉黑并最终改变定性的29件。

三组数据都指向了一个结论，即实践中对于是否涉黑恶犯罪，出现了认定标准不一样的案例。这种不一样存在于公安与检察机关之间，也存在于检察机关县市院与省院之间。

为什么会出现这种情况？一位公安老领导对记者说，现在公安队伍专业素质比以往高很多，大都是高等院校的毕业生。办案出现参差不齐、高低不一的现象，更多是惯性思维所致。如何准确理解刑事政策并以之为指导精准适用法律，是崭新的课题和挑战。

河南省人民检察院对45件在审查起诉环节改变公安机关涉黑定性案件的调研报告显示：在最终改变定性的45件案件中，三级检察院涉黑犯罪检察组意见一致，均认为不构成涉黑犯罪的仅9件，三级院意见不一致，最终改变定性的有36件。河南省检察院相关负责人解释说，主要原因是办案过程中有的还停留在过去

河南检察机关召开适用认罪认罚从宽制度暨扫黑除恶专项斗争推进会

"运动型严打"的思维做法上，严格依法办案的意识还不够强，不能准确把握黑恶犯罪性质的法律评价，人为拔高定性，认为只有定"黑"才算严惩，才算扫黑除恶有成绩；有的缺乏责任担当，认为最后由省院统一听取汇报把关，不深入分析。

对于出现的这种情况，最高检党组明确要求，必须统一司法尺度和办案标准，检察机关务必仔细思量：对黑恶势力如何做到精准识别、精准打击？是否严格遵循法定程序和有关证据规定？权力行使过程中是否受到了有效监督？

回到开篇，最高检为何要在这个节点下发典型案例？因为专项斗争已经进入从全面铺开向纵深推进的关键时期，中央政策清晰明了，贯彻落实就不能跑偏，全面依法治国大背景下，"严打"时期曾经出现冤假错案的历史不能重演。

最高检希望，通过典型案例的下发，对基层办案形成指导和引领作用；通过具体案例详解公检法机关的办案过程、阐释扫黑除恶专项斗争中的法治理念、法治思维，回应社会关切。

5起案例的下发，可谓“来得正是时候”。在陈兴良看来，“检察机关处于刑事诉讼的中枢，前要对接公安机关的侦查活动，后要参与人民法院的庭审活动，对于保证办理的黑恶势力案件质量承担着特别重要的职责”。

陈兴良认为：“当前的扫黑除恶斗争，正在有步骤、有目标地推进，取得了成效，从总体上是值得肯定的。但也不可否定，个别地方、个别案件还存在把关不严，打击扩大化的现象。就人为拔高和随意降低这两种现象而言，前者是主要应当避免的。那种强行下达扫黑除恶案件指标，绝不是实事求是的做法，应当坚决杜绝。唯有如此，才能确保扫黑除恶案件的质量。”

陈卫东认为，检察机关作为法律监督机关，特别是在刑事诉讼中担负着批捕起诉和出庭支持公诉的职责，坚持依法办案、实事求是的精神，对保质保量稳步推进扫黑除恶专项斗争，意义重大而深远！

王兆峰说，最高检发布不凑数案例体现了检察机关敢于向错误做法说“不”的勇气和担当，再次提醒办案机关要坚持法治标准：“是黑恶犯罪一个不放过，不是黑恶犯罪一个不凑数。”

最高检公布的这5起案例以及所产生的效果表明，坚持法治原则才是落实政治部署、实现政治使命最可靠、最有力的方式。

四

民惟邦本，本固邦宁。民心是最大的政治，平安是最大的民生。2019年是决胜全面建成小康社会的关键一年，到2021年时，

“两个一百年”中的第一个伟大目标将变为现实，“民亦劳止，汔可小康”，多么让人期待与向往！

开展扫黑除恶专项斗争，这是一个彰显治国安邦的战略谋划，是以习近平同志为核心的党中央作出的重大决策，事关社会大局稳定和国家长治久安，事关人心向背和基层政权巩固，事关决胜全面建成小康社会和推进国家治理现代化。

这是一个具有高瞻远瞩的战略考量，习近平总书记强调以扫除黑恶势力为切入点，刀锋所指是黑恶势力背后的不良政治生态，成为全面从严治党向基层延伸的另一个重要战场。“以‘拍蝇打伞’带动政治生态不断好转、社会生态更加优化，促进党的执政根基更加稳固，是一项具有深远意义的部署，触动利益之深、影响范围之广前所未有。”中国法学会党组成员、学术委员会主任张文显评价。

扫帚不到，灰尘不会自己跑掉。中央开展扫除黑恶专项斗争，就是要形成强大的扫除合力，以“大扫帚”坚决扫除黑恶势力及其“保护伞”，让人民群众安全感、满意度明显提升，还社会河清海晏、天朗气清，还老百姓朗朗乾坤。

船到中流浪更急。疥癣之疾，易成膏肓之患。黑社会的状态好比癌症的潜伏期，没有大量滋生发作起来的时候，是很难发现的。隐蔽的求生、向乡村的下沉渗透、软暴力与“套路贷”等，如毒瘤般，成为社会治理的顽疾，也为进入中盘的扫黑除恶专项斗争带来更大的难度。

在这承上启下的关键节点，最高检通过案例的形式要求检察机关在贯彻中央决策上不打折扣、不作选择、不搞变通，确保扫黑除恶专项斗争在法治轨道上有效进行的意义不言而喻。

基层治理本身就是精工细活，需要多主体参与、多角度治理，任何部门对中央政策的囫囵吞枣、歪曲执行，都是行不通的，检察机关在社会治理的进程中，必须发挥精准监督和精准引导的积极作用。

习近平总书记指出："全面依法治国具有基础性、保障性作用，在统筹推进伟大斗争、伟大工程、伟大事业、伟大梦想，全面建设社会主义现代化国家的新征程上，要加强党对全面依法治国的集中统一领导，坚持以全面依法治国新理念新思想新战略为指导，坚定不移走中国特色社会主义法治道路，更好发挥法治固根本、稳预期、利长远的保障作用。"习近平总书记一语道破法治对政治的作用，更说明了只有法治才是刑事政策得以正确实现的依托。

法治，是中华民族发展进步的艰辛探索，也是实现国家长治久安的必由之路。法治，要求我们不仅要把事情做对，更要把对的事情做好！新中国成立70周年的伟大时刻即将来临，在这一具有重要历史意义的时间坐标上回望，刑法学泰斗高铭暄教授感慨道："40年中国的刑事法治，最大的变化是基本上做到了民主科学立法，公正有效司法，广大公民守法、维权意识提高，法律人才队伍不断发展壮大，预防和惩治犯罪、教育改造犯罪人的经验和方法不断丰富。"今年91岁高龄的高老，是此次入选"国家荣誉称号"建议人选的法学界唯一代表，我们有足够的理由相信，多大的力量都无法抵消他作为中国40年刑事法治亲历者见证者的感同身受。

在新中国成立70周年的历史时刻回望，40年间，我国刑法从1979年的192条，到1997年修订后的452条，再到随着实践的发展先后通过了10个刑法修正案，法律条文越来越多、越来越具体；40年间，刑诉法由1979年制定时的164条，经过1996年、2012年的两次大修以及2018年的一次小改，条文数量先后增加至225条、290条直至目前的308条；40年间，规范“两法”适用的各类司法解释和实施细则、司改规范性文件的条文总量已经超过2000条，彻底告别了“无法可依”“无法无天”的历史发展阶段。

在新中国成立70周年的历史节点回望，40年间，全面建设社会主义现代化国家的新征程上，一个充满生机活力、不仅仅有法可依更要实现良法善治、以人民为中心的全面依法治国的新时代正在到来。

回望40年的峥嵘历程，萌生于革命时期、筑基于建设时期、勃发于改革时期的中国刑事法治，已然长成一株自立于世界法治之林的大树，我们有什么理由不自信不自豪！但也必须看到，中国的刑事法治建设道路漫长，未有穷期，我们不能忘记来时路，更要笃定脚下路，笃定新时代刑事法治现代化的目标不断攻坚克难。

为期三年的扫黑除恶专项斗争已经过半，如何不断完善长效机制，坚持标本兼治，源头治理，而不是“雨过地皮湿”，一阵风似地飘过？从“治标”到“治本”，司法检察，法治群体从未停歇思考、从未放缓步伐……

为严打“套路贷”提供强大司法保障

北京青年报（2019年4月10日）特约评论员

全国扫黑办昨天首次举行新闻发布会，公开发布最高人民法院、最高人民检察院、公安部和司法部联合印发的《关于办理恶势力刑事案件若干问题的意见》《关于办理“套路贷”刑事案件若干问题的意见》等四个有关办理扫黑除恶案件的文件，其中《关于办理“套路贷”刑事案件若干问题的意见》对依法严惩“套路贷”犯罪提出了新的要求。

近几年，“套路贷”在全国范围内乱象频现。“套路贷”以“低息”“无抵押”“快速办”为诱饵，欺诈受害者签署阴阳合同、空白合同，为其设置高昂的违约责任；采取先把借款转给受害人再由其转至犯罪分子所控账户等方式，虚构民事证据链；通过敲诈勒索、非法拘禁、电话轰炸等非法手段，强迫对方偿还“债务”，滥用司法牟取非法暴利。受害者有的并未实际拿到借款或仅拿到小额款项，却背负了巨额债务，终生难以偿还；有的老人受“以房养老”套路贷欺诈，丧失了余生最后的倚仗……“套路贷”社会危害性极大，已成为危害公共安全和社会和谐稳定，严重影响金融市场秩序和司法权威公正的重大隐患风险。

对于整治“套路贷”，司法机关一直在努力。在民事方面，最高人民法院先后颁布了《关于审理民间借贷案件适用法律若干问题的规定》《关于依法妥善审理民间借贷案件的通知》等一系列司法解释，对于“砍头息”、高利贷、收取高额服务费用、虚假诉讼等浅层次套路起到了较好的遏制作用。然而，在“谁主张、谁举证”的基本民事举证责任的背景下，司法权的作为毕竟有限。对于如前述先把借款转给受害人再由其转至犯罪分子所控制他人名下账户等犯罪模式，裁判者难以查清，受害者也难以证明，往往将以败诉告终。

正如《人民日报》评论所说，“套路贷”不是贷，而是犯罪。如果仅仅局限于民事案件范畴，以民事裁判的标准去认识和评价“套路贷”，司法权将无所作为，甚至可能成为替犯罪背书的工具。在此背景下，2018年1月16日，最高人民法院、最高人民检察院、公安部和司法部发布《关于办理黑恶势力犯罪案件若干问题的指导意见》，要求站在扫黑除恶的高度，依法打击非法放贷讨债犯罪活动，为严打“套路贷”及时提供了司法政策支持。

本次最高法、最高检、公安部、司法部再度发力，联合发布关于办理“套路贷”刑事案件若干问题的专项司法解释，重申依法严惩“套路贷”犯罪的一贯司法态度，明确“套路贷”与民间借贷的界限、共同犯罪的认定、量刑情节与标准、涉案财产处置方式等。四机关又同时发布《关于办理恶势力刑事案件若干问题的意见》《关于办理实施“软暴力”的刑事案件若干问题的意见》等三个文件。前后四个“意见”有着内在的联系，如“软暴力”犯罪、黑恶势力犯罪往往伴随“套路贷”而生，黑恶势力是主体，“软暴力”是手段，“套路贷”是目的。只有彻底查清位于终端的软暴力催讨犯罪行为，揭露与各违法环节有机结合的集团犯罪本质，才能让“套路贷”不只是人们的某种推测，而在法律意义上被定性为实锤犯罪。只有将黑恶势力的财产处置纳入“套路贷”追赃的必要环节，才能最大限度挽回和弥补受害人的损失。

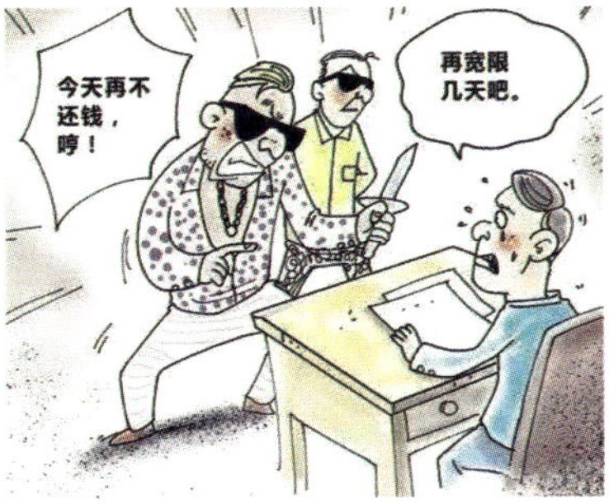

就此而言，上述四个“意见”本为有机整体，从界定套路贷犯罪、严打软暴力、严打黑恶势力的不同维度，为严厉打击“套路贷”祭出“三板斧”。这不仅有力揭示了“套路贷”假借民间借贷之名行非法占有之实的本来面目，更有望解决司法机关所面临的甄别难、处理难、协作难、尺度不统一以及受害人损失难以挽回等难题，为严打“套路贷”提供强大的司法保障。

是黑恶犯罪，一个不放过！

——检察机关开展扫黑除恶专项斗争纪实

检察日报（2019年10月30日）戴　佳　史兆琨

编者按

为期三年的扫黑除恶专项斗争时间过半，任务十分艰巨，到了更加考验耐力和韧劲的阶段。检察机关作为国家法律监督机关，在确保办案质量方面肩负着承上启下的关键作用。在专项斗争中，全国检察机关以习近平总书记全面依法治国新理念新思想新战略为指引，坚决贯彻中央部署，严格依法办理涉黑涉恶案件，把办案效率和质量放到同等重要位置，坚决做到“是黑恶犯罪一个不放过，不是黑恶犯罪一个不凑数”。近日，本报记者深入多个省份调查采访检察机关专项斗争开展情况，所见所闻见证了检察官的努力。本报从今天起分上下两篇刊发相关报道，敬请关注。

上　篇

黑恶不除，社会不稳，百姓难安。眼下，一场为期三年的扫黑除恶专项斗争正在全国各地纵深推进。

2019年1月，习近平总书记在中央政法工作会议上发表重要讲话强调，要咬定三年为期目标不放松，分阶段、分领域地完善策略方法、调整主攻方向，保持强大攻势；要紧盯涉黑涉恶重大案件、黑恶势力经济基础、背后“关系网”“保护伞”不放，在打防并举、标本兼治上下真功夫、细功夫，确保取得实效、长效。

10月11日，中共中央政治局委员、中央政法委书记、全国扫黑除恶专项斗争领导小组组长郭声琨在全国扫黑除恶专项斗争第二次推进会上指出，当前，专项斗争进入爬坡攻坚的新阶段，要把专项斗争作为一项具有政治性、战略性、基础性意义的重大工程来抓，紧盯涉黑涉恶重大案件不放，紧盯“保护伞”“关系网”不放，紧盯黑恶势力经济基础不放，推动专项斗争不断取得新突破。

在扫黑除恶专项斗争中，全国检察机关按照习近平总书记重要指示和中央决策部署，充分发挥法律监督职能作用，始终坚持依法打击、精准打击、深度打击涉黑恶犯罪，确保每一起案件的办理都经得起法律和历史的检验，更好维护国家政治安全、确保社会大局稳定、促进社会公平正义、保障人民安居乐业。

一条岿然不动的主线

万里长江，险在荆江。九曲回肠的荆江流域，蕴藏着丰富的砂石资源。

位于湖北省洪湖市燕窝镇的长江（荆江）段，江面船只穿梭往来，岸边人民安居乐业，一派繁忙安宁的景象。而就在三年前，这里还曾暗流涌动，时有非法采砂团伙偷偷作业，甚至发生了命案。

2016年11月4日，两个非法采砂团伙、三艘快艇迎面相遇多次撞击，双方械斗造成一人死亡、一人轻伤。命案侦办过程中，一些情况引起了洪湖市检察院的注意。

原来，洪湖市检察院对张新民等11人涉嫌抢劫、强迫交易、聚众斗殴、非法拘禁等多起犯罪个案进行审查时，通过实地走访并根据被害人家属反映了解到，嫌疑人张红明、张清明、蔡绿波等人均为张新民的“马仔”，而武汉市江岸区检察院正在审查起诉的李启灯等人涉嫌聚众斗殴案中，李启灯等人也均为张新民的“马仔”。

湖北张新民犯罪集团庭审情况

办案检察官意识到，李启灯等人涉嫌聚众斗殴案有可能是张新民犯罪集团为攫取非法采砂利益组织聚众斗殴而发生的致人死亡重大恶性案件。为此，检察机关建议公安机关向上级申请，将命案指定洪湖市公安局管辖，防止“大鱼”漏网。

经检察机关建议，湖北省公安厅商请长江航运公安局武汉分局将李启灯等人涉嫌聚众斗殴案移交洪湖市公安局管辖侦办。不久，洪湖市公安局先后将张红明等人涉嫌抢劫罪、寻衅滋事罪、非法拘禁罪、强迫交易罪一案和李启灯等人涉嫌聚众斗殴案向洪湖市检察院移送审查起诉。

洪湖市检察院经审查案卷材料、讯问犯罪嫌疑人，确认了两案均与张新民有关联，通过并案审查判断，张新民犯罪团伙已具有黑社会性质组织的“四个特征”雏形，但相关证据尚不充足，建议公安机关加大对张新民的追捕力度，调整侦查方向，围绕是否构成黑社会性质组织犯罪进一步补强证据。张新民被抓获到案后，检察机关又建议公安机关将犯罪嫌疑人分所羁押，防止串供。很快，公安机关通过有针对性的审讯，证实了张新民幕后操纵李启灯等人聚众斗殴致人死亡的犯罪事实，将张新民等14人以涉嫌组织、领导、参加黑社会性质组织罪移送洪湖市检察院审查起诉。

因案情重大复杂，荆州市检察院加强对洪湖市检察院的办案指导，两级检察机关共同对个罪逐件梳理，先后12次听取辩护律师意见，与公安机关共同梳理证据存在的问题，通过退回补充侦查和提出补充侦查意见，公安机关补充证据材料7卷190余份，补强了证明“组织特征”“经济特征”等方面的证据。

2018年6月28日，荆州市检察院以组织、领导、参加黑社会性质组织罪和故意伤害罪、聚众斗殴罪、寻衅滋事罪、故意毁坏财物罪、非法拘禁罪、强迫交易罪等依法对张新民等14人提起公诉。一审法院支持了检察机关的起诉意见，对张新民等14人均作出有罪判决。今年8月13日，二审法院驳回张新民等人上诉，维持原判，核准组织、领导者张新民死刑，缓期二年执行。

对多起普通刑事案件，检察机关提前介入侦查，引导取证，寻找关联案件的连接点，并案审查，深挖彻查，对全案相关犯罪行为进行整体评价，才让黑社会性质组织“老大”张新民等人现出原形。

张新民等14人组织、领导、参加黑社会性质组织案是今年7月18日最高检发布的《检察机关开展扫黑除恶专项斗争典型案例选编（第三辑）》的5件典型案例之一，也是其中发挥检察职能，依法准确认定黑社会性质组织犯罪典型案例的2件案例之一。同时入选的还有1件依法追诉漏罪漏犯，追加认定恶势力犯罪集团典型案例；2件不拔高不凑数、依法不认定黑社会性质组织犯罪典型案例。

“之所以进入最高检的视野，是因为这些案件的办理秉持着‘是黑恶犯罪一个不放过，不是黑恶犯罪一个不凑数’的理念，切实做到了宽严有据、罚当其罪、不枉不纵。”最高检扫黑除恶专项斗争领导小组办公室（下称最高检扫黑办）有关负责人告诉记者，选编这5件典型案例，目的是引导全国检察机关在扫黑除恶专项斗争中，依法规范办案，既不降格处理，也不人为拔高，确保扫黑除恶专项斗争始终在法治轨道上推进，经得起法律和历史的检验。

“严格依照法定原则和程序办案，‘稳、准、狠’从严从快打击黑恶势力犯罪，这个法治精神检察机关坚持得非常好。”广西壮族自治区人大代表、玉林市渊顺律师事务所主任李健龙如是说。

数字无声，却是最好的证明。2018年至今年上半年，全国检察机关共批捕涉黑恶犯罪36123件109919人，提起公诉18117件104248人。监督公安机关对涉黑恶案件立案1066件2247人，撤案75件95人，纠正漏捕7184人，纠正遗漏同案犯5071人，纠正移送起诉遗漏罪行7222人。这些数据的背后，是检察机关依法“稳、准、狠”打击黑恶势力犯罪的不懈努力。

针对黑恶势力新态势，精准识别施重拳

“当前扫黑除恶专项斗争已进入考验韧劲、啃‘硬骨头’的重要阶段，依法严惩力度明显加大。”最高检扫黑办有关负责人告诉记者，检察机关办案发现，面对扫黑除恶的强大攻势，一些黑恶势力纷纷改头换面、隐匿蛰伏。

谁会想到在黑龙江省会哈尔滨，竟然能遇到这样的事：驾驶车辆正常行驶中，被其他车辆尾随直至逼停，几个彪形大汉出示“收车手续”命令车主下车，如果不配合便辱骂、恐吓，甚至用甩棍将车玻璃砸碎，把车主拽下车，车内物品扔在路边，强行将

黑龙江哈尔滨检察机关办案检察官走访二手车市场

车辆开走。

这些遭受惊吓的车主有一个共同点：他们驾驶的车辆都是欠款抵押车。

但即便是欠款抵押车，就可以随意被人收走吗？

2017年5月至6月间，无业人员周某开始从事浙江杭州车捕头公司“清收”抵押机动车的业务。在车捕头公司渠道部东北区域业务经理罗某指导下，周某学会了使用“捕车邦”软件核对欠款抵押车辆信息。随后，在短短4个多月时间里，周某伙同张某纠集社会闲散人员共15人，采取暴力、威胁抢车和秘密拖车、技术开锁盗车等手段，非法清收抵押车6辆，获得收车报酬18.66万余元。

今年6月，黑龙江省诺敏河检察院以寻衅滋事罪起诉了该省首例非法清收抵押机动车的恶势力犯罪团伙。8月28日，一审法院对周某等15名被告人均作有罪判决。

记者采访了解到，非法收车案件近年来在哈尔滨市及周边多有发生，但以往都未被绳之以法，因为犯罪分子往往披上貌似合法的外衣，凭着不具有法律效力的《授权委托书》《车辆收回通知信》《车辆滞留告知函》《留置车辆交换单》等所谓的收车手续蒙混过关。在办理周某团伙案中，虽然是刑事案件，但办案检察官根据合同法、担保法、民法总则、物权法等，佐证了犯罪分子非法设置“暂扣留置权”，违法使用应由法院行使的司法公权力对车辆进行非法扣押，具有明显的“插手民间纠纷，充当地下执法队”的行为特征，从而将尚在持续发展阶段的恶势力犯罪团伙根除。

最高检扫黑办有关负责人向记者介绍，当前黑恶势力“隐匿蛰伏”呈现六种态势，即为犯罪组织披上公司、企业等合法外衣，企图利用公司行为掩盖犯罪行为；犯罪领域逐步向互联网金融、投资理财等行业渗透，多元化发展趋势明显；犯罪手段逐渐从以暴力为主向“软暴力”转变，隐蔽性更加突出；黑恶势力把持基层政权逐步由“显性”走向“隐形”；利用信息网络实施犯罪以及跨境作案来逃避打击；拉拢未成年人等特殊群体参与黑恶势力犯罪组织，试图逃避打击。

“针对当前黑恶势力呈现的新态势，只有精准识别方能‘深挖根治’，确保是黑恶犯罪一个不放过。”这位负责人说，检察机关加强对涉黑涉恶犯罪案件的分析研判，准确把握涉黑涉恶违法犯罪新动向新情况，不断提高对涉黑涉恶违法犯罪发现、打击能力。

记者了解到，为强化业务指导、确保专项斗争在法治轨道上运行，开展专项斗争以来，最高检会同最高法、公安部、司法部制定印发《关于办理黑恶势力犯罪案件若干问题的指导意见》《关于办理恶势力刑事案件若干问题的意见》，并深入研究专项斗争中遇到的困难和问题，明确在黑社会性质组织架构和成立时间、恶势力犯罪认定标准等方面把握法律政策界限。

针对涉黑涉恶犯罪涉足领域“金融化”“网络化”及犯罪手段“软暴力化”等新特点，2019年2月28日，最高检与最高法、公安部、司法部共同印发《关于办理实施“软暴力”的刑事案件若干问题的意见》《关于办理“套路贷”刑事案件若干问题的意见》，确保准确甄别和依法严厉惩处“软暴力”“套路贷”违法犯罪分子，统一执法司法标准、尺度，实现对新兴行业领域的黑恶势力精准打击。

10月21日，全国扫黑办召开新闻发布会，又公布了4个重磅指导性文件：按照全国扫黑除恶专项斗争领导小组的部署，国家监委与最高法、最高检、公安部、司法部联合印发《关于在扫黑除恶专项斗争中分工负责、互相配合、互相制约　严惩公职人员涉黑涉恶违法犯罪问题的通知》，“两高两部”联合印发《关于办理非法放贷刑事案件若干问题的意见》《关于办理利用信息网络实施黑恶势力犯罪刑事案件若干问题的意见》《关于办理跨省异地执行刑罚的黑恶势力罪犯坦白检举构成自首立功若干问题的意见》，对于确保扫黑除恶“打准、打狠、打深、打透”，推动专项斗争依法深入健康发展必将产生积极而深远的影响。

省级检察院统一把关提升办案质效

针对每一件进入检察环节的涉黑案件和重大涉恶案件，河南省检察院涉黑犯罪检察组人员与来自该省地市两级检察院的办案人员，以及当地公安机关办案人员，围绕案件是否具有黑社会性质组织犯罪的“四个特征”或恶势力犯罪的基本构成进行深入研讨，直抒己见，确保精准认定。

每次会议，河南省纪委监委驻省检察院纪检组也是雷打不动派员全程参加，目的是排查办案可能存在的廉政风险点，确保检察人员审慎用权、秉公办案。

开展扫黑除恶专项斗争以来，这样的案件汇报会在河南省检察院每周至少要召开两到三次。

河南省检察院第一检察部主任、涉黑犯罪检察组副组长刘英旭告诉记者，开展扫黑除恶专项斗争伊始，河南省检察院就在全国率先设立涉黑犯罪检察组，实行专业化一体化办案机制，由省检察院对所有涉黑和重大涉恶案件统一严格把关，逐案听取汇报，统一认定标准，统一司法尺度。

刘英旭说，在专业化一体化办案机制运行过程中，河南省检察院按照“是黑恶犯罪一个不放过，不是黑恶犯罪一个不凑数”的要求，提出“三个统一”原则，即把法律适用标准统一到有关法律司法解释上，把证明标准统一到构建以审判为中心的诉讼制度要求上，把案件质量标准统一到司法责任制改革要求上。

为充分发挥检察一体化优势，研究解决在办理重大涉黑恶案件中遇到的难题，着力提升扫黑除恶办案质效，2019年3月28日，最高检专门下发《关于建立健全省级检察院对涉黑和重大涉恶案件统一严格把关制度的通知》，要求省级院对所有的涉黑和重大涉恶案件实行全面统一严格把关。之后，最高检又专门要求市级院对其他涉恶犯罪案件统一严格把关。

黑恶势力犯罪案件涉案人数多、犯罪事实多、涉嫌罪名多、时间跨度长、案件定性难，一些地方检察机关办案经验较少。

2019年10月12日，最高人民检察院检察长张军在全国扫黑除

2019年10月11日，全国扫黑除恶专项斗争第二次推进会在西安召开。中共中央政治局委员、中央政法委书记、全国扫黑除恶专项斗争领导小组组长郭声琨出席会议并讲话

恶专项斗争第二次推进会上强调，要加大办案力度，继续以挂牌督办为抓手，组织业务骨干深入办案一线，协调解决好重点难点问题。

开展专项斗争以来，最高检始终加强对下指导，强化挂牌督办，最高检扫黑办24小时接听电话解答地方办案难题。遇到重大疑难复杂案件，最高检扫黑办与地方检察机关办案人员连夜开会研究解决。在办理黑龙江刘立涉黑案、河北杨玉忠涉黑案等重大案件中，最高检扫黑办专门派员赴当地现场指导，共同研究解决疑难问题。

记者从最高检扫黑办了解到，2018年至2019年8月，最高检共挂牌督办106件涉黑恶案件，其中2018年69件、2019年前8个月37件，目前已生效判决50件。

强化监督与配合，共同打击黑恶势力犯罪

“检察机关在扫黑除恶斗争中发挥着关键作用。”武汉大学法

学院教授莫洪宪指出，为确保扫黑除恶专项斗争依法开展，检察机关应进一步发挥协同作用，除了加强同公安、法院的协同，在涉及“保护伞”刑事犯罪时还要加强同纪委监委等部门的协同；进一步发挥监督作用，探索检察建议在扫黑除恶案件办理中的充分运用，更大地发挥效能。

正如莫洪宪所言，开展扫黑除恶专项斗争以来，各地检察机关在依法严厉打击黑恶势力犯罪的同时，强化对立案、侦查、审判、刑罚执行活动的法律监督，确保专项斗争沿着法治轨道深入开展。

“自从村里的黑社会分子被抓后，我们明显感觉到村里打架斗殴、醉酒闹事的少了很多。”在河南省郑州市二七区马寨镇张寨村，许多村民向记者说出了自己最直观的感受。

2006年以来，张军岭、申双勤等21人涉黑犯罪团伙，长期横行乡里，曾为村委会主任的涉黑组织领导者申双勤还骗取马寨镇人大代表、二七区政协委员等政治身份，严重损害了基层党委和政府形象。

“该案涉案人员多，时间跨度长，查清犯罪事实难度很大。”承办该案的荥阳市检察院检察官潘高军告诉记者，检警协作、高效联动促成了案件又快又准又稳地办理，尤其是在审查起诉阶段，没有退回公安机关补充侦查，仅用了一个审查起诉期限便将案件成功办结。

“没有退回补充侦查程序，并不代表没有开展补充侦查工作。”潘高军说，检察机关一边审查起诉，一边及时以补充侦查建议函的形式通知公安机关补充证据，经常是当天出具补查建议，公安机关当天就开展补证行动。

打黑难，追赃更难。张军岭被捕后，很多财产被申双勤提前

河南省荥阳市检察院对张军岭案提起公诉

转移，检察官深挖细查“漏财”线索，在审查起诉中，发现张军岭的大儿子还有700多万元的拆迁赔偿款债券依法可以没收，于是要求公安机关采取措施，最终该笔款项被法院依法没收并上缴国库。

要彻底摧毁黑恶势力犯罪的经济基础，防止其死灰复燃，必须严格深挖细查，深入“打财断血”。

2019年2月28日，最高检与最高法、公安部、司法部联合制定印发《关于办理黑恶势力刑事案件中财产处置若干问题的意见》，要求全面调查黑恶势力组织及其成员的财产状况，依法对涉案财产采取查询、查封、扣押、冻结等措施，并根据查明的情况，依法作出处理。

湖北省检察机关在办理严金等人涉黑案过程中，公安机关前期侦查认定该黑社会性质组织不但没有可供收缴的财产，还欠债2000余万元。经过湖北省检察院两次研究指导，恩施州、鹤峰县两级检察机关引导公安机关收集完善相关证据，查明该组织非法收益4376万元。

下猛药，才能治“沉疴”。各地检察机关在积极引导公安机关清查黑恶犯罪案件涉案财产的同时，对确系有组织犯罪、持续以形式“合法”或者非法手段聚敛的财物，结合具体案情明确提出适用财产刑的量刑建议。

今年以来，贵州省检察机关共对64件385人黑恶势力犯罪案件提出判处财产刑的量刑建议。

河北省东光县检察院发现单某等人恶势力团伙一案的一审判决未依法判处罚金，及时依法提出抗诉，法院采纳抗诉意见，判处罚金。

排查线索，铲除黑恶势力滋生土壤

在十九届中央纪委二次全会上，习近平总书记强调，要把扫黑除恶同反腐败结合起来，既抓涉黑组织，也抓后面的“保护伞”。

今年两会，张军检察长在作最高检工作报告时提出，要紧盯涉黑涉恶重大案件、黑恶势力经济基础、背后“关系网”和“保护伞”不放，在打防并举、标本兼治上下功夫。

今年，最高检扫黑办下发通知，要求各地检察机关报送开展扫黑除恶专项斗争以来在检察办案环节发现的“保护伞”线索，扫黑办对各省级检察院报来的443条线索集中讨论研究，逐一“过筛子”。

“扫黑，难就难在挖‘伞’。”最高检扫黑办有关负责人说，开展专项斗争以来，各地检察机关在讯问涉黑恶犯罪嫌疑人、被告人时，有针对性地讯问是否存在“保护伞”，在审查卷宗材料中注重发现是否存在“保护伞”线索，在法律文书中注明“保护伞”线索的审查过程、是否存在及移送处理情况，并会同纪委监委完善信息沟通、线索快速移送、核查反馈等机制。

贵州省检察院专门下发《关于实行办理黑恶势力犯罪案件发现“保护伞”线索责任清单制度的通知》，在案件提前介入引导侦查过程中，检察官通过阅卷审查、会议讨论、走访座谈等方式，认真查找“保护伞”线索。在提讯犯罪嫌疑人时，检察官都会重点问清黑恶势力长时间得以存在的原因、为何没有被查处、如何躲避打击、谁在提供帮助等问题，确保“保护伞”线索得到有效排查。

北京、上海、河南、四川等地检察院会同纪检监察部门、公安机关制定涉黑恶犯罪线索移送反馈工作机制，加强线索核查。黑龙江省检察机关移送“保护伞”线索522条。

扫黑除恶专项斗争是一个系统工程，还必须在打防并举、标本兼治上下真功夫、细功夫。

各地检察机关认真落实专项斗争边打边治边建的要求，在办案中注意发现黑恶势力存续的深层次原因，积极参与综合治理，及时向有关部门提出检察建议。今年以来，全国检察机关对发现的有关基层和重点行业领域管理问题提出有针对性的建议1665件，促进了基层社会治理，为国家长治久安贡献了检察智慧、检察力量。

有黑必扫，有恶必除，除恶务尽。不放过任何一个应当追究刑事责任的涉黑涉恶犯罪分子，不遗漏任何一起涉黑涉恶犯罪事实，不掩盖任何一块滋生黑恶势力的土壤。全国检察机关正以敢于担当的决心和勇气，紧紧围绕大局，充分履职尽责，把以人民为中心的各项要求落细落实。

下 篇

扫黑除恶专项斗争既是与黑恶势力短兵相接的攻坚战，也是检验执法司法水平的法律战。

在专项斗争中，作为肩负法律监督重要职责的检察机关，始终秉持“不是黑恶犯罪一个不凑数”的法律底线，确保扫黑除恶专项斗争在法治轨道上最大程度发挥出政治效能和社会效益。

今年7月18日，最高人民检察院发布《检察机关开展扫黑除恶专项斗争典型案例选编（第三辑）》，重申了要“依法规范办案，既不降格处理，也不人为拔高”的原则。值得注意的是，在入选的5件典型案例中，不拔高不凑数、依法不认定黑社会性质组织犯罪的典型案例有2件。

“将目光不断往返于事实和法律规范之间”

在江苏省镇江市丹徒区检察院，记者见到了典型案例之一——杨昊等25人恶势力犯罪集团案的办案检察官朱永权。他接受采访时说的一句话令记者印象深刻：“要将目光不断往返于事实和法律规范之间。”这也是朱永权时刻牢记于心的箴言。

拿出手机，朱永权找出2018年1月16日“两高两部”印发的《关于办理黑恶势力犯罪案件若干问题的指导意见》。“在办理这起案件之前，我对这些条款就已熟稔于心。要想做到‘不是黑恶犯罪一个不凑数’，最为关键的就是对有关法律政策的理解和把握十分精准，把相关条款吃透，知晓立法的本意，这样在扫黑除恶专项斗争中遇到难以认定的复杂情况时，才可能做到严格把关、精准认定。”朱永权说。

“对于杨昊组织实施的10起违法犯罪，公安机关认为涉嫌黑社会性质组织犯罪。围绕黑恶势力组织犯罪特征，我们提出了五方面的侦查取证建议，包括查明是否存在设立仪式或标志性事件，有无组织结构职责分工等。”丹徒区检察院副检察长周桂林告诉记者，与公安机关在认定案件性质方面出现意见分歧时会有一定压力，但是检察官必须履行检察官法规定的“忠实执行宪法和法律”的职责，坚持客观公正立场。

记者注意到，在《检察机关开展扫黑除恶专项斗争典型案例选编（第三辑）》中，该案例指导意义第2条为“注重实质化引导侦查”。镇江市检察院副检察长朱毅对此感触颇深，他告诉记者：“在侦查阶段，镇江市检察院、丹徒区检察院相关人员组成办案组，与公安机关先后召开8次联席会议，每次会议时长都超过4个小时，这是真真切切的8次交流沟通，是高质量的8次严谨探讨。经过共同审查，我们从60余条案件线索中筛选出36起犯罪违法事实。”

“检察院提前介入侦查可以整体把握个案之间的内在关联，准确认定黑社会性质组织犯罪，将属于同一集团、团伙或共同犯罪人所犯罪行及时串并。”中国人民公安大学侦查与反恐怖学院院长陈刚表示。

“开展扫黑除恶专项斗争，通过对黑恶势力的清除，对强化社会管理、净化社会环境意义重大。”北京市惠诚律师事务所高级顾问吴锋认为，在专项斗争中，必须坚持依法对黑恶势力进行有效甄别，谨防把不够黑恶势力的行为“人为”拔高，降低黑势力和恶势力的刑事认定标准，降低证据证明标准，把一些普通的寻衅滋事、强买强卖、聚众类犯罪简单认定为黑恶势力犯罪。

我国《刑法》第294条第5款规定，黑社会性质组织应同时具备组织特征、经济特征、行为特征和危害性特征。朱永权认为，前三个特征属于黑社会性质组织的结构性特征，危害性特征属于黑社会性质组织的程度性特征。在实践中，很难仅凭前三个特征来认定黑社会性质组织，认定黑社会性质组织的关键在于是否具备危害性特征。

这个关键的危害性特征也成为检察机关与公安机关在办理杨昊等25人恶势力犯罪集团案中最主要的分歧点之一。“在此案中，杨昊等人要债、挡债行为虽然一定程度上干扰了经济、社会生活秩序，但未对一定区域或行业形成非法控制或造成重大影响，因此，我们认为危害性特征不明显。”朱永权说。

“理越辩越明。除了危害性特征外，对于检察机关提出的侦查取证建议，我们进一步侦查后认为，组织特征、经济特征均不明显。最终，我们认可了检察机关对杨昊等人不构成黑社会性质组织犯罪的意见。”镇江市公安局丹徒分局刑事侦查大队一中队队长金留明在接受记者采访时表示，对于案件的精准定性，只要是在法律框架下去探讨，就不存在所谓的“丢面子”等问题。

2018年11月12日，丹徒区检察院将杨昊等人以两个恶势力犯罪集团和1个恶势力共同犯罪向法院提起公诉。2018年12月26日，丹徒区法院依法作出一审判决，采纳了检察机关的公诉意见。

“借鉴与吸收典型性案例中好的做法，是实现刑事法律统一性、稳定性和适应性平衡的有效方式之一。”江西省律师协会会长、豫章律师事务所主任张工关注到最高检印发的典型案例后表示，在扫黑除恶专项斗争中，只有同时坚持政策要求和法治原则，才能收到较好的预期效果，既有利于打击严重犯罪，维

杨昊等25人恶势力犯罪集团案一审庭审现场

护法律秩序的安定性，也能切实维护被告人的合法权益。检察机关在案件办理中处于中间环节，但绝不是简单的“搬运工”，检察官精准把住认定关口，充分体现了检察机关对办案质量的高度负责。

“办案质量这根弦要绷得紧而又紧”

在扫黑除恶专项斗争中，检察机关确保扫黑除恶专项斗争“不跑偏”的重要原则之一——“不是黑恶犯罪一个不凑数”在上述典型案例中体现得淋漓尽致。

切实把好案件事实关、证据关、程序关和法律适用关，是坚守“不凑数”底线、绝不拔高的精髓所在。

习近平总书记强调，要全面落实司法责任制，让司法人员集中精力尽好责、办好案，提高司法质量、效率、公信力。

中共中央、国务院《关于开展扫黑除恶专项斗争的通知》也指出，要防止冤假错案，确保把每一起案件都办成铁案。

“要严格把握好法律政策界限，确保专项斗争在法治轨道上进行。”2018年5月23日，中共中央政治局委员、中央政法委书记、全国扫黑除恶专项斗争领导小组组长郭声琨在全国扫黑除恶专项斗争领导小组会议上强调。

今年10月11日，郭声琨在全国扫黑除恶专项斗争第二次推进会上指出，要进一步完善法律政策指导、线索摸排核查、依法办案、宣传引导等机制，有效破解扫黑除恶难题。

扫黑除恶专项斗争伊始，最高人民检察院检察长张军多次主持召开最高检党组会议，研究部署扫黑除恶专项斗争工作，就高度重视办案质量、严格依法把关问题多次作出重要批示。

2018年10月16日，张军在湖北省大冶市检察院考察调研扫黑除恶专项斗争等工作，当听到该院的“九求理念”中的“安全求慎”理念时指出：“强调这一点非常有必要，检察机关一定要注意办案安全，这是对当事人负责，也是对自己负责。”第二天，张军在省级检察院检察长座谈会上再次强调，要落实全面依法治国要求，把办案质量放在首位。

2018年10月30日，张军在全国检察机关深入推进扫黑除恶专项斗争督促座谈会上明确提出，“是黑恶势力犯罪的，一个不放过，不是的，绝对不迁就凑数”。

为确保把每起案件都办成经得起法律和历史检验的铁案，2019年1月2日，最高检举行扫黑除恶专项斗争领导小组第四次会议。此次会议对黑社会性质组织、“保护伞”、“软暴力”、“套路贷”以及黑恶势力犯罪案件中财产处置等办案中遇到的疑难复杂问题，在性质认定、法律适用及政策把握方面进行了细致研究。

“要确保办案质量，坚决做到‘是黑恶犯罪一个不放过，不是黑恶犯罪一个不凑数’。”2019年10月12日，张军在全国扫黑除恶专项斗争第二次推进会上再次明确要求。

“检察机关在扫黑除恶专项斗争中具有特殊且十分重要的诉讼地位和职能，对于协同公安机关、法院等部门共同打击黑恶势力、黑社会性质组织犯罪发挥了‘承上启下’的关键作用，既防止扫黑除恶脱离法律的扩大化，也可以纠正因认识偏差的降格处理。”武汉大学法学院教授莫洪宪表示。

“坚守法定标准是应有之义”

在采访中，多位基层检察干警反映，近年来，黑恶势力为了逃避打击，不断变换犯罪手法，逐渐摒弃了原来明火执仗、打打杀杀的明显暴力手段，转而采取犯罪证据隐秘性强、易对他人形成心理强制的“软暴力”。因此，对于同一案件，不同部门在对法律、政策的理解和把握问题上可能产生分歧，主要集中在黑社会性质组织与恶势力犯罪集团的区别等方面。

2019年4月9日，全国扫黑办的首场新闻发布会汇聚了各界目光。“两高两部”联合印发了《关于办理恶势力刑事案件若干问题的意见》等四个关于办理扫黑除恶案件的意见，完善了涉黑涉恶案件证据、程序等方面的规定，对于司法办案人员而言，在依法、准确、及时打击黑恶势力违法犯罪方面可谓“及时雨”。

“扫黑除恶虽然是一项对涉黑恶犯罪总体上实行从严的专项斗争，但在全面依法治国的背景下，依法办案、坚持法定标准是应有之义。”中国刑法研究会理事、郑州大学法学院刑法学教授刘德法认为，扫黑除恶应当在法治轨道、法治框架内进行，不能为了追求案件数量，人为地将一般共同犯罪“拔高”为黑恶案件，导致扫黑除恶扩大化。

全国检察机关坚持法治思维和法治方式，强化程序意识和证据意识，在批捕起诉等工作中严格落实罪刑法定、疑罪从无、证据裁判、非法证据排除、程序公正等法律原则，始终将案件质量作为不可逾越的红线、必须坚守的底线。

据统计，2018年，全国检察机关对公安机关移送的涉黑涉恶案件，批捕时未认定涉黑涉恶的11722件，起诉时未认定涉黑涉恶的9154件。

这组数据的背后，是最高检站高谋远、务实重行的统筹推进，是各地检察机关群策群力的精准施策，彰显着检察办案人员严格把关的法律智慧。

最高检于2019年3月28日印发的《关于建立健全省级检察院对涉黑和重大涉恶案件统一严格把关制度的通知》明确，实现涉黑和重大涉恶案件认定标准由省级检察院统一把握，审查意见由省级检察院统一把关。记者注意到，在实践中，各地检察机关在提前介入案件的基础上，因地制宜地“精准把脉，对症下药”。

甘肃省检察机关制定出台《甘肃省检察机关涉黑涉恶案件同步审查报批规定》，要求各级检察院对公安机关移送审查起诉的涉黑涉恶案件，在提起公诉前，需经专门办案组、检察官联席会议、检委会讨论后层报省检察院扫黑办审查把关，确保定性准确、打准打狠。

江苏省检察机关建立涉恶案件的明示、分析制度，公安机关认为属于涉恶案件应当移送审查起诉的，应当在移送材料中的其中1份《起诉意见书》上加盖“涉恶案件”印章，同时应当在《起诉意见书》中对案件具有“涉恶”性质进行具体分析。检察机关在审查起诉过程中，应当重点围绕认定案件“涉恶”的事实证据进行审查，对案件性质有不同认识的，应当及时与公安机关沟通。

重庆市检察机关组织开展办案质量专项检查整治，对已结、在办涉黑涉恶案件从实体、程序以及落实司法责任等开展全方面检查。同时，健全侦查监督工作通报制度，确保通报见人见事、问题指向精准。

江西省检察机关建立“24小时解决分歧”机制，对存在分歧的案件，办案检察院经协调达不成一致的，在24小时内向当地扫黑办和上级院同步请示报告，上级院在48小时内下沉实地指导协调解决。

“‘24小时解决分歧’机制是将扫黑除恶具体要求做实的一项特色举措。开展扫黑除恶专项斗争，最关键的是要以最坚决的态度、最有力的行动、最严格的要求，压实检察长、分管扫黑除恶专项斗争工作的副检察长、其他分管院领导、检察官办案团队、扫黑办以及各成员部门的工作职责和要求，确保扫黑除恶专项斗争取得成效。”江西省检察院副检察长邱利告诉记者。

江西省检察院第一检察部检察官助理詹文成是最高检扫黑办专家组成员之一。他表示，认定涉黑恶犯罪要严格按照客观事实和法律规定来认定，坚持“效率与质量并重”观念，越是工作任务重、要求高，越要保持清醒头脑，不能“萝卜快了不洗泥”。

据了解，为进一步加强对全国检察机关办理重大黑恶势力犯罪案件的业务指导，充分发挥专家人才库作用，今年初，最高检扫黑办还制定了《重大黑恶案件专家指导机制》。

“专家组由最高检扫黑办从全国检察机关扫黑除恶专项斗争

专家人才库以及其他从事刑事检察工作的优秀检察人员中抽调组成。专家组指导的案件一般处于审查逮捕、审查起诉、出庭公诉等重要诉讼节点。”最高检扫黑办有关负责人在接受记者采访时介绍，专家组指导案件应重点关注涉黑犯罪定性相关证据审查和法律适用、恶势力的认定以及涉黑涉恶案件中的其他疑难法律适用问题。

在办案力量专业化建设方面，河南省检察机关进行了创新。目前，河南省三级检察院均设立了涉黑犯罪检察组，办案人员超过千名，涉黑犯罪检察组专业化、一体化办理涉黑涉恶犯罪案件，集中行使涉黑犯罪案件提前介入、审查逮捕、审查起诉、出庭公诉、信访事项办理等刑事检察职能，同时通过定期开展专题培训，使涉黑犯罪检察组真正做到精研业务、术业专攻。

凝聚打击共识，统一司法尺度

历经8次面对面会商，江西省南昌经济技术开发区检察院对公安机关移送审查起诉的潘枚生、潘齐照等16人黑社会性质组织案严格依法审查，因组织特征、社会危害性特征不明显，改以恶势力犯罪集团提起公诉，法院一审以恶势力犯罪集团作出判决。

“我从中切实感受到了检察机关在精准把关、改变案件定性方面作出的努力，不容易，值得点赞。”全程旁听了该案审理的南昌经开区矿山管理处枫林村党支部副书记、经开区蛟桥镇人大代表李俊说。

在该案的办理中，南昌经开区检察院检察长王林才带头阅卷，靠前指挥，切实解决涉黑涉恶犯罪案件认定标准、法律适

江西省南昌经济技术开发区检察院对潘枚生、潘齐照等16人恶势力犯罪集团案件出庭支持公诉

用、证据标准等实体性和程序性问题。2019年3月1日，南昌经开区检察院联合经开区法院、南昌市公安局经开分局出台《南昌经开区公检法扫黑除恶专项斗争会商研判工作机制》，明确涉黑涉恶案件均邀请专家会商研判，致力解决分歧，促成共识，形成打击合力。

“在与检法交流会商中，我们本着对法律高度负责的态度，对整个案件进行梳理、把脉，对相关法律规定理解得也更为透彻了。这是一次很好的办案经历。”南昌市公安局经开分局刑侦大队负责人兼扫黑除恶专业队队长冯建国表示。

不止江西，各地检察机关都在凝聚打击共识、统一执法司法尺度上贡献着检察智慧。

安徽省检察院与该省高级法院、公安厅联合印发《关于建立涉黑涉恶案件信息互通、数据统计及明示制度的意见》，对涉黑涉恶案件信息互通机制、数据统计口径、明示制度等方面作出具体规定，打通信息“堰塞湖”。

2019年12月30日，中共中央政治局委员、中央政法委书记、全国扫黑除恶专项斗争领导小组组长郭声琨出席全国扫黑除恶专项斗争视频会议暨领导小组会议并讲话

广东省检察院会同广东省委政法委、纪委监委、高级法院、公安厅、司法厅等部门制定《广东省办理重大复杂黑恶势力犯罪案件会商工作机制》，对涉黑恶犯罪定性分歧的协调主体、程序、原则、协调结果运用等作出具体规定。

"在公检法机关的协调沟通中，检察机关起到了主导作用，秉持客观公正的立场，体现了检察担当。"江苏省镇江市丹徒区法院刑事审判庭法官吴俊猛说。

江苏省镇江市丹徒区人大代表、人大常委会内司委主任费海新认为，公检法等各部门多次进行会商和探讨，对于案件准确定性非常关键，可以防止案件"带病"起诉，保证不枉不纵。

在接受记者采访时，多位基层检察办案人员均表示，在扫黑除恶专项斗争中，会商机制对于充分运用法治思维和法治方式、切实做到"不是黑恶犯罪一个不凑数"，起到了良好作用。

当前，扫黑除恶专项斗争正处于向纵深推进的攻坚阶段、关键时期和决胜时刻，必须更加注重在法治轨道上行稳致远。只有打得准，才能打得狠。各级检察机关正按照张军检察长在

2019年8月28日全国检察机关刑事检察工作电视电话会议上的讲话要求，坚决摒弃重打击轻保护等旧观念，坚守罪刑法定，秉持客观公正立场，理性平和文明规范司法，始终坚持做到“是黑恶犯罪一个不放过，不是黑恶犯罪一个不凑数”。

“船到中流浪更急。”在扫黑除恶专项斗争迎来新一轮强大攻势的“转段之年”，只有以法治为引擎、由法治来贯穿，才会呈现出前所未有的“加速度”。深谙此理的检察机关在扫黑除恶专项斗争中步履坚定、方向明晰，正为让人民群众有更多、更直接、更实在的获得感、幸福感、安全感而全力以赴。

『加班不起诉』捍卫的是常识

——澎湃新闻◎沈彬

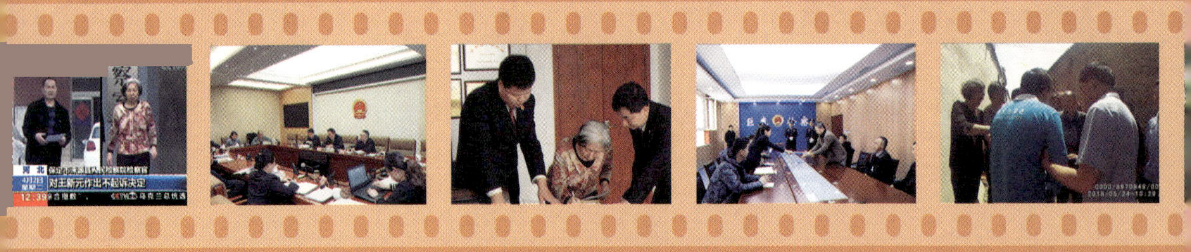

05

法不能向不法让步

正当防卫，惩恶更扬善

人民日报（2019年6月13日）彭 波 魏哲哲

统一正当防卫的司法适用标准，积极解决正当防卫适用中存在的突出问题，使司法活动既遵从法律规范，又符合道德标准；既守护公平正义，又弘扬美德善行

司法机关所办理的每一起案件，都影响着全社会的价值取向。当社会公众遭受不法侵害，而公权力难以及时、有效制止时，“我该怎么办?”现实中，正当防卫正是保护自身合法权益最直接、最有效的手段。

近年来，随着多起正当防卫案件引发舆论关注，司法机关积极回应社会关切，统一正当防卫的司法适用标准，不断明确对正当防卫权的保护，积极解决正当防卫适用中存在的突出问题，使司法活动既遵从法律规范，又符合道德标准；既守护公平正义，又弘扬美德善行。

科学合理地判定防卫是否过当

董民刚（化名）是河北省邢台市巨鹿县一名农民，他怎么也没想到，自己竟然会和“杀人犯”联系到一起。

2018年5月20日22时许，与董民刚妻子有不正当男女关系的刁某醉酒后翻墙进入他家，不仅对他进行殴打、辱骂，还威胁逼迫董民刚下跪写离婚协议书。正当刁某肆无忌惮地用车钥匙戳扎董民刚时，不堪受辱的他奋起反击，顺手抄起剪刀就向刁某扎了过去……事后，董民刚让及时赶到的妻子和邻居打110、120电

河北省邢台市检察院办案检察官向董民刚了解情况

话，其在现场等待公安人员。

“我国刑法规定，为使本人和他人人身、财产和其他权利免受正在进行的不法侵害而采取的制止行为，对不法侵害人造成损害的，属于正当防卫，不负刑事责任。”邢台市检察院检察长邢伟说，检察机关经审查后认为，董民刚的行为没有明显超过必要限度，应认定为正当防卫。

“刁某夜晚非法侵入住宅，并对董民刚长时间持续进行侮辱、恐吓、殴打，还多次声称‘今晚就是要整死你’，足以证明董民刚的人身安全受到暴力威胁，正处于现实的、紧迫的危险之下。”承办这一案件的检察官温可红说，在办理本案过程中，检察机关在原有公安机关侦查基础上，扩大了相关社会调查，之后又专门实地调查，依法作出了不起诉决定。

在这起案件中，董民刚的防卫行为是否明显超过必要限度成为关注的焦点。刁某的创口较多，因此有人质疑这是防卫过当。对此，温可红说：“刁某的创口有多处，但除2处致命伤外均较浅，这表明董民刚制服刁某经历了一个时间过程，创口是在二人打斗过程中形成，而非在刁某丧失侵害能力后其为泄愤所刺扎。不法侵害在继续，那么防卫行为也不会停止。”

有观点还质疑，刁某使用的是车钥匙，并未对董民刚造成生命威胁。对此，温可红解释说：“并非只有生命受到威胁的情况下公民才有正当防卫权。本案中，董民刚的防卫行为始终是以制止刁某的不法侵害行为为目标的。案发当时，董民刚并不知道对方拿什么工具实施暴力，他的鼻孔、耳朵被戳扎，满脸都是血。在这种情况下，董民刚当然可以进行防卫。”事后，检察机关也对工具进行了调取和分析，发现这是一种弹出式的车钥匙，顶端十分尖锐，且前端已经变形，“这说明刁某在侵害过程中很凶残”。

“正当防卫是否明显超过必要限度，应当以防卫人当时所处的环境去判断，而不是行为后的判断。”邢台市检察院副检察长赵志军说，从案发当时董民刚所处境遇看，董民刚心理高度恐惧、紧张，难以理性判断自身防御和反击行为的强度，因此也不能对董民刚的防卫行为强度过于苛求。

发挥司法裁判对社会风尚的引领作用

从山东于欢案到昆山于海明反杀案，从“见义勇为反遭刑拘”的赵宇案到河北涞源反杀入侵者案再到董民刚的案子……近两年，多起涉及正当防卫的案件成为舆论焦点，引发社会热议，正当防卫、防卫过当、特殊防卫这些法律专业名词也逐渐被人们所熟知。

“正当防卫作为一项体现现代法治文明水平的标志性制度，在各国刑法典中普遍受到重视和规范，往往都有专门规定。”据华东政法大学刑事司法学院副院长虞浔介绍，我国1979年刑法即

河北省涞源县检察院对“涞源反杀案”当事人作出不起诉决定

用专条规定了正当防卫制度，1997年刑法修订针对实践中正当防卫是否过当界限不好把握、影响公民行使正当防卫权的问题，进一步严格了防卫过当的成立条件，“正当防卫不是‘以暴制暴’，而是‘以正对不正’，是法律鼓励和保护的正当合法行为，不仅可以有效震慑不法侵害人甚至潜在犯罪人，还可以鼓励人民群众同违法犯罪行为作斗争，及时制止不法侵害，有效维护合法权益，彰显‘正义不向非正义低头’的价值取向”。

然而，受执法理念和执法环境等因素的影响，各地对正当防卫的尺度把握并不统一，有的认定正当防卫过于苛刻，往往苛求防卫人作出最合理的选择，特别是在致人重伤、死亡的案件中不敢作出认定；有的作简单化判断，没有综合考量前因后果和现场的具体情况；有的防卫行为本身复杂疑难，分歧意见针锋相对。

综观近年来引发讨论的几起正当防卫典型案件，起因虽都是孤立个案，但却暴露出立法规定过于抽象，司法理念存在认识偏差，正当防卫权实质弱化等问题，立法设计正当防卫的初衷在司法实践中并未得到充分体现。在北京大成律师事务所律师娄秋琴看来，司法实践中，由于防卫行为往往造成重伤甚至死亡的严重后果，因此经常引发防卫是否明显超过必要限度的争论，这也使司法机关更加倾向于作出平衡性裁判，一方面认定为防卫过当，另一方面则在量刑上给予减轻或者免除处罚。

“在刑事司法实践中，法院借助正当防卫这一事由判定无罪的案件还比较少见。”中国政法大学刑事司法学院教授王志远说，正当防卫条款停留在纸面上，也让不法侵害者少了顾忌。

飞来横祸，能不能勇敢自卫？路见不平，能不能拔刀相助？歹徒入侵，能不能守住家园？“法律不仅要惩治邪恶，更要保护善良。司法机关要在严格依照法律规定处理案件的基础上，将司法专业判断与民众朴素情感结合起来，在法律规定的范围内确保裁判结果最大限度地接近社会预期，充分发挥司法裁判对社会风尚的引领作用。”虞浔说。

鼓励公民依法行使正当防卫权

“媒体披露‘昆山反杀案’后，指导江苏检察机关提前介入，提出案件定性意见，支持公安机关撤案，并作为正当防卫典型案例公开发布；指导福州市检察机关认定赵宇见义勇为致不法侵害人重伤属正当防卫，依法不负刑事责任，昭示法不能向不法让步。”在今年全国两会上，最高检工作报告中的这段话引起了全国人大代表的广泛共鸣。全国人大代表周光权说：“检察机关在几起案件的办理中，敢于担当，超越了固有思维模式，切实鼓励公民依法行使正当防卫权，让正义‘不委曲也可以求全’，有效维护了法治秩序。”

让全国人大代表点赞的，正是近年来最高司法机关不断明确对正当防卫权保护的积极导向。2018年9月，最高法发布了《关于在司法解释中全面贯彻社会主义核心价值观的工作规划（2018—2023）》，明确提出要适时出台防卫过当的认定标准、处罚原则和见义勇为相关纠纷的法律适用标准，鼓励正当防卫，保护见义勇为者的合法权益。

2018年12月，最高检印发第十二批指导性案例，所涉及的4个案例均为正当防卫或防卫过当案件，其中就包括江苏昆山于海明正当防卫案。最高检副检察长孙谦表示，明确正当防卫的界限标准，回应群众关切，是当前司法机关一项突出和紧迫的任务，“这4个案例既是正当防卫的指导性案例，也是检察机关以法治手段维护社会主义核心价值观的指导性案例。最高检专门发布这些指导性案例，目的就在于惩恶扬善、弘扬正气，保护见义勇为，向社会释放正能量”。

“随着几起热点案件所引发的讨论，司法机关对于正当防卫适用的苛刻惯例正在逐渐被消解。”王志远说，多起正当防卫案件的司法判决都印证了这一趋势。

在正当防卫逐步被激活的同时，也要注意到正当防卫“度”的问题。“司法机关一方面要对明确的犯罪、反击型案件鼓励大胆适用正当防卫，纠正以往常被视作‘正常’的保守惯性，避免对防卫行为作过苛、过严要求；另一方面，司法实践也不能矫枉过正，防止‘一刀切’‘简单化’。”孙谦说，司法机关要坚持具体案件具体分析，注意防卫措施强度应当具有必要性，“任何权利都不能滥用，正当防卫权更是如此。公民遇到不法侵害，具备条件的应当优先选择报警，通过公安机关解决矛盾、防范侵害，尽可能理性平和解决争端，避免滥用暴力”。

【焦点访谈】正当防卫：以正对不正

中央广播电视总台央视（2019年6月23日）

一段时间以来，像江苏昆山于海明致刘海龙死亡案、河北涞源女大学生王某某及父母致人死亡案等等，引发了广泛关注，这些事件都涉及正当防卫权。什么是正当防卫，哪些情况下是防卫过当，司法实践中应该如何界定？最近我们的记者在河北省邢台市就采访到了一起这样的案件。

村名董民刚（化名），家住在河北省邢台市巨鹿县的一个村庄。和多数普通村民一样，董民刚每天忙着侍弄田地，照顾家人，有时打打零工，过着平静的生活，然而了解他的人却知道，就在2018年夏天，董民刚遭遇了一次终生难忘的事件。

让董民刚至今想起来还不太敢相信的这件事就发生在去年

的5月20日，那天晚上10多点钟，像往常一样，吃过晚饭，9岁多的小儿子写完作业在客厅已经睡着了，董民刚和妻子看了会儿电视，回到卧室准备休息。

这时，家住巨鹿县另一个村庄的刁某某跳墙进入董民刚家。董民刚的妻子2016年打工时认识了刁某某，陷入感情纠葛，在那之后，刁某某就不断地到董民刚家里骚扰恐吓，威逼董民刚与妻子离婚。眼前的刁某某满嘴酒气，看到董民刚后就是一顿拳打脚踢，随后闯入了董民刚和妻子的卧室。

看到刁某某肆无忌惮的举动，加上孩子还睡在客厅，董民刚赶紧来到卧室进行阻拦，然而，喝了酒的刁某某却并不罢休，拿出了一个金属物体，朝董民刚的脸上、身上猛扎一气。

事后查明，金属物体是刁某某随身携带的汽车及家用钥匙，车钥匙金属部位与塑料柄结合处已经弯曲，上面满是血迹。虽然无法复原当时的场景，但从至今还留在董民刚面部、耳根部的疤痕，不难想象当时的情景。面对刁某某的持续殴打和攻击，董民刚最终选择了反抗。

董民刚顺手拿起的东西就是家里的这把剪刀。一番厮打之后，刁某某倒在了董民刚家的客厅里。随后，董民刚主动要求妻子先打了120急救电话，又打了110电话报警，自己留在原地。公安及医护人员很快赶到了现场。公安部门的侦查及尸检显示，刁某某死于当晚的打斗。

2018年8月4日，案件由巨鹿县公安局侦查终结，邢台市公安局审查后，以董民刚涉嫌故意杀人罪，向邢台市检察院移送审查起诉。

案件移送到邢台市检察院后，由检察官温可红具体承办。温可红在审查案卷后注意到，刁某某深夜跳墙进入他人住宅，蓄意挑衅殴打他人，董民刚被迫进行反抗，其行为具有防卫性质。2018年9月19日，邢台市检察院将案件退回公安机关，要求补充侦查。

公安部门补充侦查显示，刁某某当时处于醉酒状态，血液中酒精含量高达204mg/100ml，并对董民刚进行了持续的殴打辱骂。

就在检察机关对补充侦查案卷审阅期间，一封群众来信寄到了邢台市检察院。这封信来自董民刚所在村，提出董民刚的行为属于正当防卫。随信附有970多名村民的签名。邢台市检察院检察长邢伟看到这封信后，结合之前的阅卷工作，进一步明确了检察方向。

2018年12月4日，邢台市检察院第二次将案卷退回公安机关，要求补充侦查，公安机关第二次补查后，认为董民刚的行为明显超过必要限度，属于防卫过当，以故意杀人罪移送邢台市检察院。邢台市检察院经研究后，决定启动自行侦查。通过入户走访，实地勘查，更多的事实浮出了水面。

调查显示，刁某某是个小包工头，曾因伤害罪获刑，在结识董民刚的妻子后，为达到长期霸占的目的，多次出入董民刚家

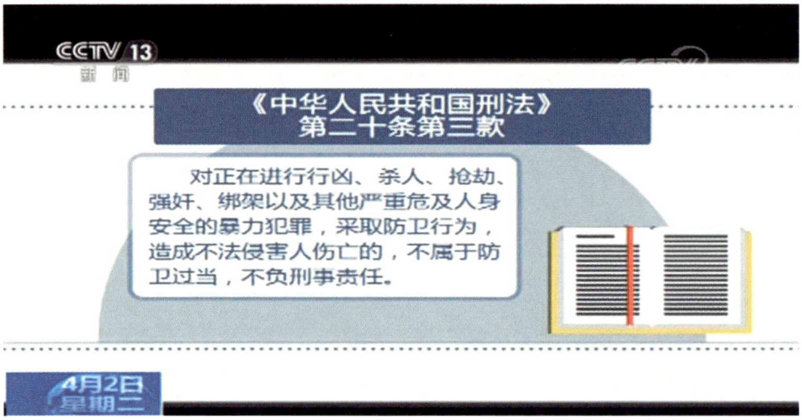

中，对董民刚侮辱打骂。就在2018年5月20日晚上，醉酒状态的刁某某使用车钥匙对董民刚头部、面部狂戳猛扎后，逼迫满脸鲜血的董民刚下跪，马上写离婚协议。

根据刑法规定，为了使国家、公共利益、本人或者他人的人身、财产和其他权利免受正在进行的不法侵害，而采取的制止不法侵害的行为，对不法侵害人造成损害的，属于正当防卫，不负刑事责任。正当防卫明显超过必要限度造成重大损害的，应当负刑事责任，但是应当减轻或者免除处罚。那董民刚最终拿起家用剪刀反抗并刺死刁某某的行为，属于什么性质呢？董民刚说，事情发生后，他一度非常绝望。

董民刚在看守所中度日如年，备受煎熬的时候，检察机关也承受着巨大的压力。

对检察机关来说，如果按照传统办案思维，可以按程序将案件提起公诉到审判机关，由审判机关最终确定案件性质。然而，本着对法律、对事实、对当事人高度负责的精神，邢台市检察院调集精干力量，多次到巨鹿县听取公安机关、检察院的意见，分析研判。就在公安部门第二次补充侦查期间，最高人民检察院发布了包括江苏昆山正当防卫案在内的系列指导案例。参照案例，结合本案实际，邢台市检察院依法审查，认定董民刚的行为属于正当防卫，2019年2月15日，对董民刚作出不起诉决定。

2019年2月18日，邢台市检察院公开宣布对董民刚的不起诉决定。

2019年5月21日，河北省人民检察院对刁某某家人提出的申诉作出复查决定，维持邢台市检察院的不起诉决定。历经一年风雨，董民刚一案落下了帷幕。

正当防卫不是“以暴制暴”，而是“以正对不正”，鼓励人民群众同违法犯罪行为作斗争，有效维护合法权益。然而客观地说，受执法理念、环境影响，在实践中正当防卫权实质弱化，或者认定过于苛刻，或者出于平衡考虑作出裁判，立法初衷未得到充分体现。如何保护“正义不向非正义低头”，董民刚一案给出了答案，检察机关的敢于担当、忠诚履职，让正义没有迟到，让事实回归了真相。正如2018年12月，最高检印发正当防卫指导性案例时所指出的，明确正当防卫的界限标准，目的就是在于惩恶扬善，弘扬正气，让人民群众在每一个司法案件中都感受到公平正义。

视频观看地址

http://tv.cctv.com/2019/06/23/VIDEIwj98F2kaxnygsGo1LCd190623.shtml

【法治在线】法不能向不法让步

中央广播电视总台央视（2019年4月2日）

家住河北涞源的王新元一家和在福建福州打工的赵宇相隔千里，人生当中并没有什么交集，但是在2019年3月初，他们的命运却因为一个法律热词被紧紧连在了一起。两起不同的案件，面对的是持凶器的入侵者，或者是正对女邻居施暴者，他们在那一刻的行为是否在合法界限内呢？

视频观看地址

http://tv.cctv.com/2019/04/02/VIDEesVIHUoZ1zOifYkBLFyH190402.shtml

深夜入室打人被杀，检方认定防卫人不负刑责

新华社（2019年6月19日）李继伟

河北邢台检察机关向董民刚送达不起诉决定书

2018年5月，河北省巨鹿县村民刁某某深夜翻墙闯入村民董民刚（化名）家中侮辱、恐吓、殴打住宅合法主人，被董民刚刺死。经两次退回公安机关补充侦查、自行补充侦查后，河北省邢台市人民检察院认定董民刚的行为属于正当防卫，不负刑事责任，对董民刚作出不起诉决定。

该案在当地受到广泛关注。专家表示，继“昆山反杀案”“涞源反杀案”后，这起案件的办理进一步表明了检察机关维护公民依法行使正当防卫权的立场。

入室滋事被杀

2016年5月，刁某某通过朋友介绍认识了董民刚的妻子李某

某，并产生不正当男女关系。刁某某经常出入董民刚家中，从不把董民刚放在眼里。

2018年5月20日晚22时许，刁某某酒后翻墙跳入董民刚家院内，对挡在门口不让进屋的董民刚当胸一拳，并骂道，“你找死啊，今天就弄死你”。

闯进屋后，刁某某猛踹卧室房门，进入卧室当着董民刚的面将李某某上衣撕坏，董民刚阻拦时上衣也被撕破。

李某某央求刁某某离开，见劝说无效，主动走出房门想引刁某某离开。刁某某不走并强令董民刚出去找回李某某。董民刚不从，刁某某便殴打董民刚，董民刚未作反抗。

刁某某边殴打边威胁说“今天我整死你”，喝令董民刚跪在面前签写与李某某离婚协议书，并用尖头汽车钥匙向董民刚头部戳扎，将董民刚脸部等多处扎伤出血。

董民刚想逃出屋外，被刁某某拉回继续殴打。情急之下，董民刚顺手拿起客厅南侧小茶几上白天干活时使用的一把剪刀与刁某某搏斗。二人激烈打斗中，董民刚将刁某某身体多处扎伤。

待刁某某停止对打后，董民刚来到屋外，并让闻讯赶来的邻居和其妻子拨打急救和报警电话。救护人员赶到检查后确认，刁某某已无生命体征。董民刚被从家中带至公安机关接受调查。

经法医鉴定，刁某某符合被锐器作用于头颈部、躯干及肢体伤及左颈静脉、左心室导致心脏破裂而死亡。董民刚鼻子、耳部等部位有多处撕裂伤、挫裂伤、软组织挫伤、皮肤损伤，其损伤程度属轻微伤。

案发后，董民刚所在村村民自发找到村党支部、村委会，认为董民刚在正当防卫情况下失手致对方死亡，希望有关部门考虑董民刚平时为人忠厚老实、和睦乡邻、孝敬父母以及父亲重病在身无法自理、两个孩子年幼均在上学等特殊情况，对其给予宽大从轻处理。董民刚母亲和村党支部、村委会向检察机关寄送了申请书，并附有970余名村民的签名。

邢台市人民检察院检察长邢伟将收到来信情况通过董民刚的辩护人答复董民刚母亲，责成分管批捕以及公诉工作的副检察长与案件承办人，多次到巨鹿县听取公安、检察院意见，分析研判证据，指明侦查补证方向。

故意杀人还是正当防卫?

本案由巨鹿县公安局侦查终结。2018年8月4日，邢台市公安局审查后以董民刚涉嫌故意杀人罪向邢台市人民检察院移送审查起诉。

2018年9月至12月，邢台市人民检察院审查后认为本案部分事实不清，证据不足，先后两次退回补充侦查。公安机关仍然认为董民刚的行为属于防卫过当，以故意杀人罪于2019年1月3日再次移送邢台市人民检察院。

邢台市人民检察院在审查后认为，公安机关侦查方向主要在作案过程，证明案发前因和防卫人当时主观心态的证据比较单薄。在公安机关两次补充侦查仍不能达到证据确实、充分的情况下，该院依法自行补充侦查。

经过补充证据，证实刁某某和李某某的关系、董民刚和李某某在此之前也曾遭到刁某某殴打辱骂、刁某某多次到董民刚家中居住。经过走访董民刚和刁某某所在村，得到了对两位当事人的性格评价和社会表现，刁某某曾有犯罪前科，董民刚为人老实，平时对刁某某即有畏惧心理。

2019年1月29日，邢台市人民检察院召开检委会，认定董民刚的行为属于正当防卫，决定对董民刚作不起诉处理。2月18日，邢台市人民检察院到巨鹿县对董民刚公开宣布不起诉决定。

不起诉决定书认定，综合本案事实，防卫人董民刚制止不法侵害的行为并未超过必要限度，属于正当防卫，不负刑事责任。

法不能向不法让步

刁某某的父亲不服，向河北省人民检察院提出申诉。

河北省人民检察院复查后认为，刁某某深夜醉酒非法侵入他人住宅，并多次对该住宅的合法主人董民刚进行侮辱、恐吓、殴打，其行为已涉嫌犯罪，并多次声称“我今天整死你”。董民刚为了使本人的人身权利免受正在进行的不法侵害，而采取了制止不法侵害的行为，虽然造成不法侵害人死亡的后果，但不能以事后的视角苛求防卫人在案发当时的情况下为制止不法侵害而理性判断每一个反击行为，董民刚的行为属于正当防卫。

得知检方对董民刚作出不起诉决定后，董民刚所在村村民及周边群众纷纷点赞，认为这一认定将激励人们勇敢地保护自身合法权益，向不法行为作斗争，从而形成扶正祛邪的良好社会风尚。

第十三届全国人大代表、河北柏粮集团董事长尚金锁认为，邢台市人民检察院坚守法不能向不法让步的底线，对董民刚作出正当防卫不起诉决定，不让正义迟到，依法保护了当事人合法权益，彰显了法律尊严和公平正义。

河北省法学会犯罪学研究会会长、河北医科大学副校长冯军说，检察机关在该案中准确把握正当防卫立法精神，切实让人民群众感受到了公平正义，实现了政治效果、法律效果和社会效果的统一。

从赵宇案到涞源案：“加班不起诉”捍卫的是常识

澎湃新闻（2019年3月3日）沈　彬

检察院的这波“周末加班”操作引发了四方点赞。

周五（3月1日）晚上，上级检察机关对福州市晋安区人民检察院就赵宇见义勇为一案的“相对不起诉”处理作出纠正，认定赵宇的行为属于正当防卫，依法不负刑事责任，作出了“绝对不起诉”的处理。前者，意味着赵宇在见义勇为过程中致人重伤的行为，仅仅是“犯罪情节轻微”，可以不起诉，之前被刑拘的14天是不能申请国家赔偿的；而这次赵宇被彻底洗净冤曲，彻底无罪了。

周日（3月3日），河北省保定市人民检察院对闹得沸沸扬扬的“涞源反杀案”作出不起诉决定。

事先连续骚扰，深夜，持凶器，潜入女孩家，伤害三人，最终被反杀。之后女大学生王某某一家，被追究了“故意杀人罪”。

凶手都已持刀杀到家里来了，还能够不反抗吗？这是公众对于正当防卫的朴素的理解，但这些常识却在之前很多基层司法实践中被“遗忘”，变成“能跑就不跑，就是有过错”，不问具体情况，“只要凶手倒地，就必须停手”。这次检察院的不起诉决定，则是用司法政策捍卫常识，用司法的暖意设身处地为当事人思考：

保定市检察院认为：“王磊身材高大，年轻力壮，所持凶器足以严重危及人身安全，王磊虽然被打倒在地，还两次试图起身”，王某某的父母王新元、赵印芝当时不能确定王磊是否已被制伏，继续用菜刀、木棍击打王磊，与之前的防卫行为有紧密连续性。的确，司法机关必须摆脱冷冰冰的“上帝视角”，不能要求每一个公民都像黄飞鸿一样“点到为止”。

同时，保定市检察院明确指出，王磊于深夜携凶器翻墙非法侵入王新元住宅，使用水果刀、甩棍等足以严重危及人身安全的凶器等，属于《刑法》所规定的“无限防卫权”的适用要件。这是把法定的“无限防卫权”还给了公民。

对两起个案的“加班”不起诉处理，检察院机关及时回应了民间的关切，提升了公众对司法公正的信心，形成了舆论和司法的良性互动，在舆论场实力圈粉。这不是司法对民意的“迎合”，而是检察院对已经见怪不怪的司法积弊的“硬核监督”，恢复了正当防卫制度应有的内涵和外延，为公民见义勇为、自我保护打开了空间。

之前，最高人民检察院已经公布第十二批指导性案例（正当防卫案），叠加这两起个案的处理效应，势必全方位改变中国正当防卫政策的适用标准，正义的界标正在移动。

此外，从两个案件的处理来看，检察机关作为法律监督机关，对公安机关办案形成有效的约束，对公安机关事实认定不清、法律定性有问题的个案，就应该“顶住压力”、坚守法律，让公民在每一个个案当中看到阳光和正义。

法治不只存在于皇皇法典之中，还应该是具体的，应该让每一个公民在面对深夜女邻居呼救时知道怎么办，应该让公民在面对闯入家中的凶手时有底气自我保护。司法政策满足了公众对正义的期待，自然能实力圈粉，舆论和司法本是相辅相成的关系。

不能因办案拖垮企业

——央广◎孙莹 等

06

护航民企发展

【焦点访谈】办案宽严相济　保障民企权益

中央广播电视总台央视（2019年1月17日）

改革开放40年来，我国民营企业蓬勃发展，民营经济从小到大、由弱变强，在稳定增长、促进创新、增加就业、改善民生等方面发挥了重要作用，成为推动经济社会发展的重要力量。不过任何企业在具体的经营活动中，因为这样或那样的原因都可能会出问题，甚至发生违法行为，民营企业也不例外。日前，最高人民检察院发布涉及民营企业司法保护的四个典型案例。这四起案件不是惊天动地的大案，却是民营企业生产经营过程中，常见多发的涉及刑事的案件。发布典型案件目的是为各级检察院保护民营企业合法权益、服务和保障非公有制经济健康发展提供参考和指引。

由拖欠工资导致的劳资纠纷是民营企业经营过程中多发的案件，如果公司方拒不支付员工工资，依照刑法，经政府有关部门责令，公司方有能力支付却拒不支付劳动报酬，数额较大的，公司方和法定代表人就会涉及刑事犯罪。2017年初，上海杨浦一家公司的12名员工遭遇欠薪，共计20余万元。经劳动仲裁后拒不执行，公司董事长刘某一直逃避

不露面，2017年底，被拖欠工资的员工向上海杨浦区劳动监察大队申请维权。

2018年2月，上海市杨浦区劳动监察大队依法将案件移交公安机关办理。2018年3月，刘某因涉嫌拒不支付劳动报酬罪，在上海虹桥机场被上海杨浦警方抓获。

刘某代理律师刘伟说："当事人被拘留之后立即筹款跟公安机关沟通，把第一笔款大概20万元付了。"

时隔一年，12名员工拿到了被拖欠的工资，刘某被取保候审，案件移交检察机关。检察机关在审查此案时发现，除了这起欠薪案件，刘某公司还有一笔员工欠薪案，涉及金额30万元。

40岁不到的刘某除了担任涉案的国际贸易公司的董事长之外，同时还是十多家公司的实际控制人，如果刘某再次拒不支付员工欠薪，将受到法院刑事审判，这对他个人今后的生活、几家企业的经营都将带来一系列影响。办案检察官对刘某进行了法制教育，向他解释清楚：如果再不及时支付员工工资将要承担的法律后果。2018年11月，刘某向员工支付了这30万元欠薪。检察机关审查认为，刘某在提起公诉前支付了劳动者的劳动报酬，依法可以免除刑事处罚，决定对刘某不起诉。

在这起案件中，如果起诉刘某，他管理的几家公司正常的生产经营势必会受到影响，甚至有可能导致企业倒闭。考虑到刘某能够积极支付员工工资，检察机关准确把握宽严相济的政策，对当事人作出从宽处理。

民营企业在经营过程中还有一类多发案件是公司管理人员职务侵占案件。黄某、段某是福建A鞋业公司原副总经理和采购部经理。2017年6月，福建A公司受B公司委托，由B公司提供原料皮革生产皮鞋。皮鞋加工完成后，剩余的部分皮革被黄某、段某

私自藏匿占有。同年12月，B公司再次委托A公司加工皮鞋，这次双方约定原料皮革由A公司自行采购。于是，黄某、段某就把上次他们私自藏匿占有的B公司的皮革卖给了自己所在的A公司，从中获得赃款6.7万元。此事被A公司察觉后向警方报案。2018年1月，黄某、段某因涉嫌职务侵占罪被福建泉州警方刑事拘留，同年2月被变更强制措施取保候审。

黄某、段某作为A公司的管理人员，把A公司管理的财物非法占为己有，侵害了A公司的合法权益。现实生活中，很多民营企业也像福建A公司这样，遇到自己企业的财产被侵占，由于调查取证难、立案难等多种原因，往往自认倒霉，自吞苦果。这起案件检察机关通过惩治企业管理人员黄某、段某职务侵占犯罪，使得黄某段某全额退还违法所得，从而切实维护了民营企业A公司的合法权益和正常生产经营活动，帮助民营企业挽回了经济损失。2018年11月15日，法院判决，黄某犯职务侵占罪，判处拘役六个月，缓刑一年；段某犯职务侵占罪，判处拘役五个月，缓刑六个月。

最高人民检察院副检察长孙谦说："在处理这些案件时，我们发现一些企业在管理经营中制度不完善，存在很多风险，我们会提出建议，建议他们完善制度，规避风险依法经营。"

虚开增值税专用发票也是民营企业涉及刑事犯罪的多发案件。

吴某是广州A公司法定代表人，黄某、廖某是A公司股东，他们三人同时又是广州B公司实际控制人。2011年至2016年，吴某伙同黄某、廖某为A公司虚开广州17家公司的增值税专用发票271张，金额1977万余元，税额336万余元，价税合计2314万余元。案发后，吴某自动投案，黄某、廖某到案后也如实交代了犯罪事实。

广州警方以涉嫌虚开增值税专用发票罪将吴某、黄某、廖某三人移送广州市越秀区人民检察院审查起诉。鉴于吴某、黄某、廖某三人有自首、坦白、案发后积极补缴税款、认罪认罚等情节，考虑到他们三人除了管理A公司，还同时管理B公司，如果三人同时被逮捕，A、B两家企业将无人管理，都将陷入生产经营的困境。鉴于这种情况，检察机关提出了从轻、减轻处罚的量刑建议。黄某、廖某由逮捕变更为取保候审。

这起案件正确适用了强制措施，保证了依法惩治犯罪，又避免了因企业负责人被羁押而给企业经营带来的困难。

最高人民检察院副检察长孙谦说："在逮捕方面对于可捕可不捕的坚持不捕，对于没有社会危险性，诉讼能够顺利进行就不予逮捕。这个危险性包括犯罪嫌疑人有没有逃跑、自杀、串供、报复的可能性，没有这些可能性，诉讼能够正常进行的情况下，就采取非限制人身自由的强制措施。"

依法纳税，依法开具发票是企业

的法定义务。如果偷逃税款、虚开发票，情节严重的，就应当依法承担刑事责任。对处于从属地位，被动实施共同犯罪的民营企业，依法从宽处理。

江苏A建设公司许某等7家公司经营建筑工程承揽业务。2011年至2015年，陈某在开发房地产项目过程中，为虚增建筑成本，偷逃土地增值税、企业所得税，以支付6%—11%开票费的方式，要求A公司许某等7家建筑工程承揽企业为其虚开建筑业统一发票、增值税普通发票，金额共计3亿余元。2018年4月，许某等7人向江苏苏州警方自首，主动上缴违法所得、缴纳罚款。2018年5月，警方以涉嫌虚开发票罪分别向昆山市人民检察院移送审查起诉。

昆山市人民检察院经审查认为，A公司等7家公司虚开发票行为，具有自首、坦白等情节，在犯罪中处于从属地位，是房地产建设项目中的弱势方，他们被动应工程发包方陈某要求实施虚开发票共同犯罪。如果不加区别，一律起诉，也势必影响许某等7家建筑企业的经营，因此依法作出不起诉决定，但是对工程发包方陈某公司还是要依法惩处，以虚开发票罪依法提起公诉。

最高人民检察院负责人表示，今后一个时期，针对司法实践中遇到的新情况、新问题，最高人民检察院还将继续整理发布多种类型的涉民营企业司法保护案例，为各级检察机关提供办案指导。

最高人民检察院副检察长孙谦说："比方非法经营罪、骗取贷款犯罪、涉及外汇一些犯罪等等，必须贯彻罪刑法定，疑罪从无的原则。我们也建议民营企业家们，包括各种经济主体都要严格守住法律的底线，信守承诺，信守原则，信守规矩，检察机关会忠实地履职，为各类经济主体创造更好的法治环境，促进经济社会的健康发展。”

我国民营经济只能壮大、不能弱化，不仅不能“离场”，而且要走向更加广阔的舞台。最高人民检察院发布四个案例，通过具体的案例，给司法一个具体的指导意见，具体的裁量标准，做到不该起诉的就不起诉，不该定罪判刑的就不定罪判刑，不该采取强制措施就不采取强制措施，它的核心就是依法保障企业健康发展。当然，保障企业健康发展，绝不能够突破法律的底线去纵容甚至去包庇企业家的违法犯罪行为，任何时候都要严格依法，不能搞“法外开恩”“宽大无边”。对民营企业家来说，也要讲正气、走正道，做到聚精会神办企业、遵纪守法搞经营，在合法合规中提高企业竞争能力。

视频观看地址

http://tv.cctv.com/2019/01/17/VIDExQJvv1lfwE1dSXUu05Fv190117.shtml

公正司法是最好的营商环境

——贵州省检察机关依法保护企业家合法权益专项行动侧记

经济日报（2019年5月22日）李万祥　曾诗阳

中央媒体记者赴贵州对检察机关保护企业家合法权益集中采访

2015年，马颖到贵州某房地产开发公司任董事长不久，公司因牵涉前法定代表人个人借贷纠纷案件，被人民法院查封财产4.88亿元，公司经营一时陷入瘫痪、濒临破产。公司多次提出执行异议，法院均未采纳。

2018年3月，马颖向贵州威宁县检察院申请对该案件依法监督。经查，法院确实存在超标查封企业合法财产的行为。随后，检察机关发出检察建议书，监督法院对超标查封的公司财产予以解封。如今，公司回归正常经营轨道，“你们帮我们挽回了经济损失，是实实在在为我们民营企业家保驾护航”。马颖向检察机关表示由衷感谢。

自2018年以来，贵州省检察机关开展依法保护企业家合法权益专项行动。一年来，全省检察机关共批准逮捕侵犯企业或企业家合法权益刑事犯罪2331件3678人，提起公诉1860件3157人；受理涉企民事、行政检察案件703件，为企业、企业家挽回经济损失6.87亿元。

明确经济纠纷和刑事犯罪界限

所有企业活动都存在法律风险。“检察机关应该将民营企业家从法律风险中解放出来，让他们安心经营、放心投资、专心创业。”贵州省检察院依法保护企业家合法权益专项工作办公室负责人告诉记者，牵涉刑事案件对民营企业的打击尤为严重，“办理一个案件，垮掉一个企业”的情况时有发生，针对这一问题，贵州省检察机关开展了涉企案件专项立案监督。

贵州凯里市检察院办理的李凌案，就是开展立案监督的一件典型案例。

2017年12月4日，公安机关接到凯里某置业公司股东葛某、高某等联名控告该公司董事长李凌挪用、侵占单位资金。12月29日，公安机关以李凌涉嫌隐匿、故意销毁会计凭证、会计账簿、财务会计报告立案侦查，并于2018年1月对李凌刑事拘留，后取保候审。

“对于民营企业来说，董事长被拘留，就像遭遇一场大地震，随时可能坍塌。”李凌曾经参加过当地举办的“检察长·董事长”座谈会，知道检察机关正大力开展企业家合法权益保护工作，于2018年7月9日以书面材料向省检察院反映了案件情况，恳请依法对其作出不予起诉的决定。

接到材料后，贵州省检察院商请省公安厅派员组成联合调查组核实情况。2018年7月13日，凯里市检察院在省、州两级检察院指导下对案件进行调卷审查。经查，检察机关认定，该置业公司股东之间财产权益纠纷不宜适用刑法调整，依法监督公安机关撤销案件、解除对李凌的强制措施。

此案的关键在于明确经济纠纷和刑事犯罪的界限。“涉企案件立案主要存在两个问题，一是该立案的不立案，对犯罪行为打击不及时不准确；二是不该立案的立案，损害企业、企业家合法权益。”省检察院专项办负责人告诉记者，贵州省检察院制定了《贵州省检察机关在刑事检察司法办案中服务和保障民营经济发展46条指导意见》，明确提出“坚决防止利用刑事手段干预经济纠纷，坚决防止将经济纠纷当作犯罪处理，坚决防止将民事责任变为刑事责任”。

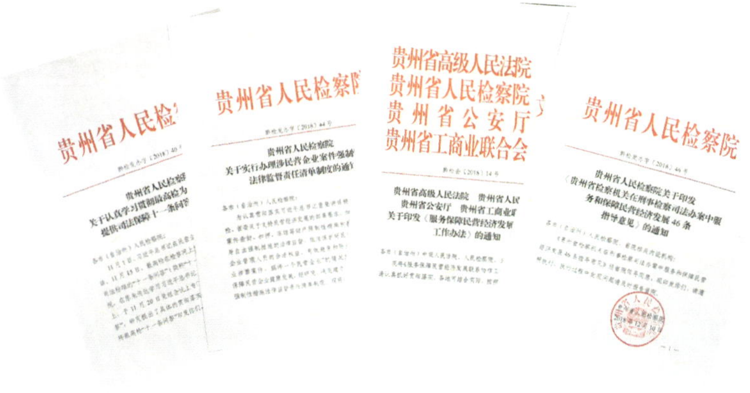

贵州省检察院保护企业家合法权益相关文件

开展立案监督以来，贵州省检察机关对侵犯企业、企业家合法权益应当立案而不立案的监督立案61件74人，对不应当对企业家立案而立案的监督撤案15件16人。

记者了解到，上述置业公司股东纠纷最终在贵州省工商联调解下化解。借鉴该案办理经验，贵州省检察院联合贵州省高级法院、省公安厅、省工商联出台了《服务保障民营经济发展联系协作工作办法》。针对民营企业股东经济纠纷，该办法明确了一般先由工商联、商（协）会先行组织调解，调解不成再移送司法机关的调处前置程序。

让企业家放心投资安心创业

除了龙头企业、大型企业，中小民营企业同样为经济发展作出重要贡献。修改后的刑事诉讼法确立了认罪认罚从宽制度，凡是符合条件的案件都可适用，不能因中小企业量小质弱，在当地经济中所占份额不大或是地位无足轻重，而忽略其正当权益的保护。一年前，盘州市银沙种植养殖农民合作社负责人陈鹏因涉嫌非法占用农用地罪被公安机关移送盘州市检察院审查起诉，一度面临五年以下有期徒刑。如今，他正带领村民们积极补植复绿，建造核桃产业示范园区，为脱贫攻坚挥洒汗水。

“如果不是盘州市检察院公正司法，充分保障我们小企业利益，我个人的前途、合作社的发展、乡亲们的脱贫成果，都会受到重创，甚至毁于一旦。”提起这段经历，陈鹏仍然后怕。

盘州市银沙种植养殖农民合作社由当地村民发起建设，合作社开发经营的老黑山核桃产业示范园区是省级重点扶贫示范园区，采取“合作社+基地+农户”的帮扶模式，带动村民脱贫致富，项目建成将惠及72个自然村寨、近5万村民，可拉动人均年收入增长2.4万元。

由于核桃园地处原始森林，为了防止森林火灾发生，合作社于2017年底占用11亩林地修建消防水池。但因欠缺法律常识，合作社在修建水池前未办理林地使用审批手续，行为涉嫌非法占用农用地罪。2018年2月，陈鹏被当地公安局移送盘州市检察院审查起诉。

“村民们办企业不容易，脱贫成果更是珍贵，我们要用发展的眼光看待企业家因为不懂法而作出的不规范行为，最大程度减少、避免办案活动对民营企业正常经营的不利影响。”办理此案的盘州市检察院生态环境保护部检察官那志伟介绍，案发后，陈鹏自愿认罪，并根据检察院建议积极补植了76.05亩林木，具有悔罪表现，再加上主观恶性较小，检察院因此依法对合作社及陈鹏作出不起诉决定。

正确处理涉民营企业、民营企业家案件，不仅关乎单个企业的存亡，更关乎当地脱贫攻坚事业、关乎当地经济社会发展。检察机关依法对涉案企业及相关责任人员不予起诉，有利于营造民营企业发展的良好法治环境。

“要综合考虑政策调整、经营不善、市场风险等市场主体意志以外的因素，对企业家合法经营中出现的失误失败给予更多理解、宽容、帮助。”省检察院专项办负责人介绍，2018年以来，贵州省检察机关正确行使不捕、不诉司法裁量权，对企业家涉嫌犯罪案件不批准逮捕424人，其中民营企业家382人；不起诉395人，其中民营企业家346人。

畅通渠道建立长效机制

除了全面发挥检察职能，贵州省检察机关同样注重加强与工商联和民营企业的联系，畅通民营企业向检察机关反映情况的通道、检察机关向民营企业反馈信息的通道和日常工作协作联系通道。贵州省检察机关开展了检察长、董事长“两长”座谈会和“送法进企业”活动，设立“检察开放日”，倾听民营经济人士对检察工作的意见和建议，为企业健康发展贡献检察智慧。2018年以来，全省共组织召开“两长”座谈会156场，与3252名企业代表座谈，对企业家提出的工作建议和合理诉求，坚持立说立行、马上就办。

位于黔西县的贵州环宇资源再生科技公司，正是通过“两长”座谈会“起死回生”。环宇公司是一家从事医疗废弃物处理的公共卫生环保企业，2015年通过政府招商引资入驻黔西，在前

贵州检察机关组织召开“两长”座谈会

期经营过程中遭遇诸多困难，一度难以支撑。

“当时很多医疗机构没有改变焚烧、填埋的传统医废处置观念，交给我们处置还需另外付费，因此都不愿意和我们签订医废处置合同，甚至在我们提供服务后拒绝缴纳费用。”环宇公司董事长余根峰从福建远赴贵州创业，“当时公司处于半停产状态，我们不知道向谁求助，几乎就要放弃创业了”。

2018年5月，余根峰抱着试一试的心态，在“两长”座谈会上反映了企业的经营困境。他没有想到，黔西县检察院检察长卓英武很快联系他了解企业的具体情况。

“医疗废弃物是头号危险废物，交由专业机构处理既有利于促进卫生环保产业和经济社会发展，同时也有助于斩断医疗垃圾黑色利益链。”卓英武说，检察机关在调查了解情况后立即协调县卫生局、县环保局召开座谈会，现场解决了医疗机构拒签协议、拒缴医疗废物处置费等问题，并促进建立全县医疗废弃物规

2019年7月11日，贵州省检察院检察长到铜仁调研专项工作并深入企业实地考察

范管理处置机制。

目前，环宇资源再生科技公司运营成效显著，已在贵州多地设立分公司，服务医疗机构超过800家，年处理医疗废弃物3000吨以上，黔西县医疗废物无害化处置率达到100%。

记者在多地调研发现，不少民营企业家都说，“除了工商联，检察机关也是我们的‘娘家’”。对此，贵州省政协副主席、省工商联主席李汉宇认为，“没有良好的法治生态，经济难以健康发展。企业家的呼声从侧面证实了贵州省检察机关依法保护企业家合法权益、营造企业健康发展法治环境工作取得了良好效果，对促进贵州民营经济发展作出了积极贡献”。

贵州省检察院检察长傅信平表示，下一步，贵州省检察机关将以“发挥检察职能作用，依法服务保障民营经济发展”为重点，着力做优刑事检察、做强民事检察、做实行政检察和做好公益诉讼检察工作，继续深入开展依法保护企业及企业家合法权益专项工作，为企业健康发展提供更多更好更优的“法治产品”“检察产品”。

（文中涉案当事人均为化名）

民营企业家提“诉求” 中国最高检出“实招”

中国新闻社（2019年11月12日）张　素

2019年11月11日，最高检举办“检察护航民企发展”主题检察开放日活动，邀请50余位民营企业家代表围绕如何更好地服务保障民营经济发展进行研讨交流

“最高检将继续对司法解释进行全面清理，对涉及民营企业的不平等规定依法一律予以废止。”中国最高人民检察院检察长张军面对应邀走进最高检的民营企业家说。

11日是最高检第32次检察开放日，在一场长达三个多小时的座谈会上，19位民营企业家和3位法律专家获得发言机会。

对于当前的营商环境，民营企业家普遍认为“越来越好”。世界银行最新发布的《全球营商环境报告2020》显示，中国营商环境全球排名从第46位升至第31位，连续两年入列全球优化营商环境改善幅度最大的十大经济体。

“检察机关的举措让企业家们放心地创业、安心地投资。”陕西省总商会副会长崔荣华说。一组数据可以作为佐证。今年1月至9月，检察机关批捕影响非公经济发展案件10377人，同比上升1.3%；起诉影响非公经济发展案件14203人，同比上升39.7%。

在开展扫黑除恶专项斗争的背景下，今年1月至9月，检察机关起诉非法高利放贷16422人、起诉欺行霸市9987人、起诉强揽工程7255人、起诉插手民间纠纷5797人，同比分别上升344.1%、243.8%、283.5%、199.1%。

浙江省商会副会长田宁在座谈会上提到，数字经济以创新为基础，当法律尚无明确规定或规则尚未健全时，监管部门或执法机关的一些行为引发了争议。他呼吁检察机关坚持审慎监管原则，给予企业试错机会和发展空间。

记者了解到，检方正在运用民事行政公益诉讼等法律监督职能。今年1月至9月，检察机关对影响非公经济发展的民事生效裁判、调解书提出抗诉181件，同比上升115.5%；提出再审检察建议355件，同比上升289.5%。检察机关还对影响非公经济发展的行政生效裁判、调解书提出抗诉3件。

22位与会代表先后发言，就如何加强民营企业犯罪预防等问题提出60余条意见建议

座谈会上，发言者在对检方工作给予肯定的同时，也结合自身实践，就司法机关保障民营经济发展提出要求。比如民营企业内部人员职务侵占问题。全国工商联执委、全联新能源商会会长钟宝申说，职务侵占案件举证难，定罪刑罚标准差异大，实践中涉及民营企业的往往难以立案追究。

再如，随着更多中国的民营企业或民营企业家“走出去”，其合法权益在国外受到侵害，但国内的司法保护鞭长莫及。钟宝申建议司法机关加大对民营企业涉外刑事案件的侦查力度。

对于这些诉求，张军一一记录下来。面对民营企业家们的期待，他说，检察机关和工商联要共同努力，把中共十九届四中全会关于国家治理体系和治理能力现代化建设的目标结合自身工作谋划好，为民营经济发展营造出良好的法治环境。

张军还在会上说，针对大家集中反映的“基层检察院执法标准不统一”的问题，最高检已经开始调研，计划在明年专门解决。这杆呼之欲出的“公平秤”，给在座的民营企业家吃下了“定心丸”。

值得一提的是，今年8月以来，各级检察机关先后组织“检察服务民企”开放日活动，据不完全统计，超过3.5万名民营企业家分别走进省级、市级、县区检察院。

新产品套用老标准被举报“伪劣”检察院认定属“创新”还老板自由

工人日报（2019年11月30日）卢　越

从自主研发的新产品被认定为“伪劣产品”，到被刑事拘留后面临重刑，再到检察机关依法作出不起诉决定，刘宏（化名）的心情就像坐了一次过山车。

刘宏是浙江某工贸有限公司法定代表人。此前，该公司被举报研发生产的智能平板走步机不符合跑步机的国家标准，但以跑步机名义生产销售。市场监管部门以生产销售伪劣产品为由移送至公安机关侦查。

在审查起诉的过程中，检察机关认定涉案走步机为创新产品，不适用跑步机标准，其生产销售行为不构成犯罪，并且最终推动确立了走步机行业的国家规范。

创新产品成了伪劣产品

浙江某工贸有限公司所在的浙江省永康市，有个体工商户3.12万户，注册民营企业近万家，民营经济占全市经济总量的95%以上。民营经济的创新创造活力很强。

刘宏的这家工贸公司主要生产销售健身运动器材产品。刘宏发现，传统的跑步机体积较大，不够轻便。2015年，他开始研发一款“不一样的跑步机”。经过两年多的研发，2017年11月，一款外形小巧、结构简单的智能平板健走跑步机（以下简称走步机）研发成功，生产上市。

当时，国内尚没有“走步机”的概念。将产品挂在淘宝网店时，由于没找到“走步机”的品类，刘宏便将这款创新产品挂在了“跑步机”的名录下进行销售。

一个多月后的一天，质监部门来到工贸公司，称接到举报，该公司以跑步机名义生产、销售伪劣产品。经抽样检测，公司生产的走步机所检项目，有三项指标不符合跑步机的国家标准，被判定为不合格。

经质监部门移送，公安机关以涉嫌生产、销售伪劣产品罪立案侦查。2018年9月21日，刘宏被刑事拘留。

当时，这款走步机的销售额已达到700多万元。若以生产、销售伪劣产品罪定刑，结合销售金额，刘宏可能面临十五年有期徒刑，并处巨额罚金。

刘宏对此感到震惊又不解：“这款走步机获得了10余项专利，怎么就成了伪劣产品？”

浙江省永康市检察院到企业走访了解情况

永康市人民检察院了解情况后，提前介入。

“我们在调研中了解到，该公司2018年产值1.05亿元，是永康市纳税优胜企业，并且每年投入大量资金和人员用于产品和技术研发，属于创新型民营企业。”永康市人民检察院检察长何德辉介绍，涉案走步机就是该公司历经近三年的研发成果，曾获10余项专利，虽因标准问题已停止宣传销售，但市场前景十分可观。

检察机关建议公安机关慎用羁押措施。2018年10月16日，公安机关对刘宏变更强制措施为取保候审，让公司恢复生产经营。

20人听证一致认为不构罪

2018年11月，该案移送检察机关审查起诉。

摆在检察机关面前的最大争议点是：涉案走步机是创新产品还是伪劣产品？

当时，走步机还是新产品，国家标准尚未出台。对新事物怎么把握，给办案带来难点。

永康市人民检察院专门组建了调查小组，副检察长吕景俊带着承办检察官来到了工贸公司，开展实地调研。

“我们发现，涉案走步机在运行速度、产品结构等方面均与传统跑步机存在显著区别，客观上产品在去除‘跑步机’字样后即可合法销售。”吕景俊说，“如果不适用跑步机的标准，那么它就不应该被认定为伪劣产品。”

据介绍，走步机最高运动时速只有6公里，远低于普通家用跑步机。就算没有跑步机标准中要求的扶手和紧急制动开关，也较为安全、可控。

“如果被认定为伪劣产品，该创新产品的发展将就此被扼杀，该公司也将遭受近乎毁灭性的打击。”吕景俊说。

要认定生产、销售伪劣产品犯罪，就要证明该行为产生了社会危害。走步机是否对消费者人身和财产造成了危害？检察官给所有有销售记录的消费者打电话进行了售后回访。结果是：所有的回访中没有一起投诉。

2019年3月11月，永康市人民检察院决定对这一案件召开座谈会，邀请侦查人员、辩护人、相关职能部门、人大代表，包括“竞争企业”跑步机生产企业代表，一共20人，开展公开听证评议。每个人面前一张表，写下他们认为该案是否构成犯罪。

“结果令人吃惊，”何德辉告诉记者，“20个人，一致认为不构成犯罪。”

在何德辉看来，这是老百姓“朴素正义观”的评判，充分正视这种评判能够确保案件处理的公开公正，达到政治效果、法律效果、社会效果的有机统一。

2019年4月28日，永康市人民检察院经过全面审查研判后认定，该案销售走步机的事实不构成生产、销售伪劣产品罪，依法对该公司和刘宏作出不起诉决定。

希望企业创新得到鼓励包容

办案中遇到的一个难点是，走步机这一新兴事物出现了，但这一行业的国家标准还存在缺失。

在办理此案期间，永康市检察院经与行业主管、监管部门讨论研究，弄清楚了中国轻工业联合会、工业和信息化部科技司对健步机产品适用国家标准的意见，认为涉案走步机完全符合“新型平板走步机”的特性，应作为一种新型产品出台新的国家标准。

基于此，检察机关致函市场监督管理部门，商请层报国家标准委请示走步机的标准适用问题。

2019年3月27日，国家市场监管总局回函，认定“新型平板走步机”为一种创新产品，不适用跑步机国家标准，并就产品名称、宣传、技术要求等方面给出了规范性的明确意见。

“从这一天起，走步机有了自己正式的名字，这一新兴行业也有了国家规范。”何德辉说。

如今，刘宏公司生产的新型走步机远销海外，公司已在上海、杭州、永康建立了3家研发基地。他透露，后续几款新产品正在研发中。

“我们在办企业的过程中，虽然有一定的法律意识，但可能还是会遇到很多法律风险。”刘宏说，“特别需要司法机关为我们进行普法宣传，也希望企业创新能得到更多的鼓励和包容。”

全国人大代表、浙江道明光学股份有限公司人事专员黄美媚一直关注该案。“民营企业都经历了从小到大、从弱到强的过程。其发展就像在大海上航行，这个过程中可能会出现各种问题。”黄美媚深有感触地说，“要想在航行中不迷失方向，离不开司法机关的法律指引。”

刚柔并举确保监督实效

——经济日报◎李万祥

人民日报 CMG 中央广播电视总台 新华社

经济日报 法制日报 新京报

07

以诉的形式履行法律监督本职

看护公共利益　凝聚治理合力

人民日报（2019年2月28日）彭　波

公共资源如何治理，是世界共同面对的难题。“由检察机关提起公益诉讼”，中国这项新型法律制度，为这道难题的解决贡献了中国智慧。

2019年2月14日，在国新办举行的中国生态环境检察工作新闻发布会上，最高人民检察院副检察长张雪樵郑重表示，“中国检察公益诉讼能够解决公地治理的难题，这项制度起到了治理的实效”。

从2015年7月1日，全国人大常委会授权最高检在13个省、区、市开展公益诉讼工作试点算起，短短3年多时间，检察公益诉讼工作从无到有，迅速发展，发挥着越来越深入、广泛的制度价值。

敢于直面问题　维护人民利益

车子从黑龙江省鸡西市出来不久，就驶入了广袤的农田中。平坦的农田中突兀地竖立着一座被废弃的钢架，那是一座去年8月31日被关闭的小煤矿。它的关闭，让附近长胜村党支部书记纪松涛长舒了一口气，“这座小煤矿开采了十几年，造成附近大面积塌陷，农田不保墒、减产，好多人家的房子都裂开了大口子，大家心里都很怕”。

解决问题的，是检察机关。“作为省里煤炭行业淘汰落后产能化解过剩产能专项整治工作的成员单位，我们以维护公共安

2018年12月21日，双鸭山、七台河、鹤岗、鸡西等四煤城检察院公开宣告检察建议

全、生态安全为切入点，充分发挥法律监督职能，抽调130人组成4个专班，分赴鸡西、双鸭山、七台河、鹤岗四市，对387个年产煤15万吨以下的小煤矿按照一矿一卷的要求，进行了全覆盖式调查。”黑龙江省人民检察院检察长高继明说。

工作开展难度超乎想象：有的小煤矿藏在深山老林中，靠导航和地图根本找不到；有的煤矿表面上关了，实际上还在等待观望；还有的煤老板长期住在检察干警办案点附近，伺机探问虚实、委托说情。

“这么一查，问题真不少。”哈尔滨市检察院副检察长孙长国说，这些小煤矿一定程度存在煤矸石肆意堆放、非法占用土地、污染环境等问题。哈尔滨专班发现，七台河很多小煤矿许可证有效期断档、过期，但是一个也没停工。

克服了诸多困难，4个专班3个多月共审核有关文书资料2.5万多份，在专项调查中形成卷宗652卷。同时，检察机关针对国土、环保、林业等监管部门不依法履职的6件典型案件开展公益诉讼，打出了“监管失职问责+犯罪行为打击+公益损害恢复”的三板斧。

2018年12月21日，黑龙江省检察院对这6起公益诉讼案件同一时间、同一程序公开宣告检察建议，督促行政机关依法履职。参加了公开宣告的黑龙江省人大代表韩玉凤说：“多年难啃的硬骨头终于被啃下来了，检察机关敢于直面问题，维护了老百姓的利益。”

凝聚法治智慧 彰显中国特色

公益诉讼制度源于国外，但是大部分国家只设置检察机关提起民事公益诉讼制度，检察机关对行政机关提起行政公益诉讼制度，无论是从制度规定还是到司法实践，中国都是首创。

前不久，辽宁省昌图县环保局局长田煦阳坐到了被告席上，原因是昌图县检察院对县环保局提起了行政公益诉讼。县检察院副检察长姚野在法庭上表示，昌图县境内的亮子河、马仲河流域长期存在畜禽养殖污染问题，昌图县环保局未依法履行职责，应承担法律责任。

在诉讼期间，昌图县环保局立行立改，对违法企业进行了处罚，采取一系列措施对企业进行实时监管，并积极改变河道污染状况。“县环保局完全接受检察机关的法律监督，会服从法院判决，积极履行环境监管职责。”田煦阳在法庭陈述时表示。

中国检察公益诉讼制度的创新并非仅此一项，诉前程序的设立也是凝聚着法治智慧、彰显中国特色的独特构想。

“诉前程序是我国检察公益诉讼制度的鲜明特点，反映了制度设计的内在规律。”最高检专门负责公益诉讼检察工作的第八检察厅厅长胡卫列表示，诉前程序是检察机关提起公益诉讼的必经程序，设立这一程序的目的是为了提高检察监督的效力，发挥行政机关主动履职的能动性，节约司法资源，“提起诉讼并不是制度设计的最终目的，根本目标还是通过督促行政机关依法履职，保护国家利益和社会公共利益”。

实践中，这一制度设计价值得到了充分展现。来自最高检的统计数据显示，2018年1月至11月，全国检察机关共立案公益诉讼案件89523件，其中提起诉讼的仅2560件，诉前程序案件占比高达96.84%，诉前程序行政机关整改率达到94.42%。

办理一个案件　影响整个区域

2018年9月20日，时任青海省检察院副检察长的张步洪没想到，他不经意间的一瞥竟引发一场蝴蝶效应。

那天傍晚，张步洪去祁连山自然保护区查看非法采矿点以及生态环境修复情况，返程途中，发现路边有施工人员正在砍伐树木。一棵棵碗口粗的大树有的已被伐倒在地，有的被做上记号等待砍伐。

“这么大的树，会不会是非法砍伐?”张步洪一边想一边带领检察官们下车查看。

经过环境资源检察处负责人马文杰等检察官的初步查验，被砍伐的大树中竟然有一棵还挂着重点保护古树名木的红牌子。张步洪立即要求施工人员停止采伐，并联系公安部门。

接到线索后，海北州祁连县检察院迅速研判梳理，发现是一家施工单位在修路时，因工程所需，要移除一部分树木，工程所需的相关审批手续齐全，但其《林木采伐许可证》已过期6日。掌握基本案情后，省州县三级检察机关共同起草检察建议书。通过连续9个小时的奋战，针对树木砍伐现象，祁连县检察院向县环境保护和林业局连夜发出检察建议。

第二天，祁连县检察院副检察长苏小锋又来到工地，施工企业负责人表示已经停止采伐作业，并愿意接受有关部门的处理。祁连县环境保护和林业局也派人到现场核查，解决问题。

“由于检察机关的提前介入，没有造成严重后果。”祁连县环境保护和林业局副局长才仁玛玛说。

从两年试点期间，13个试点省、区、市办理公益诉讼案件仅9000余件，到2018年前11个月，全国检察机关办理案件近9万件，超过10倍的增长量彰显着中国检察公益诉讼制度的强大生命力。

“一般的诉讼，只解决原被告两方的利益纷争，不能解决第三方的问题，但是公益诉讼是通过办理一个案件，推动整个区域治理，从而加快治理能力的现代化进程。”张雪樵说。

青海检察机关向媒体介绍祁连山生态保护情况

公益诉讼守护传统村落

人民日报（2019年10月31日）程　焕

贵州省黔东南州保护传统村落行政公益诉讼案件庭审现场

贵州省黔东南苗族侗族自治州共有409个村落列入中国传统村落名录，总数在全国市州中首屈一指。然而，随着经济社会发展和时代变迁，传统村落遭破坏的状况日益严峻。

“寨门口连块传统村落标识牌都没有，屋顶上的彩钢瓦十分刺眼。”2018年4月，榕江县检察院对全县16个传统村落逐一走访时，发现一些村民私自占用农田、河道溪流建房，部分侗族传统木质民居已经被砖混房屋取代，而且存在大面积使用瓷砖、新型涂料，加装铝合金门窗等现象，与传统村落原生风貌格格不入。同样的问题，在附近的归柳侗寨也相当突出。

贵州省传统村落保护和发展条例规定，传统村落应当整体保护，保持传统格局，历史风貌和空间尺度，不得改变与其相互依存的自然景观和环境。经查明，栽麻镇政府没有落实传统村落保

贵州省榕江县检察院诉栽麻镇人民政府怠于履行传统村落保护职责行政公益诉讼案庭审现场

护发展规划和控制性保护措施，缺少对两个传统村落保护发展引导和管理，致使传统村落整体风貌已遭受较为严重的破坏。

榕江县检察院向栽麻镇政府发出《检察建议书》，建议对两个传统村落依法履行保护、监管职责，并在两个月内将办理情况书面予以回复。7月，榕江县检察院多次向栽麻镇政府催办，仍未收到明确回复。派员到现场回访时，看不出任何整改迹象，违章建筑不减反增。栽麻镇政府无动于衷，榕江县检察院认为其存在怠于履职情形，致使民族传统文化持续遭受严重破坏，应当提起行政公益诉讼。

"以为拖一拖也无关紧要。"2018年12月28日，接到黎平县法院传票，栽麻镇镇长杨兴沼大为震惊，顿时意识到了问题的严重性。

法院支持了检察机关的全部诉讼请求，这是全国检察机关保护传统村落依法提起的首例行政公益诉讼案件。栽麻镇随即着手制定整改方案，开展对辖区内的传统村落进行整改，拆除了一批违章建筑，两个侗寨的整体传统风貌得到基本恢复。

这桩公益诉讼案也给老百姓上了一堂法治课，大家开始意识到破坏传统建筑也是一种违法行为。

【法治深壹度】守护公共利益与国家利益的“利器”

中央广播电视总台央视（2019年11月23日）

举报线索牵出坑老欺老的假保健品乱象，贵州锦屏法院审理全国首例环保行政公益诉讼案，这两条消息都是以公益诉讼的形式守护公共利益与国家利益，日后我国将拓展公益诉讼案件范围，进一步满足老百姓的需求。

视频观看地址

http://tv.cctv.com/2019/11/23/VIDEw5Bhu9i9aiCJVFE5YdSV191123.shtml?spm=C81395.Pcz9JcLnG2c7.EUqGJcBU2o1d.1

以科技创新助力检察公益诉讼

解放军报（2019年3月14日）闫晶晶　李建文

走进空军工程大学讲师古清月代表的房间，记者看到一份“关于以科技创新助力检察公益诉讼工作的建议”。

“这个建议来源于一次调研活动。”古清月代表告诉记者，2018年，最高人民检察院组织全国人大代表视察海南检察工作，其间她了解到，当生态环境、食药安全等社会公共利益被侵害时，检察机关可以代表国家提起公益诉讼，很多沿海地区检察机关已采取相应措施保护海洋生态环境。然而，很多海上污染靠人工或无人机等检测难以达到调查取证目的。

凑巧的是，古清月代表原来攻读博士学位的西北工业大学，有个科研团队研发了“海洋无人智能感知系统”，可以更精准地查找海水污染源。

今年1月，古清月代表就提供公益诉讼技术支持与最高检相关部门进行沟通。很快，最高检专门派员赴西北工业大学了解该项目情况。

针对水体保护公益诉讼遇到的困难，古清月代表建议，最高检可以与院校、科研机构、有关地方行政机关展开合作，将智能感知系统应用到水体保护等检察公益诉讼办案实践中。

陕西打造公益诉讼检察品牌

经济日报（2019年6月21日）李万祥

检察机关提起公益诉讼全面开展以来，陕西省检察机关将案件按领域分为资源保护、环境污染等6个专业办案组，并实行三级院同步审查、承办人对案件全程跟进监督的方法，保障了公益诉讼制度目标的实现。截至目前，已发现公益诉讼案件线索7930件，办理诉前程序案件6615件，起诉138件。

陕西省检察院成立公益诉讼办案协调指挥中心

检察机关提起公益诉讼全面开展以来，陕西省检察机关通过办案共督促行政执法机关恢复被损国有林地近2000亩，处理各类生活垃圾48272吨，收回国有土地使用权出让金7.7亿元，收回被非法侵占的国有土地1753亩，收回国有资产和权益价值4668万元。

强化监督保障绿色发展

近日，陕西宝鸡市眉县法院开庭审理了王某等6人非法猎捕、杀害、收购珍贵、濒危野生动物刑事附带民事公益诉讼案。眉县检察院检察长张长全代表检察机关出庭支持公益诉讼。

2018年9月底，王某等5人违反法律规定，两次在宝鸡市太白县境内使用禁用工具“电猫”非法捕猎野生动物，卖给卢某。6名被告人触犯了刑法，构成非法猎捕、杀害、收购珍贵、濒危野生动物罪，同时其犯罪行为严重破坏了野生动物资源，造成国家和社会公共利益的巨大损失，眉县检察院代表国家向法院提起刑事附带民事公益诉讼，请求法院依法判决6名被告人赔偿野生动物资源损失97460元，并在市级媒体上赔礼道歉。

庭审中，张长全当庭宣读刑事附带民事公益诉讼起诉书、出示证据，并就该案侵权责任划分等焦点问题进行法庭辩论、发表意见，当庭对被告人及旁听人员作了法治教育。在法律和事实面前，该案6名被告人均表示认罪服法，愿意积极赔偿野生动物资源损失。

上述案件只是陕西省检察机关办理公益诉讼案件，守护青山绿水的一个缩影。

陕北油煤田污染和退耕还林，关中大气污染、非法采砂以及违法建设，陕南秦岭生态环境和水源地保护……近年来，陕西省检察机关开展了一系列专项监督活动。此外，榆林市与山西省的两市开展黄河生态环境保护专项监督活动；榆林、延安与甘肃庆阳联手开展油田污染专项监督活动；汉中与四川广元，安康、商洛与湖北十堰、河南南阳，宝鸡与甘肃陇南等地相关市联合开展嘉陵江、汉江生态和水源地保护。陕西省检察院与甘肃省检察院联合发起保护黄河生态环境倡议，黄河流经其他地方检察机关积极响应。

其中，在开展保护黄河等陕西重要湿地生态环境专项监督活动中，陕西省检察机关对全省55处重要湿地开展监督，办理诉前程序案件300件，提起诉讼2件。陕西省检察院督办的韩城黄河湿地自然保护区生态遭破坏案，通过诉前程序督促恢复湿地6000余亩。

信息共享形成强大合力

检察公益诉讼如何加强协作配合，推进检察公益诉讼促进依法行政？如何加强公益诉讼办案一体化？

制度有保障。陕西省检察机关推进公益诉讼“全省一盘棋”，加强对公益诉讼案件统一指挥，加大沟通协调力度。为此，建立了省检察院联系院制度，着力打造公益诉讼典型基层院。

陕西省检察院与西北政法大学联合建立公益诉讼理论研究和实践基地

据了解，陕西省检察院与西北政法大学联合建立公益诉讼理论研究和实践基地，在理论研究、案件论证和教育培训等方面进行全面合作，借用“外脑”提升公益诉讼检察监督能力和水平。

陕西省检察机关在办理公益诉讼案件时，实行三级院同步审查。省、市两级院专门成立案件线索研判组，对案件线索逐案筛选评估，对有成案价值的案件线索深入挖掘、重点督办，上级院对下级院案件进行指导。对拟起诉的案件，进行三级院同步审查，严把案件质量。

“公益保护办案责任重大。我们严把案件质量关，陕西省检察院按领域分成资源保护、环境污染等6个专业办案组，实行三级院同步审查案件，承办人对案件全程跟进监督，确保公益保护到位。”陕西省检察院第八检察部检察官田银辉说。

榆林市府谷县院举办“生态检察助力河湖清四乱、美丽乡村暨公益诉讼工作联席会”，邀请人大代表、政协委员、群众团体代表参加，使用公开宣告的形式向府谷县黄河及支流流域所涉及的16个行政单位送达检察建议书，建议相关行政单位对非法采砂、非法开挖鱼塘、非法搭建、乱堆乱放等履行环境保护监管职责。府谷县就此成立了领导小组，对黄河河道采砂、排污等整治工作进行周密安排。从而共清理和转运砂石42.1万余立方，覆平大型沙坑55处，清理排污口5处。

豫鄂陕毗邻地区检察机关保护南水北调中线水源区生态环境联席会

陕西省检察院第八检察部主任张宏德表示，“我们始终践行专业化法律监督，把通过诉前程序维护公益作为最佳状态，将提起诉讼做成生动法治课，发挥公益诉讼理论研究和实践基地作用，努力为陕西经济社会发展提供坚强法治保障”。

刚柔并举确保监督实效

通过诉前程序推动侵害公益问题得到解决，是公益诉讼制度价值的重要体现，与行政机关共同维护公益是检察机关努力的方向。

2017年3月，西安市雁塔区检察院民事行政检察部门的干警通过分析部分线索时，发现群众举报雁塔区与高新区接壤处，有一宗已出让的100余亩土地，非法闲置长达十几年仍未开发利用，造成土地资源的极大浪费，周边群众反映十分强烈。对此，该院成立以检察长为组长的专案组，迅速组织办案力量对该案件进行调查。最终通过诉前检察建议为国家追回6.7亿余元的损失。这是全国目前涉案金额最大的国有土地使用权出让金案件。

陕西省检察机关在办理公益诉讼案件过程中，注重充分发挥诉前程序功能，推动行政机关主动履职纠错。陕西省检察院印发了《关于办理行政公益诉讼诉前程序案件的规定（试行）》，进一步规范和推进诉

陕西省西安市雁塔区检察干警实地调查了解情况

前案件办理工作，指导各地探索通过圆桌会议、检察约谈、公开宣告等方式，督促行政机关依法履职。

据了解，目前，陕西检察机关通过诉前程序纠正违法行为的占90%以上，实现了诉前程序的制度价值。提起诉讼是检察机关提起公益诉讼制度的核心环节，是法律赋予检察机关保护公益的刚性手段。对经过诉前程序，没有整改到位的，检察机关将依法提起诉讼，保障公益诉讼制度目标的实现。在陕西省律师协会副会长方燕看来，公益诉讼是法律赋予检察机关的一项新的职能，也是检察机关最新的主责主业，陕西检察机关取得的成绩来之不易。

陕西省检察院检察长杨春雷说："公益保护永远在路上。我们将始终树立双赢多赢共赢理念，加强理论引导和制度创新，持续加强案件办理，深入开展专项监督活动，服务打好三大攻坚战，维护陕西检察公益诉讼品牌形象。"

检察机关公益诉讼实现“全覆盖”

法制日报（2019年1月15日）董凡超

浙江省宁波市海曙区检察院成立专案组推进骚扰电话治理

铃声响起，手机屏幕上闪烁着排列奇怪的陌生号码，摁下通话键传来的是一通广告推销……这种生活中常见的电话骚扰，一般人无法进行屏蔽。2018年5月，浙江省宁波市海曙区人民检察院在履职中发现，广告推销电话扰民的现象，损害了不特定多数人的利益。

但通信管理部门认为“骚扰电话”定义不明，没有积极履行监管职责。为此，海曙区检察院成立专案组，查清了这一现象背后的利益链，随后向当地通信管理局发出检察建议，推动其及时履责整改。2018年11月，后续调查结果显示，骚扰电话现象已基本消失，治理效果明显，检察建议得到充分落实。

这起行政公益诉讼案是近年来检察机关积极审慎探索公益诉

讼新领域的一个缩影。作为检察改革中的一项新生制度，公益诉讼工作的开展，往往离不开“公共利益代表人”“行政诉讼”等几个关键词。自检察机关公益诉讼工作全面推开以来，办案涵盖面从生态环境、食品药品安全、国有财产保护、国有土地使用权4大传统领域，向网络餐饮、骚扰电话等侵害公益热点问题不断拓展，合作协同机制不断健全，多赢共赢局面不断开启，公益诉讼工作成功驶入“快车道”。

成立专门业务机构

1月3日，在国务院新闻办召开的新年第一场新闻发布会上，最高检重组成立的十个检察厅正式与公众“见面”，专门负责办理公益诉讼类案件的第八检察厅位列其中。

最高检有关负责人在回答记者提问时指出，改革前，民事、行政和公益诉讼检察工作只有民事行政检察厅负责。随着时代的发展，只设一个民事行政检察厅已不能满足人民群众新时代对检察机关职权行使的需求。

最高检针对生态环境和资源保护、食品药品安全、损害英烈名誉等人民群众反映强烈的问题，为履行好民事诉讼法、行政诉讼法、英雄烈士保护法等赋予的职责，专设负责公益诉讼检察的第八检察厅。据最高检有关负责人介绍，这一机构改革已于年前全面展开，目前正在进行办案组设置；地方各级检察院正制定方案，预计在今年3月底前全面完成公益诉讼专门业务机构的设置工作。

在加快设置专业化办案机构机制的同时，检察机关进一步完善配套机制，有效促进了公益保护落地。

综合运用一体化办案机制。加强检察机关内部的横向配合和纵向指导，进一步探索规范和完善线索发现移送、调查取证等工作机制，安徽、福建、陕西、海南等地检察机关探索成立公益诉讼办案指挥中心，浙江等地成立公益诉讼举报中心。

充分发挥督办督导机制作用。2018年以来，最高检对“秦岭别墅事件”等42件公众关注的热点事件发函督办，对35起破坏长江生态环境公益诉讼案件线索挂牌督办，有效督促相关责任主体履职整改。

探索建立公益诉讼办案区域协调机制。最高检召开长江经济带检察工作座谈会，举办服务长江经济带检察论坛，探索沿江11省市建立跨省级行政区划公益诉讼工作机制。最高检和水利部统一领导、河南省检察院和黄河水利委员会共同组织“携手清四乱 保护母亲河”专项行动，推动黄河流域9省（区）检察机关、河长办合力解决黄河流域乱占、乱采、乱堆、乱建等“四乱”问题。

进一步推进专业化建设，充实公益保护力量。最高检先后举办8期公益诉讼全国培训。河南抽调400名非民行条线的业务骨干进行为期两个月的民行和公益诉讼脱产培训。同时，各地推进智慧检察，注重打造“互联网+公益诉讼”新模式，将大数据信息平台、无人机取证等手段运用到办案中，不断提升线索发现和调查取证能力。

办案实现“全覆盖”

四川检察机关自去年7月以来共办理生态环境和资源保护领域公益诉讼案件376件。督促修复林地、耕地、湿地、草原1905亩，消除污染隐患及治理恢复被污染水源地面积1800亩，促成关停和整治造成环境污染的企业、养殖场50家，一批生态环境领域

云南检察机关邀请人大代表巡察金沙江流域生态环境司法保护情况

问题得到有效遏制和治理。

云南检察机关自2018年8月至2020年底开展“金沙江流域（云南段）生态环境和资源保护专项监督行动”，切实强化金沙江流域生态环境司法保障。重庆检察机关在全市部署开展为期两年的“保护长江母亲河”公益诉讼专项行动，推动长江流域生态环境质量不断改善，助力长江经济带绿色发展。

长江经济带沿线检察机关积极办理了一批有影响的公益诉讼案件，推动解决危害长江生态环境的“老大难”问题。

随着2017年7月民事诉讼法、行政诉讼法的修订实施和2018年3月“两高”关于检察公益诉讼司法解释的颁布实施，检察公益诉讼工作迎来快速发展，2018年11月全国基层检察院全部消灭立案空白和诉前程序办案空白，实现了公益诉讼办案的“全覆盖”。

公益诉讼工作办案实现“全覆盖”，离不开高位推动。最高检新一届党组多次召开会议进行研究部署，强调要把公益诉讼工作作为“一把手”工程切实抓好。2018年3月以来，最高检有关负责人先后40余次就公益诉讼转变工作理念、加大办案力度和完善体制机制等作出批示，强调公益诉讼是新时代检察工作创新发展的着力点，刑事、民事、行政及公益诉讼检察职能要全面、平衡、充分履行。

各地检察机关积极落实最高检工作部署，持续聚焦“美丽中国”“健康中国”“法治中国”战略，主动对接和服务生态文明试验区建设、打好污染防治攻坚战、长江经济带发展等重大举措，结合实际深入开展公益诉讼工作。

据了解，自2017年7月检察公益诉讼工作全面推开以来，全国检察机关共立案公益诉讼案件99441件，提出检察建议和发布公告87385件、提起诉讼2793件。其中，2018年1月至11月，全国检察机关共立案公益诉讼案件89523件，提出检察建议和发布公告78448件、提起诉讼2560件。通过办理公益诉讼案件挽回直接经济损失239亿余元，其中，收回国有土地出让金165.9亿元，收回人防易地建设费10亿元。

向更广阔领域探索

2018年12月，最高检发布了第13批指导性案例，其中，曾云侵权案是首例检察机关英烈保护民事公益诉讼案例，为检察机关开展类似工作提供了实践依据。

英烈保护法实施后，检察公益诉讼保护对象从物质利益拓展到精神层面。有的地方检察机关在安全生产、互联网等领域积极探索实践，积累了宝贵经验。

福建省检察机关先后直接办理3起案件，督促省食品药品监督管理局、省经济和信息化委员会、省医疗保障管理委员会依法履行职责。北京市海淀区人民检察院针对“百度外卖”“美团”等网络餐饮服务存在的问题发出检察建议，促使食药监部门开展专项整治活动，共下线问题商户3218家。

在向更广阔领域探索的同时，检察机关进一步争取各方支持，推动公益保护协作向纵深发展。最高检与最高法于2017年3月共同出台检察公益诉讼司法解释，解决了试点以来办案实践中的诸多分歧问题；会同生态环境部等9个中央部委召开座谈会，联合会签《关于在检察公益诉讼中加强协作配合打好污染防治攻坚战的意见》等规范性文件。各地检察机关与相关行政机关、人民法院和监察委等建立沟通协调机制。

“行政机关对检察公益诉讼实现由消极误解到积极配合、由被动应付到主动争取支持的两个转变，推动解决了很多行政执法机关多年想解决而解决不了的问题。”最高检有关负责人说，检察机关通过公益诉讼督促适格主体积极行使公益诉权，促进行政机关依法行政、严格执法，形成了公益保护合力。

“一般的诉讼，只解决原被告两人的利益纷争，不能解决第三方的问题，但是公益诉讼是通过办理一个案件，推动治理一片，推动整个区域治理，这就是治理能力的现代化。”最高检有关负责人表示，作为世界范围内的一个新制度，公益诉讼改革依然在路上。在全面依法治国的时代背景下，公益诉讼改革将进一步凸显社会治理法治化和国家治理体系和能力的现代化，为执政兴国持续探索完善中国化方案。

“男子侵害凉山烈士名誉权案”被列入最高检典型案例

新京报（2019年10月10日）王　俊

在微信朋友圈发布对英烈的侮辱性言论，属于利用网络侵害烈士名誉、荣誉的违法行为。今天（10月10日），最高检发布公益诉讼典型案例，其中包括霍某侵害凉山烈士名誉权、荣誉权案。

霍某在朋友圈中对凉山救火烈士发布侮辱性不当言论

2019年3月31日下午，在四川省凉山州发生森林火灾救援现场，因风力风向突变，突发林火爆燃，27名森林消防指战员和3名地方扑火队员在扑火行动中壮烈牺牲。4月2日，国家应急管理部、四川省人民政府批准30名同志为烈士。社会各界对凉山烈士的牺牲纷纷表示哀悼。

当日，霍某在其微信朋友圈中对凉山烈士救火牺牲一事公然发布带有侮辱性的不当言论，诋毁凉山烈士的品德和形象，引起众多网友的极大愤慨，造成了恶劣的社会影响，严重损害了社会公共利益。

亲属未提起民事诉讼后，检察机关提起公益诉讼

2019年4月2日，保定市莲池区人民检察院发现该线索，同日移送保定市人民检察院，经初步调查，保定市检察院于7月24日立案，启动公益诉讼案件办理程序，并积极开展调查取证

人大代表、媒体代表等旁听侵害凉山烈士名誉权案的审理

工作。

7月31日，保定市检察院依法履行民事公益诉讼诉前程序，在媒体上发布公告，告知四川省凉山30名救火英雄的亲属可以就霍某发表侮辱烈士言论的行为提起民事诉讼，公告期限届满，30名救火英雄的亲属未提起民事诉讼。

8月30日，保定市检察院依法向保定市中级法院提起民事公益诉讼，要求追究被告霍某侵害凉山英雄烈士名誉权、荣誉权的民事责任，请求判令被告通过国家级媒体公开赔礼道歉，消除影响。

最高检表示，烈士近亲属没有提起侵权诉讼的，检察机关可依法提起公益诉讼。

9月24日，保定市中级法院公开开庭审理本案并当庭宣判，支持了检察机关的诉讼请求。霍某当庭表示不上诉，并当众宣读致歉信，对自己发表侮辱性言论的违法行为深感后悔，希望得到英雄烈士的亲属及广大社会公众的原谅。

9月26日，霍某在《检察日报》上刊发致歉信，向凉山英烈的亲属以及全社会致歉。

英雄烈士的姓名、肖像、名誉和荣誉是社会正义的重要组成内容

最高检认为，英雄烈士的姓名、肖像、名誉和荣誉等不仅是个人权益的重要内容，更是社会正义的重要组成内容，蕴含了社会主义核心价值观和民族的共同情感。

互联网不是法外之地。《中华人民共和国英雄烈士保护法》第22条规定，任何组织和个人不得在公共场所、互联网或者利用广播电视、电影、出版物等，以侮辱、诽谤或者其他方式侵害英雄烈士的姓名、肖像、名誉、荣誉。利用互联网公然发布侮辱性言论，诋毁烈士形象，影响恶劣，严重损害了社会公共利益。

据了解，对通过互联网损害英雄烈士名誉权、荣誉权的行为，江苏、浙江、福建、云南、陕西、海南等地检察机关也先后提起多起民事公益诉讼。

利用好检察公益诉讼『环保利器』，助力天蓝、地绿、水清的美丽中国建设

——光明日报◎龚亮

人民日报 新华社 XINHUA NEWS AGENCY CMG 中央广播电视总台 光明日报

08

美丽中国 检察蓝

依法办案守护蓝色海洋

人民日报（2019年10月17日）魏哲哲

建设美丽中国，离不开海洋生态环境资源保护。山东省海岸线约占全国的1/6，近年来，山东海洋生态环境资源保护压力日益加大，特别是在陆源污染物排放和非法占用海域等方面，人民群众通过来信、举报等方式向山东检察机关反映情况。

2019年2月，全国检察机关海洋环境保护公益诉讼专项监督部署会在青岛召开

按照最高人民检察院统一部署，山东检察机关积极开展“守护海洋”检察公益诉讼专项监督活动。检察机关如何通过依法办案解决海洋生态环境资源保护的突出问题？日前，记者前往山东随办案检察官进行调查。

检察建议发出后：生活污水不再直排入大海

一大早，记者随办案检察官来到青岛市崂山区金光丽海新园小区，走访生活污水直排入海的整改情况。“小区干净了，没了异味！”谈及小区的变化，居民王先生很高兴，“以前污染太重了，海景房离海只有十来米，出门就是排污口，味儿很大都不能开窗。”

这样的变化，源于一份诉前检察建议。“2017年下半年开始，有群众陆续向青岛崂山区人民检察院举报，小区生活污水直排入海，污染了海洋水体、严重影响了居民生活。”崂山区人民检察院检察官贺世国介绍说，经过走访他们发现相邻其他6个小区也存在类似情况，是个共性问题。

原来，涉案小区建于上世纪90年代，位于前海一线，离海最近的只有数米。当时市政排污设施不配套，小区自建污水池自行处理生活污水。多年后，由于设备老化，生活污水未经有效处理直排入海，出现了污染海洋水体、影响群众生活的情形。

这件事涉及民生，一关了之不行，一罚了之更不成。如何解决排污问题，成为摆在检察机关和环保部门面前的难题。“检察机关没有单纯督促环保部门关闭排污口，而是把保护生态环境和维护民生民利相结合，合力寻找保护海洋生态环境的有效措施。”崂山区人民检察院检察长毛永强介绍，去年7月，检察院分别向环保部门、市政部门发出公益诉讼诉前检察建议，督促被建议单位依法履职，在确保涉案小区生活污水处理设施临时运转的同时，铺设主管道、消除污染源。

检察建议发出后，相关单位形成了整改方案。检察机关又邀请环保、市政、街道、群众代表等多次召开听证会，针对整改方案可行性、污水临时处理、工程进度保障等问题进行讨论，2018年11月整改项目正式立项。

在小区现场，记者发现，为了保障群众生活，原来排污口仍在排放生活污水，但是经过环保部门临时处理后，最大程度地减轻了对海洋的污染；原来污水处理池经过改造，新排污系统也已安装完毕。“目前，已有3个小区完成了全部工程，随着调试工作的结束，前海排污管道将彻底封死。全部工程结束后，这段近10公里的海岸线将实现生活污水零入海。”贺世国介绍。

走访整改情况过程中，青岛市生态环境局崂山分局局长王勇也来到了现场。“下一步还要现场摸排各类排水口情况，督促进行整治。”王勇表示，检察机关开展公益诉讼以来，督促、协调政府各职能部门，形成解决问题合力，环保部门工作效率比以前提高了。

毛永强说，公益诉讼面临的问题错综复杂，有相当一部分是历史遗留问题和现实问题的交织、履职责任问题和发展中出现问题的交织，检察机关通过监督维护社会公共利益，实现了政治效果、法律效果和社会效果的统一。

探索生态修复：以个案警示震慑非法捕捞

8月是休渔期。“我们这儿是小地方，检察院办理的几起案件很快传开了，非法捕捞要承担刑责，还要罚款。”渔老板周大强告诉记者，这些案件给渔民提了醒儿，也确保开海后渔民的丰收。

山东威海检察机关普法进码头

周大强口中的案例，是威海市在海洋生态环境资源保护领域提起的第一起刑事附带民事公益诉讼，所谓的“罚”实际上是当事人需承担的高额修复费用。

2018年8月，在明知处于休渔期的情况下，孟某、孙某在船主丁某的授意下仍进行非法捕捞作业，使用网目尺寸20毫米，远小于国家标准网目54毫米的标准，捕获鳀鱼9万多公斤。在审查该案的过程中，威海市环翠区检察院办案检察官毕媛发现，非法捕捞水产品的行为不仅触犯刑法，也破坏了海洋渔业资源，损害了社会公共利益。

“海洋的生物链条相互依托，丁某等三人捕捞的鳀鱼虽是低端饵料型非经济鱼类，但是在海洋生态系统中具有最基础的生态地位，是其他40余种食物链上层生物的饵料。”负责该案公益诉讼的检察官宋春光介绍，非法捕捞对生物群落和海洋生态环境的稳定产生直接干扰和损害，不利于渔业资源的可持续发展，损害了社会公共利益。

为了修复被破坏的海洋生态环境，维护社会公共利益，去年12月，环翠区人民检察院提起了刑事附带民事公益诉讼，请求判令丁某等三人采用增殖放流的方式修复海洋渔业资源，否则需承担修复费用。经过鉴定，三人非法捕捞造成海洋渔业资源损害所需恢复费用75.8万余元，鉴定机构建议采用增殖放流的方式进行恢复。

今年3月5日，该案开庭审理，丁某等自愿采用增殖放流的方式修复海洋渔业资源，由环翠区海洋发展局协助开展增殖放流事宜，后续检察机关将全程跟进监督。“非法捕捞获利9万余元，修复费用高达70多万元，起到了教育和警示作用。”威海市环翠区人民检察院检察长张杰表示，司法具有示范引导作用，今后也会形成正面导向。

“资源要合理有节制地利用，近年来，由于过度捕捞，面临资源匮乏问题。渔民要养家糊口，但如果不择手段就会形成负面的连锁反应，不仅影响了海洋生态，也会导致渔民丢掉饭碗。”环翠区海洋执法大队工作人员刘浩说。

“检察官作为公共利益的代表，我们在办理这类案件时，起诉不是目的，重要的是恢复被破坏的海洋资源和环境。”宋春光说。

锲而不舍促履职：拆除违建恢复海洋蓝

“违规码头建起来之后，村民出海不方便，而且影响了海域环境，违建拆除之后村民很高兴。”见到检察官查访跟踪拆除情况，烟台招远市辛庄镇海埠村党支部书记徐进尧说。

违建码头整改前

违建码头整改后

违建码头的拆除并不容易，最终通过行政公益诉讼得到了解决。原来，去年3月，招远市人民检察院了解到，某公司在辛庄镇海埠村以北海域，通过投放石料、混凝土构件等形式违规建设“小码头”，非法占用海域面积达11.09亩，影响了海域生态环境。

按照法律程序，检察机关向当地行政执法机关发出诉前检察建议，建议依法及时作出处理，恢复海域原状，然而小码头因种种原因一直未予拆除。

“去年6月，招远市人民检察院依法提起行政公益诉讼，请求判令行政执法机关依法履行法定监管职责。”办案检察官冯泉领介绍，法院判决予以支持，行政执法机关随即成立工作小组，依法履行监管职责，违法小码头得以拆除。

事实上，行政执法机关收到检察建议后，进行了回复称：已在违法现场张贴了《限期拆除通知书》，要求业主自行拆除违法建筑，否则按无主物处理。既然行政机关已经发出拆除通知了，检察机关为什么还要提起诉讼？

“行政机关应当依法、全面、及时履职。依照法律规定，针对非法占用海域的，海洋监管部门应责令退还非法占用的海域，恢复海域原状，没收违法所得，并处罚款。”山东省检察院第八检察部检察官王燕告诉记者，但涉案行政执法机关仅发出拆除通知，违规码头一直存在，海洋生态环境持续受到侵害，并没有依法履行监管职责。

相对于其他类型的公益诉讼，对于检察机关来说，行政公益诉讼的开展面临不少的困难和阻力。“目前，公益诉讼的环境有待进一步优化，不理解、不支持的情况时有发生，还存在案件线索发现难、取证难等方面的问题。”招远市检察院检察长姜峰表示，行政公益诉讼工作的出发点在维护公益，检察机关履行这项职责与行政机关执法的追求是一致的。

以法律监督促进公益保护

人民日报（2019年3月21日）彭　波

针对小煤矿引发的安全生产、环境保护、资源管理等问题，黑龙江省检察机关依法履行法律监督职能，以检察建议督促主管机关履职。

通过对“监管失职问责、犯罪行为打击、公益损害恢复”进行“三位一体”的法律监督，黑龙江省检察机关探索构建了“全方位、立体化、系统性”的公益保护法律监督体系，为办理公益诉讼案件提供了新的样本。

2019年3月12日，最高人民检察院检察长张军向十三届全国人大二次会议作最高检工作报告。报告中引用了多个案例、事例，其中提道：“黑龙江省检察机关专项调查387家小煤矿关闭整治公益保护问题，发现违法违规和犯罪问题线索132件；对公益受损案件，以检察建议督促主管机关履职，取得良好成效。”

这让黑龙江省大庆市高新技术产业开发区人民检察院检委会专职委员张金江十分兴奋。就在半年前，张金江和129名检察干警一起，组成4个工作专班，分别进驻鸡西、七台河、双鸭山、鹤岗4座煤城，对年产能在15万吨以下的小煤矿开展公益保护调查工作，为检察机关提起公益诉讼做前期准备。

懂得办案，还要学习煤炭行业知识，深入矿区开展监督调查

煤炭在促进黑龙江经济发展的同时，也给安全生产、环境保

护、资源管理等一系列工作带来诸多问题，而这些问题大多发生在小煤矿上。有统计数据显示，黑龙江年产能在15万吨以下的小煤矿大约占60%，而其煤炭产量只占全省总产量的10%左右。

推进煤炭行业市场化去产能是党中央、国务院的决策部署。2018年6月7日，黑龙江省政府成立煤炭行业淘汰落后产能化解过剩产能专项整治工作领导小组，将检察机关列为成员单位之一。

6月27日，黑龙江省检察院制发实施方案，对鸡西、七台河、双鸭山、鹤岗等4座煤城整治范围内的387座小煤矿开展全覆盖调查工作。

“我们以公共安全、生态安全为切入点，以公益保护为着力点，开展小煤矿关闭整治公益保护法律监督工作，依法履行好法律监督职能。”黑龙江省检察院检察长高继明说，考虑到小煤矿情况复杂，牵涉多方利益，行动采取异地用警的方式，“这次的

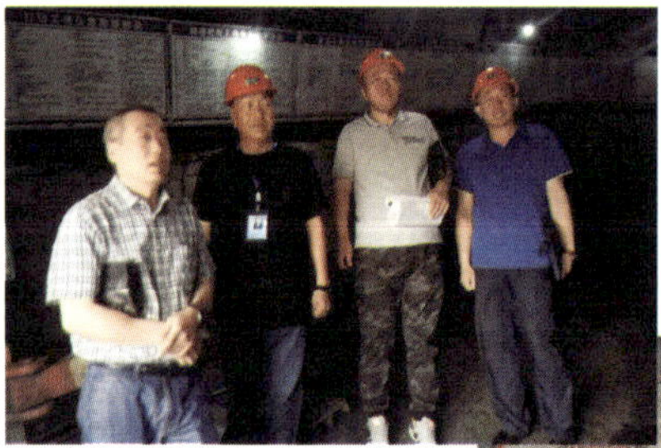

检察机关深入矿区实地调查

调查工作与以往检察机关审查案件并不相同，重要的是要发现问题，问题调查面要宽，原因分析要客观，责任主体要找准”。

接到任务时，张金江着实有点发蒙：“我干过反贪反渎，可是没有接触过煤矿工作。”懂得办案，不懂煤炭，这是摆在130名专班检察干警面前一道共同的难题。黑龙江省检察院邀请煤炭行业专家对他们进行了集中授课培训。大庆高新区检察院技术科负责人李良说，通过密集的学习，专班干警对煤炭行业有了基本了解。

牡丹江铁路运输检察院检察官庄贯中说，他在学习培训期间，查阅了大量的煤矿专业知识，搜集了20余部相关法律、法规和行业标准，自己制作了煤矿安全检查项目表、涉案行政机关检查要素表、煤矿安全检查重点、煤矿审批流程图等材料。

“不过，在工作中会遇见哪些问题，调查能进展到哪一步，大家心里还不是很有底。好在每个专班都配备了1—2名专家，在专业上能提供强有力的支持。”庄贯中说。

7月11日，4个工作专班的130名检察干警同时进驻鸡西、七台河、双鸭山、鹤岗，正式开展调查工作。

环境污染，土地塌陷，以法律监督促进公益保护

作为驻七台河市专班的负责人，哈尔滨市检察院副检察长孙长国进驻七台河后不久就发现，调查工作开展难度超出预期。

七台河市地方小煤矿在4座煤城中数量最多，处于整治范围内的小煤矿有136个，生产安全问题也很复杂。“很多小煤矿都在深山、农村、田间等偏僻偏远、人迹罕至的地方，街道门牌都没有，导航软件也搜索不到。单凭前期调查的信息，无法找到各个

煤矿的准确位置。”孙长国说，他们与国土部门沟通，成立联合调查组，找到了煤矿进行实地踏查。

检察官严谨细致的调查，让原本持观望态度的小煤矿主意识到，这一次动真格了。七台河市宝泰隆矿业公司有3处应淘汰关停的小煤矿，总经理刘树江陪着检察官逐一进行检查。“检察官太仔细了。每到一处，他们就按照管道图一点一点核查。有些下水井20多年都没打开过，他们非得打开检查，了解煤矿废水到底排到哪里了。”

在完成对136个小煤矿的实地踏查后，孙长国对小煤矿普遍存在的问题有了直观感受。“煤矸石随意堆放、非法占用土地、生产废水未经处理就直接排放，这些问题比较普遍。”孙长国说，而这背后，往往是当地行政监管部门未依法履行监管职责造成的后果。

在所调查的双鸭山集祥工贸有限公司永兴煤矿，记者看到，煤矸石就在矿区随意堆放，经过多年累积，已经堆出了半个足球场大小、三层楼高。

“煤矸石造成的污染是长期累积的。”张金江说，煤矸石中含有大量的重金属和硫化物，处理煤矸石的水是酸性废水，对地下水和地表水是严重的污染源，长期堆放会导致附近居民患病几率增加，还会导致庄稼减产。

实际上，小煤矿乱采乱挖乱排放，给周边村民造成了严重影响。在鸡西市长胜村，记者看到，在一片农田里，有一群灰黑色的绵羊正在觅食。村党支部书记纪松涛说：“这群羊本来是白的，都是让煤灰给染黑了。”更严重的是，煤矿还造成附近大面积塌陷，农田不保墒、减产，好多人家的房子都裂开了大口子。村民多次向有关部门反映过情况。

黑龙江省检察院召开小煤矿关闭整治公益保护调查问题线索移送专题会

小煤矿许可证有效期断档、过期，但是一个也没停工；存放消防设备的房屋已经成了危房，却无人问津；矿井里缺乏必备的安全设施，矿工每次下井都冒着巨大风险……

“作为保护国家利益和社会公共利益的一支重要力量，检察机关有责任也有义务发挥职能作用，助力解决多年来的小煤矿整治问题，以法律监督促进公益保护。”黑龙江省人民检察院副检察长张坤明说。

探索构建“全方位、立体化、系统性”的公益保护法律监督体系

7月进驻、9月离开，大庆专班的同志奋战3个月，完成了双鸭山市整治范围内全部74座小煤矿的调查工作。

“省检察院提出的要求是‘一矿一卷、一部门一卷、一案一卷’，最终我们形成了100多份案卷。”张金江说。

4个专班总共审核有关文书资料2.5万多份，结合调查取证，形成卷宗652卷，整整齐齐堆满了一面墙。这其中，既有每个煤矿的实地测量和定位，以及外观、井口、煤矸石堆放等的拍照和记录，也有从相关部门调取的工商档案、纳税登记、复产复工档案等信息，还有检察机关调查得到的涉嫌犯罪的证据。

“监管失职问责、犯罪行为打击、公益损害恢复，这是我们在这次行动中着重聚焦的3个层面，实现了三位一体。”张坤明说，在这次行动中，黑龙江省检察机关探索构建了“全方位、立体化、系统性”的公益保护法律监督体系，为办理公益诉讼案件提供了新的样本。

2018年11月，黑龙江省检察院将132条违法违规和犯罪问题线索，依法分别向纪委监委和公安机关移送移交。

12月21日，针对发现的土地资源、林业资源、生态环境、污水排放、大气污染等监管领域的相关行政机关违法行使职权或者不作为，致使社会公共利益遭受侵害的6件典型案件，黑龙江省检察院在同一时间、同一程序公开宣告检察建议，36名人大代表、政协委员、人民监督员参加并见证了整个宣告过程，被建议单位中层干部及相关单位人员列席参与。

鸡东县林业局是被建议单位之一。因为辖区内的3家煤矿非法占用林地8.7公顷，但县林业局没有对此进行监督管理，没有责令他们停止违法行为，恢复被破坏林地，所以鸡西市人民检察院建议县林业局依法履行监督管理职责，并进行生态恢复治理。

“这对我们来说，也是推动行政机关自我纠错、促进依法行政的重要举措。”鸡东县林业局有关同志说，林业局迅速成立专项工作小组，责令3家煤矿停止违法侵占林地行为，并在2019年6月前植树造林，恢复植被，并由宝泉林场监督实施。

鸡西市煤炭生产安全管理局局长孙文远很受触动："我们在工作中确实存在监管力量薄弱、执法检查方式单一等问题。检察机关的介入，让我们看到了司法机关对待公益保护的严谨态度，这对于我们查找安全监管工作漏洞和薄弱环节，提升监管执法水平很有帮助。"

"多年难啃的硬骨头终于被啃下来了！"参加公开宣告的黑龙江省人大代表韩玉凤多年来始终关注小煤矿的整治工作，这次使她看到了彻底关停小煤矿的希望。

纪松涛终于不用再为村里裂缝的房子而担忧了。农田里的小煤矿已经于2018年8月31日彻底关闭。在政府有关部门的支持下，村民们正准备进行整体搬迁，开始新的生活。

2019年1月7日，黑龙江省人大常委会出台《关于加强检察机关公益诉讼工作的决定》。这是正式确立检察公益诉讼制度以来，全国首个由省级人大常委会出台的关于落实和完善检察公益诉讼制度的专项决议，为解决检察公益诉讼中的突出问题提供了地方性制度依据。

破解公益诉讼案件诸多难

——最高检、生态环境部等部门联合印发意见加强检察公益诉讼协作配合

新华社（2019年1月22日）王 琦

确定管辖难、调查取证难、司法鉴定难、法律适用难，与相关行政机关执法之间的协调配合机制不畅……这些问题，成为各地检察机关在办理生态环境案件时遇到的实际困难。

记者22日从最高检举行的新闻通气会上了解到，针对这些问题，日前，最高检、生态环境部等多部门联合印发了《关于在检察公益诉讼中加强协作配合依法打好污染防治攻坚战的意见》（以下简称《意见》），就在检察公益诉讼中加强协作配合，合力打好污染防治攻坚战，共同推进生态文明建设形成协作意见。

《意见》共21条，根据检察机关和行政机关在公益诉讼和执法司法中遇到的实际困难和突出问题，从线索移送、立案管辖、调查取证、司法鉴定、诉前程序、提起诉讼、日常联络、人员交流等8个方面作出相关规定。

关于立案管辖，《意见》探索建立管辖通报制度，坚持根据监督对象立案，探索立案管辖与诉讼管辖适当分离。上级检察机关可根据案件情况，综合考虑被监督对象的行政层级、生态环境损害程度、社会影响、治理效果等因素，将案件线索指定辖区内其他下级检察机关立案。

针对调查取证难，《意见》明确要建立沟通协调机制，对于重大敏感案件线索，应及时向被监督行政执法机关的上级机关通报情况。行政执法机关应积极配合检察机关调查收集证据。

要建立专业支持机制，做好公益诉讼与生态环境损害赔偿改革的衔接。

在司法鉴定方面，《意见》探索建立检察公益诉讼中生态环境损害司法鉴定管理和使用衔接机制。探索完善鉴定收费管理和经费保障机制，与相关鉴定机构协商，探索检察机关提起生态环境损害公益诉讼时先不预交鉴定费，待法院判决后由败诉方承担。依法合理使用专家意见等证据。

在诉前程序方面，《意见》明确了行政执法机关履职尽责的标准，要强化诉前检察建议释法说理，依法履行行政监管职责。

此外，《意见》还明确，行政执法机关应依法参与诉讼活动。对于国家利益或者社会公共利益受到损害的情形，在诉讼过程中要继续推动问题整改落实，力争实质解决。对于法院作出的生效判决要严格执行，及时纠正违法行政行为或主动依法履职。

“公益保护是一项系统工程，需要社会各界的广泛认同和积极参与。”最高检第八检察厅厅长胡卫列表示，《意见》对于进一步加强检察机关与行政机关沟通协调、完善顶层设计，发挥各自的职能优势，多方联动破解难题，形成生态环境保护的“组合拳”具有重要意义。

“我们将在案件信息共享、调查取证、损害鉴定、人员交流等方面全力支持和积极配合检察机关发挥职能作用。”生态环境部法规与标准司司长别涛表示，生态环境部将加强与检察机关的协作，配合检察机关提起生态环境公益诉讼，强化打好污染防治攻坚战的司法保障。

【焦点访谈】协同治理　保护黄河

中央广播电视总台央视（2019年10月16日）

黄河，中华民族的母亲河，流域总人口1.2亿人，水土流失严重，生态环境脆弱，由于历史原因，仅在防洪大堤内的居民就有189万人，流域管理涉及河务、环境、国土等部门。一段时间以来，流域内乱采、乱占、乱建、乱堆等“四乱”时有发生，生态环境保护压力极大，如何破解这一难题？从2018年12月起，最高人民检察院、水利部共同领导，在黄河沿线开展了一场绵延上千公里的生态保护战役。

河南省郑州市惠济区辖区内的黄河河道，滩涂宽达十几公里，河道内分布着大量的耕作区，处处郁郁葱葱。然而就在这一片绿色当中，一小块区域被白色的塑料薄膜严密覆盖起来，周围还立起了围栏，竖起了化工污染管控的警示标志。

在污染地块周边，记者见到了饮用水水源保护区、湿地保护区等标志，在这样的区域内存在这么严重的化工污染，自然也就不难理解眼前的管控措施。造成污染的，就是刘彦民。

刘彦民一直在黄河滩区从事农药生意，2015年，刘彦民注册了一家公司，接着在黄河滩区找到了一片区域，租用并扩建了几间临时仓库，偷偷搞起了非法农药生产。有二甲苯、敌敌畏、高效氯氰菊酯等。

2016年5月，黄河滩区集中整治，刘彦民租用的仓库也被拆除，非法加工点被取缔，但刘彦民躲了几天风头后，又回到了原地，藏在砖垛中继续生产。

就这样，刘彦民东躲西藏，在黄河滩区非法生产了一年多。2017年5月，当地开展综合执法，刘彦民被拘留。随后，刘彦民因非法经营罪被判处有期徒刑一年，缓期两年。调查显示，刘彦民非法经营的规模相当可观。

随着调查的深入，办案人员有了新的发现。刘彦民本身并不具备生产能力，他所做的就是把农药原料购进后，勾兑分装，加工点没有任何污染防护措施，化学品大量跑冒滴漏，给黄河滩区

造成了严重污染。为什么刘彦民能非法生产一年半的时间，污染的土地又该如何处理呢？记者了解到，其实早在2015年下半年，也就是刘彦民筹备生产的时候，就已经被河务管理人员发现，并被要求恢复河道原状，缴纳罚款，那当时为什么没有取缔非法生产农药呢？

河务部门负责人解释说，他们依据《防洪法》，执法针对的只是妨碍行洪的行为，其他的不在权限之内。负责危险化学品管理的安全生产监督部门负责人说，2016年年初，就在河务部门立案不久，安监部门工作人员也发现了这一非法生产窝点，同时要求刘彦民停止生产，搬离原生产地。

河务部门只管行洪安全，安监部门权限不够，对于黄河滩区，当地环保部门也负有监管责任，一年多时间内，环保部门做了什么呢？

责任不清，管理缺失。检察机关介入后，对涉嫌玩忽职守的相关人员立案侦查，并移送法院。然而新的难题出现了，虽然刘彦民被追究了刑事责任，污染却依然存在。根据国家检察公益诉讼制度，人民检察院在履行职责中发现破坏生态环境和资源保护、食品药品安全领域侵害众多消费者合法权益等损害社会公共利益的行为，可以向人民法院提起诉讼，2018年10月，当地检察机关对刘彦民依法提起民事公益诉讼。

2019年4月，刘彦民一审被判决赔偿1193500元，用于土壤环境损害修复。刘彦民提起上诉，2019年6月，河南省高级人民法院终审判决，驳回上诉，维持原判。经过几次庭审并到现场了解污染情况后，刘彦民终于意识到了自己行为的严重后果，眼下他已经缴纳了部分现金。同时执行机构封存他的一套住宅，将通过司法拍卖，支付赔偿金。

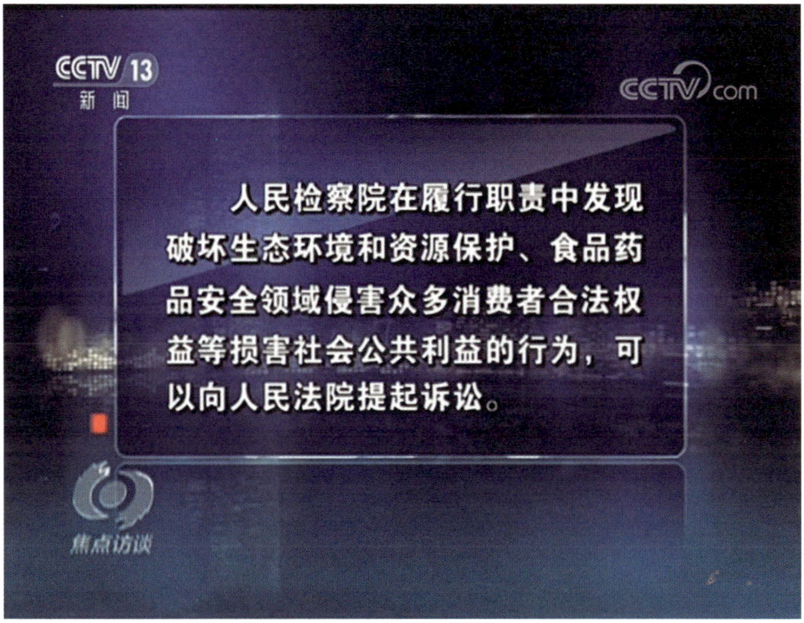

除了赔偿，刘彦民本人还被要求提交环境污染警示文稿，对其行为向社会公众发布警示，在当地反响强烈。在河南省检察机关和黄河水利委员会的共同倡议下，沿黄九省区检察机关和水务部门联合，对滩区、湿地，乱采、乱占、乱建、乱堆启动专项治理行动，在类似案件的示范下，一批多年悬而未决的积案得以解决。

公益诉讼针对的不仅是破坏生态环境的个体行为，对于不积极作为的行政机关，检察部门同样跟进。甘肃省岷县处于黄河上游第二大支流洮河中游，而这条迭藏河是洮河的一级支流，流经县城汇入洮河。2010年，当地一家建筑公司未经审批，违法修建观景台，深入河道12米，在观景台上建起了茶楼。2015年，当地防汛部门认定该建筑物阻碍行洪，存在重大安全隐患，责令其限期拆除，但该公司未予整改。2018年5月，岷县人民检察院在接

到群众举报线索后介入，经过调查，向岷县综合执法局发出检察建议。要求执法局责令当事人限期拆除，清除建筑垃圾，恢复河道，保障行洪安全和渡汛安全。

2018年7月，岷县综合执法局作出整改回复，认为该项目属于违法建设，并先后下发了限期拆除通知书、行政处罚决定书、行政强制执行催告书。然而在检察建议规定期限内，涉案建筑仍未拆除。

根据公益诉讼制度，人民检察院在履行职责中发现生态环境和资源保护、食品药品安全、国有财产保护、国有土地使用权出让等领域负有监督管理职责的行政机关违法行使职权或者不作为，行政机关不依法履行职责的，人民检察院依法向人民法院提起诉讼。2019年2月14日，岷县人民检察院向人民法院提起行政公益诉讼。诉讼过程中，岷县人民检察院与综合执法局积极配合、共同推进，综合执法局在人民法院作出判决前，在充分保障当事人权益的前提下，于2019年3月23日将这一违法建筑强制拆除。

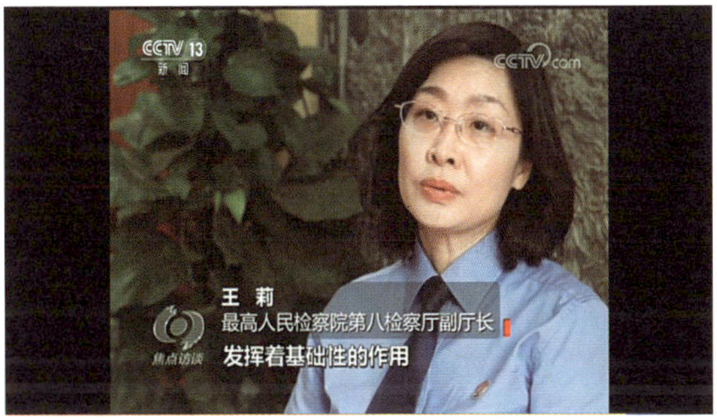

黄河流域清理四乱专项行动启动后，截至2019年7月底，检察机关共受理水利部门移交问题线索2339件，立案1097件，发出检察建议1029件，提起行政公益诉讼10件。

公益诉讼让黄河生态保护按下了快进键，数据显示，从2018年12月以来，清理黄河四乱专项行动中，督促清理污染和非法占用河道1937公里，督促整改拆除违法建筑80.8万平方米，黄河流域生态面貌得到有效改善。“黄河宁，天下平”，这里的宁是安宁，也包括宁静，正如2019年9月，习近平总书记在郑州主持黄河流域生态保护和高质量发展座谈会时所指出的，治理黄河，重在保护，要在治理，抓紧开展顶层设计，加强重大问题研究，着力创新体制机制，推动黄河流域生态保护和高质量发展迈出更大的步伐。我们期待着，黄河沿线滩涂湿地能早一天彻底静下来，美起来。

视频观看地址

http://tv.cctv.com/2019/10/16/VIDEIKVH6YsjzyNjGlcVT8Lq191016.shtml

【今日说法】休渔期的“绝户网”

中央广播电视总台央视（2019年3月13日）

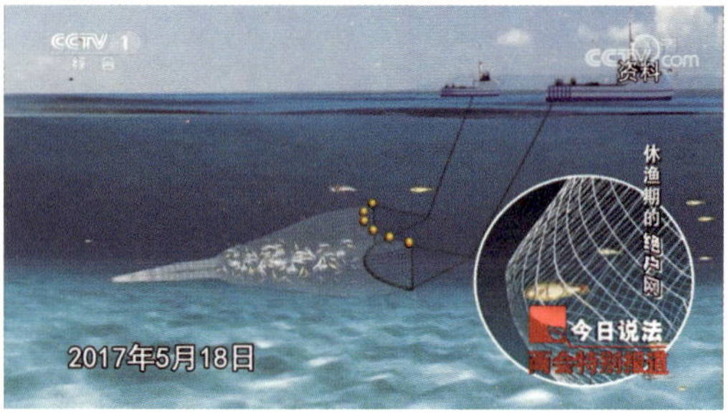

2017年5月，江苏渔政在海上巡查时发现四艘渔船在进行捕捞，而此时正是国家规定的禁渔期，渔政执法人员登上非法作业的渔船后发现每条船上的渔获物均已超过一万公斤，随后渔政执法人员扣押所有相关人员并立即移交给海警部门，这是江苏省近10年来破获的最大的非法捕捞海产品的案件，案件中相关人员单位均受到刑事和民事处罚。

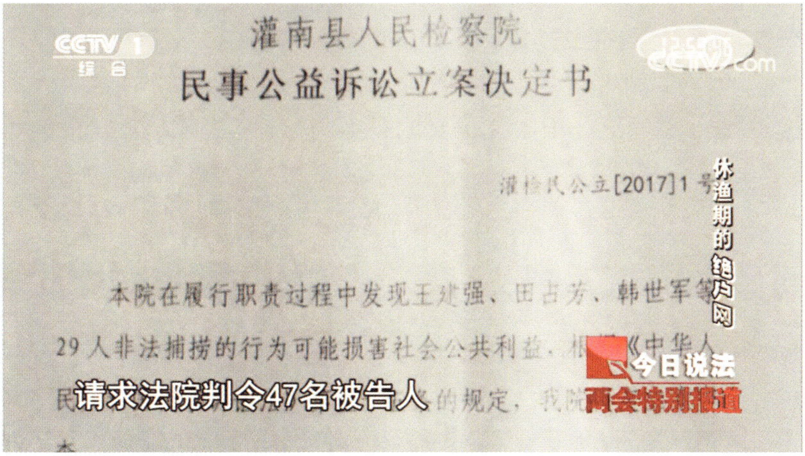

视频观看地址

http://http://tv.cctv.com/2019/03/13/VIDEFp8aK8KFBa0lXvL5tJIw190313.shtml

检察公益诉讼助力美丽中国建设

光明日报（2019年2月15日）龚　亮

生态环境保护任重道远。如何利用好检察公益诉讼这一“环保利器”，助力天蓝、地绿、水清的美丽中国建设？2月14日，国务院新闻办召开发布会，最高人民检察院、生态环境部有关负责人介绍了中国生态环境检察工作情况，并答记者问。

据最高人民检察院副检察长张雪樵介绍，2018年1月至12月，在刑事检察领域，共批准逮捕涉嫌破坏环境资源保护罪9470件15095人，起诉26287件42195人。在公益诉讼案件领域，共立案办理自然资源和生态环境类案件59312件，办理诉前程序案件53521件，诉前程序行政机关整改率达到97%，提起相关民事公益诉讼和刑事附带民事公益诉讼1732件。

“我们立案办理的59312件案件，督促被毁损污染的耕地、湿地、林地、草原得到修复的就有210万亩。这仅仅只是陆地上的、静态的、看得见的治理效果。中国检察公益诉讼在解决公地治理这一世界性难题上取得了很大成效。”张雪樵说。

近年来，人民群众对环境污染问题的关注度越来越高。目前生态环境领域刑事案件呈现出哪些特点？

“2018年生态环境领域刑事案件的整体态势是快速发展。”最高人民检察院检察委员会副部级专职委员、第一检察厅厅长张志杰介绍，一是从检察机关批捕起诉环节来看，此类案件大幅上升。批捕人数比2017年上升51.5%，起诉人数比2017年上升21%。二是此类犯罪案件的罪名相对集中，仅滥伐林木犯罪和非法占用农用地犯罪两类犯罪就占了全部破坏环境资源保护犯罪案件的50%。三是非法采矿、非法捕捞水产品犯罪上升迅猛。2018年全国检察机关批捕非法采矿案件人数和案件数比2017年分别上升190%和145%。

2019年1月最高检公布改革后的内设机构名称，其中第八检察厅负责公益诉讼检察，专门办理包括破坏生态环境和资源保护等损害社会公共利益的民事公益诉讼案件。

最高人民检察院检察委员会委员、第八检察厅厅长胡卫列说，公益诉讼检察厅筹建以后，推动了在全国基层院实现公益诉讼办案的全覆盖，围绕关于落实中央打好防治污染攻坚战等重大国家战略，部署开展了一系列重大活动，对一批重要案件进行了督办。还部署开展了“保障千家万户舌尖上的安全”专项监督活动。办案数量、办案规模都实现了较大增长。

“在办案机制建设上，主要是建设办案一体化机制，加强检察机关内部刑事、民事、行政检察部门线索发现移送、办案协作

检察机关督查黄河流域河堤修建情况

配合等工作机制，上级检察院通过案件督办、领办、参办、提办等方式，指导和协调指挥下级检察院办案。”胡卫列说。

有记者提问，在公益诉讼案件中诉前程序行政机关整改率达到97%，这是如何实现的？

“检察机关在提起诉讼之前，首先向行政机关发出检察建议，督促其主动整改。是否继续提起诉讼？我们主要从三个方面进行把握。一是看违法行为是否得到有效制止，二是看受损的公共利益是否得到有效保护，三是看行政机关是否穷尽行政手段。如果行政机关穷尽了法定的履职手段，那可能是立法滞后或其他客观原因，这种情形就不宜再把行政机关告上法庭。”张雪樵说。

“诉前程序实际上发挥了很大效力。据了解，对一些重大敏感案件，检察机关会先和行政机关的上一级主管机关进行沟通。下一级生态环境部门的工作，已进入上级机关的监督视野。如果行政机关怠于履职，还会产生相关纠纷。所以收到检察建议后的行政机关，面临来自上级机关、检察机关、公众，甚至纪检监察、当地人大等的监督压力。这大概就是97%的问题在收到检察建议后得到解决的原因。检察建议这一诉前程序，正是中国检察公益诉讼制度特色之所在、威力之所在，也是魅力之所在。”生态环境部法规与标准司司长别涛说。

重庆检察机关邀请代表、委员观摩检察林业生态修复司法保护教育基地

在发布会上，张志杰还指出，检察机关在办理破坏环境资源保护犯罪案件中，把生态修复作为犯罪嫌疑人、被告人认罪、悔罪的表现。对积极自愿履行生态修复义务的犯罪嫌疑人、被告人，在审查逮捕阶段可以依法作出不批准逮捕的决定；在审查起诉阶段，对犯罪情节轻微的，可以依法作出不起诉的决定；对确需提起公诉的，可依法向法院提出从轻量刑的建议。

“让当事人主动采取修复生态的行为，既是对其法律责任的追究，也是对社会的积极引导。不是一判了之、一罚了之、一诉了之，而是让生态得到修复，让江湖之水依然清澈，让蓝天永远存在。这是人与自然和谐共处的需求，也是落实习近平生态文明思想的重要落脚点。”张雪樵说。

挽救『行走在悬崖边缘』的孩子

——新华社◎陈菲等

人民日报 新华社 CMG 中国青年报

中国妇女报 农民日报 法制日报

09

守护明天的“未检侠”

“一号检察建议”发出后

人民日报（2019年5月23日）彭　波

2018年10月，最高人民检察院向教育部发出首份检察建议书。这是最高检认真分析检察机关办理的性侵幼儿园儿童、中小学生犯罪案件，针对校园安全管理规定执行不严格、教职员工队伍管理不到位，以及儿童和学生法治教育、预防性侵害教育缺位等问题，提出的一份建议。

收到“一号检察建议”后，教育部高度重视，迅速出台了《关于进一步加强中小学（幼儿园）预防性侵害学生工作的通知》等制度、文件，要求各地教育行政部门和学校进一步加强预防性侵安全教育、教职员工队伍管理、安全管理规定落实、预防性侵协同机制构建、学校安全督导检查等工作。

“一号检察建议”发出半年多来，各地检察机关与教育部门迅速行动起来，检校联手共同筑起一道坚固的校园性侵防火墙。

提高自我保护能力，筑牢第一道防线

说起三年前办理的一起性侵未成年人案，江西省新余市检察院未检处处长夏添至今仍觉得如鲠在喉。那是一起小学副校长猥亵儿童案，一审法院判处被告人一年有期徒刑。检察机关认为量刑太轻，提出抗诉后二审法院改判三年有期徒刑。“大家都觉得这个案子办得成功，但其实是有遗憾的。”夏添说，检察机关指控了两起犯罪事实，但法院认为证据不足，否定了其中一起，因为被猥亵的孩子没有立即报案，到案发时已经过去一年多，被害

江西省新余市检察院检察官夏添开展法治进校园活动

人的陈述无法得到更多证据印证，"如果这孩子当时知道怎么保护自己，很可能不被猥亵或者在被性侵害后立即报警，罪犯也会第一时间受到惩罚"。

"孩子缺乏预防性侵害的知识和自我保护能力，加上家长监护不到位，导致案件发现难、取证难。"夏添说，"加强孩子和家长的防护意识、提高孩子的自我保护能力是预防校园性侵的第一道防线。"

"各地教育行政部门和学校要从性侵害学生案件中吸取教训，把预防性侵害教育工作作为重中之重。"在教育部下发的《关于进一步加强中小学（幼儿园）预防性侵害学生工作的通知》中，"深入开展预防性侵安全教育"作为一项重要内容予以安排部署。在各地贯彻落实过程中，全国担任中小学法治副校长的近2000名检察长发挥了重要作用，检察机关成为学校首选的合作对象。

江西省萍乡市检察院开展法治进校园活动

“我们特别欢迎检察官到学校给孩子们上课，他们的身份让学生们很信任，又有专业的法律知识，法治课深入浅出很受学生欢迎。”江西省萍乡市八一小学校长袁小萍说，市检察院定期组织“法治进校园”活动，内容不仅包括如何防性侵，还包括如何保留证据和报案等。

除了送法进校园，各地检察机关还按学生兴趣特点，开展了各式各样的探索和创新。“坏人都是什么样，你可不要凭想象，熟人生人均可能，要提防！隐私部位很重要，内衣内裤都遮牢，若有他人想碰触，大哭叫！”这是四川省泸州市纳溪区检察院与教体、广电等单位共同编制的手语操中的一句，三句半的表达形式朗朗上口、易于背诵，效果很好。

把好教师入口关，严格执行校园安全管理规定

女生宿舍独立管理、宿舍楼内外各个方向都装有摄像头、每晚都有女老师在宿舍楼值班、严禁男性老师和家长进入女生宿舍……河北省行唐县行唐一中围绕女生宿舍制定了一系列的规章制度，并严格照章办事。“我们一直高度重视包括预防性侵在内的校园安全管理工作，在制度建设上严格要求执行到位，在硬件设备配置上也是不遗余力。”校长李志说。

对检察机关办理的性侵未成年人犯罪案件进行分析不难发现，制度不完善或者制度执行不到位是造成校园性侵案件的重要原因之一。对此，“一号检察建议”提出，要进一步健全完善预防性侵害的制度机制，加强对校园预防性侵害相关制度落实情况的监督检查。教育部采纳了这一建议，明确提出要严格执行校园安全管理规定，定期进行安全隐患排查，全面落实日常管理制度，重点加强寄宿制学校规范管理，严格管理女生宿舍。

“预防校园性侵的发生，关键还是要从源头入手，完善教师准入制度，把好入口关。”在采访中，不少教育行政部门负责人和中小学校长、幼儿园园长都提出，有必要推行性侵害未成年人犯罪信息库和入职查询制度、性侵害未成年人犯罪信息公开制度，完善学校、培训机构等与未成年人密切接触行业的安全管理制度。

今年2月，广州市花都区检察院与花都区教育局共同签署《合作“从事教育行业人员入职查询”协议书》，由花都区检察院整合本辖区内性侵、拐卖、拐骗未成年人的犯罪分子资料，建设“未成年被害人已决案件查询系统”；区教育局指导花都区属各级各类学校和其他教育机构提供教育行业从业人员情况给检察机关，由检察机关进行“一键查询”，对相关人员的品德、心理

进行前置考察，判断其是否适合教育行业岗位工作，将有性侵前科或不适合在未成年人聚集区域工作的人“挡在墙外”。

这一做法与最高检的改革方向不谋而合——最高检今年初制定下发的《2018—2022年检察改革工作规划》明确提出要“建立健全性侵害未成年人违法犯罪信息库和入职查询制度”。

“司法实践表明，侵害未成年人犯罪，存在重犯率高、熟人作案等常见特点。因此，如何避免有性侵违法犯罪前科人员从事与未成年人密切接触行业，就显得十分重要。”最高检专门负责未成年人检察工作的第九检察厅厅长史卫忠表示，与未成年人有密切接触的行业点多、面广，要保障法律规定的从业禁止制度得到有效落实，还需要实现强制入职审查的制度化、常态化。

借助专业力量，拓展未成年人国家司法救助工作

记者在采访中了解到，检察机关开展的“法治进校园”活动得到了绝大多数学校和学生的认可。

检察官在法律上是专业的，但在教育上还需专业力量的帮助，尤其是防性侵教育。2016年，江西省新余市未保委、教育局、团市委联合下发《关于开展“为了明天——女童保护”行动的通知》，在全市招募女童保护志愿者讲师，夏添和10名办案经验丰富、具备未成年人检察工作经历的女检察官报名参加，最终，有8人通过考核。

2018年2月，最高检印发《关于全面加强未成年人国家司法救助工作的意见》，其中明确提出要对遭受性侵害的未成年人进行心理安抚、疏导和心理治疗；要引导社会组织尤其是未成年人保护组织、公益慈善组织、社会工作服务机构、志愿者队伍等社会

力量，搭建形成党委领导、政府支持、各有关方面积极参与的未成年人国家司法救助支持体系；要主动运用相关公益项目和利用公共志愿服务平台，充分发挥其资源丰富、方法灵活、形式多样的优势，进一步拓展未成年人国家司法救助工作的深度和广度。

在最高检的带动下，各地检察机关积极联手社会各界，为未成年被害人提供全方位的救助。浙江、上海、河南等地检察机关推动建立被害人需求转介机制，根据被害人需要，通过工作平台及时连接社工、医疗、心理干预、教育、就业等有关社会资源介入。

2018年，湖北省检察院联合省教育厅、省公安厅等部门制定了《关于建立侵害未成年人权益案件强制报告制度的工作办法（试行）》，要求教育、医疗、救助、福利等机构工作人员发现未成年人遭受或者疑似遭受性侵害时，应当及时向公安机关报案，并向本部门主管行政机关报告备案，由主管行政机关向同级人民检察院通报情况。“强制报告制度是侵害发生后的一种补救，保护未成年人，我们还需要走在前面。”湖北省检察院未成年人检察部负责人夏红说。

分级干预、精准帮教、重点管理

——检察机关推动三项机制建设挽救“行走在悬崖边缘”的孩子

新华社（2019年5月27日）陈　菲　白　阳

记者27日从最高检获悉，2018年以来到今年4月份，检察机关共对罪行较重的未成年犯罪嫌疑人批准逮捕3.89万人，起诉3.17万人；对涉嫌轻微犯罪的未成年犯罪嫌疑人坚持依法从宽处理，不批准逮捕1.27万人，不起诉1.42万人。

数据背后反映着我国未成年人犯罪的现状。如何挽救那些“行走在悬崖边缘”的孩子，更好地预防和减少未成年人犯罪？27日，最高检召开新闻发布会，介绍了检察机关推动预防未成年人违法犯罪机制建设，预防和减少未成年人违法犯罪的创新做法。

推动建立罪错未成年人临界预防机制

今年2月，最高检发布了《2018—2022年检察改革工作规划》。规划提出，探索建立罪错未成年人的临界预防、家庭教育、分级处遇和保护处分制度。

据了解，目前我国法律对实施犯罪的未达刑事责任年龄未成年人、有严重不良行为的未成年人缺少有效应对矫正措施。而解决这一问题的关键，在于针对未成年人的罪错程度设置阶梯式的多种实体处遇措施，供司法机关根据涉案未成年人的具体情况加以适用，以实现矫治的个别化和有效性。

最高检第九检察厅厅长史卫忠在发布会上介绍，目前四川资阳、上海浦东等地检察机关借助信息化、大数据手段，从高危未成年人信息化、网格化、社会化、专业化预防帮教着手，打造出了具有当地特色的未成年人临界预防、保护处分工作模式。

截至2018年底，四川资阳检察机关已对40名高危未成年人开展帮教，其中帮助13名辍学少年重返校园，帮助17名未成年人就业，救助5名困境未成年人。

在河南登封，该市检察院争取党委、政府支持，联合多方力量共建“贝蕾关爱课堂”，建立以强制亲职教育为核心的帮教体系，至今已有效帮教510名罪错未成年人及其背后的“问题家庭”。今年4月，“贝蕾关爱课堂”还成功对流窜盗窃的4名外地未达刑事责任年龄未成年人及其监护人进行了帮教。

据悉，最高检对建立罪错未成年人分级干预制度已启动相关调研。检察机关还将以未成年人保护法、预防未成年人犯罪法修改为契机，进一步总结经验做法，联合相关部门，积极推动罪错未成年人分级干预机制及时上升为法律。

河南省登封市检察院联合多方力量共建“贝蕾关爱课堂”

探索涉罪未成年人精准帮教机制

曾因涉嫌盗窃犯罪被北京市朝阳区检察院附条件不起诉的小陈、小闫，勇敢地与伤害无辜老人的犯罪分子搏斗，2018年11月被授予“见义勇为”奖。他们及时将消息告诉了帮教过他们的未检检察官，让检察官倍感欣慰。

“检察机关在办案中坚持宽容不纵容，对罪行较重的未成年犯罪嫌疑人保持必要的司法惩戒，对涉嫌轻微犯罪的未成年犯罪嫌疑人坚持依法从宽处理。”史卫忠说。

据悉，检察机关更加严格规范地落实未成年人刑事案件特别程序，2018年以来共作出附条件不起诉8187人，帮教考察期满后不起诉4700人，起诉238人。

“通过推行心理干预、亲职教育等科学帮教手段，依靠专业力量开展精准帮教，案件办结之后坚持跟踪帮教，确保涉罪未成年人顺利回归社会。”史卫忠说。

推动健全完善重点青少年群体管理服务工作

在27日的发布会上，史卫忠还介绍了重庆、福建等地检察机关推动健全完善重点青少年群体管理服务工作的机制和做法。

据介绍，重庆等地检察机关在参加扫黑除恶专项斗争中，针对涉嫌黑恶犯罪未成年人中闲散未成年人居多，“学历低、年龄低、认同感低”的特点，分析认为除了家庭、个人问题外，相关部门督查、管理不到位、社会引导缺位也是重要原因，因此向公安、教育行政等部门发出检察建议，推动加强重点部位防控，健全学生学籍管理机制，严防辍学肄业或被劝退开除的学生被黑恶犯罪势力拉拢，共劝返失学辍学学生1569人，从源头上减少未成年人涉黑恶犯罪的发生。

福建莆田城厢区检察院在参与“青少年零犯罪零受害社区（村）”试点工作中，发现辖区未成年人小林辍学无业，经常出入网吧且夜不归宿，接触了不少社会上的闲杂人员，家长无力管教，就把小林作为重点观护帮教对象，与社工等共同开展帮教工作，帮助小林戒除严重不良行为，找到一份工作。

“做好、做实、做优未成年人检察工作，可以有力推动加强和创新社会治理，构筑起依法保护未成年人健康成长的强大网络体系，保障家庭幸福、社会稳定和国家长治久安。”最高检新闻发言人肖玮表示，检察机关还将进一步携手相关部门共同加强未成年人保护，结合司法办案，推动解决未成年人问题及其背后深层次社会问题。

福建省莆田市城厢区检察院走进东青小学携手共建未成年人零犯罪村（社区）

《守护明天》第三季

中央广播电视总台央视（2019年10月28日）

从社会热点话题校园欺凌，到父母广泛关注的亲职教育以及逐渐成为热点的未成年人涉毒、经济类犯罪案件，本季《守护明天》继续用最平实生动的讲述，为未成年受众及其家长普法、释法，向职能部门提出建议和主张。不仅从法律、心理及媒体的角度展开讨论，更站在社会发展和国家立法的角度深度剖析案件，呼吁通过制度和法律的不断完善，更好地推进全社会未成年人司法保护工作。

视频观看地址

http://tv.cctv.com/2019/10/29/VIDAlbskjjFH5Jq4y3PrNy2p191029.shtml?spm=C77151.PjvMkmVd9ZhX.0.0

【法治在线】莫让青少年成为“烟枪”

中央广播电视总台央视（2019年7月9日）

出校门就买烟，不少学生已成“老烟枪”，孩子们的放学路上究竟有着怎样的诱惑？校门口不远处就有烟卖，学生已和店家形成默契，学校周边店家涉嫌多项违规，多方联手进行专项整治。

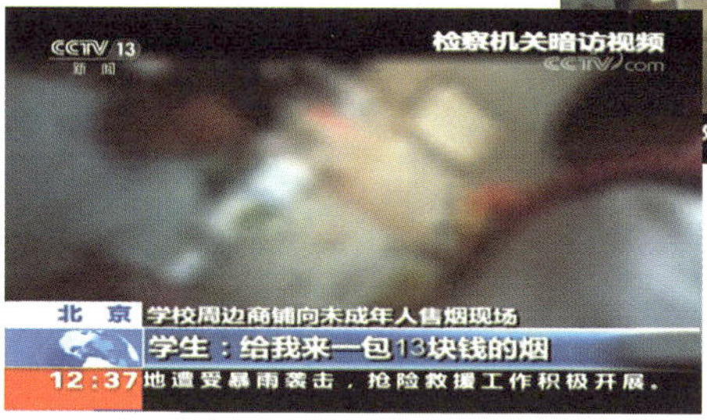

视频观看地址

http://tv.cctv.com/2019/07/09/VIDENqBKiVc5LhJ6wt4eTfCy190709.shtml?spm=C53156045404.PD7xid85zOz7.0.0

如何为事实孤儿撑起“心灵晴空”

中国青年报（2019年10月9日）耿学清

四川省仪陇县成立未成年人法治教育基地

四川省仪陇县的退休检察官汪世钧没有想到，2014年在社区走访中帮助一名没有监护人的孩子，间接推动了我国约50万名事实孤儿有了国家制度层面上的生活保障。

近日，汪世钧的同事告诉中国青年报·中国青年网记者，事实孤儿的基本生活问题解决了，但是他们的心理健康亟待干预或重建，当地检察机关正在和民政、法院、社会组织等部门、机构探索帮助事实孤儿健康成长的新模式，为他们撑起一片“心灵晴空”。

第一次提出“事实孤儿”

2014年，时任仪陇县人民检察院检委会专职委员、民事行政科科长的汪世钧在仪陇县金城镇状元社区走访时，社区干部反映辖区有个孩子的监护人意外去世，孩子只能投靠邻居。社区干部询问检察院能否帮助解决孩子的生活问题。

仪陇县检察院根据当事方特别是孩子的意愿，协调有关部门依法指定了孩子的邻居作为监护人。

一名儿童的监护问题解决了，在群众路线教育实践活动总结时，仪陇县检察院第一次把这个群体称为"事实孤儿"。检察院工作人员发现，类似的事实上无人抚养的未成年人在仪陇并非孤例。

仪陇县的事实孤儿主要有4类：一是父亲死亡、母亲失踪的未成年人；二是被遗弃后有人收养，收养时没有报警也没有办理收养手续，收养人死亡后，难以证明收养人与孩子的关系，根据当时的政策，这些孩子不能被认定为孤儿；三是父母一方死亡，在世父或母正在服刑的未成年人；四是父母一方死亡，另一方患有精神病或其他严重疾病丧失劳动能力。

其中，第一类情形在事实孤儿成因中占到约70%。

仪陇县是四川省南充市的革命老区，山多林密。改革开放后，仪陇县更成为劳务输出大县，每年输出劳动力达20余万人。

"仪陇的青壮年外出打工，多数会迎娶外地媳妇。"据仪陇县民政局的工作人员介绍，一旦丈夫遭遇变故去世，有些外地媳妇会一走了之，丢下的孩子有的投亲靠友，也有的无依无靠。

事实孤儿的救助难点也在于此——他们的母亲可能还在世，并非真正意义上的孤儿，民政部门当时并不能按孤儿政策救助，一般会通过低保、临时救助、建档立卡等方式对孩子进行帮扶，保障标准相对较低。

仪陇县检察院和县民政局分析认为，我国对孤儿有比较完善的救济制度，从法律层面确认事实孤儿的孤儿身份，是这些孩子能享受国家福利保障的唯一有效路径。

但是，事实孤儿一般没有监护人或监护人文化程度低，对相关福利政策和法律不了解，也没有诉讼能力，因此很多事实孤儿放弃了国家救济。

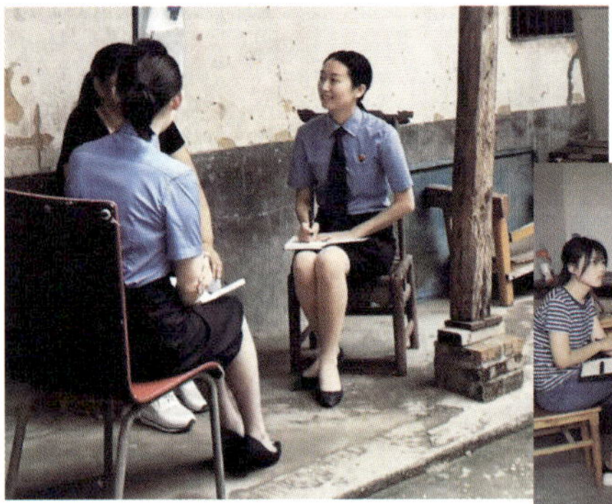
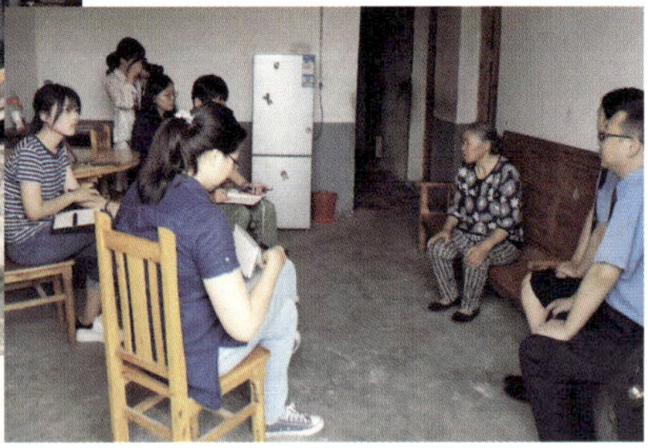
四川省仪陇县检察院检察官走访事实孤儿

17岁的田静出生两天便被丢在路边，被仪陇县日兴镇村民捡回家后收养。养父去世后，田静与奶奶相依为命。

“那几年跑了很多次民政局，除了要提供田静父亲的死亡证明外，还需要拿到法院宣告她母亲失踪的判决书。”这位70多岁的老人没有读过书，在她看来，“做这些事真比登天还难”。

“请求法院宣告我母亲为失踪人”

汪世钧在第一次帮扶事实孤儿后不久即退休，接力棒在仪陇县人民检察院民行科三任相关负责人马浩钦、覃燕、刘歆之间传递，在南充市、仪陇县两级检察机关和地方政府部门的支持下，继续对事实孤儿救助进行探索。

由于当时全国范围内并没有现成的经验可借鉴，仪陇县人民检察院研究认为，可通过检察机关支持起诉和督促行政机关履职的职能，开展事实孤儿司法救助。

对符合诉讼条件的事实孤儿，由检察院支持他们向法院提起诉讼，通过法院依法宣告其父或母失踪，确认其孤儿身份获得救助；对不符合诉讼条件又确有生活困难的，促请民政、教育、卫生、扶贫等部门履行社会救助职责。

度门镇15岁的事实孤儿冯晓斌就是在检察机关的支持下，向仪陇县人民法院申请母亲为失踪人。

晓斌两岁时母亲离家出走，父亲在他7岁时患重病去世，靠着爷爷奶奶养猪、在山林修剪树木把他拉扯大。

现实生活中，晓斌已有8年无父母养育，但是由于母亲是离家出走尚存于世，晓斌并不属于法律意义上“孤儿”的范畴。

最终，仪陇县人民法院在发出寻找下落不明人公告3个月后，宣告晓斌的母亲为失踪人。晓斌得以被确认为孤儿，得到国家救助。

截至目前，仪陇县事实孤儿有218人得到不同程度的救助，其中36人被依法确定为孤儿身份。

仪陇县人民检察院的这一做法得到了上级机关的高度肯定，陆续在南充市、四川省形成示范效应。

2018年11月，国家相关领导批示，责成民政部组织调研组到包括四川省在内的6个省份调研事实孤儿帮扶工作。

今年7月，民政部、最高法、最高检、公安部、共青团中央等12个中央部门联合出台了《关于进一步加强事实无人抚养儿童保障工作的意见》。

经过5年多的探索，一项源于一线基层实践探索的事实孤儿救助制度在全国开花——全国范围内的事实无人抚养儿童保障制度将于明年1月实施，50万名事实孤儿将从中受益，可领取生活保障补贴。

事实孤儿心理救助尚属法律空白

“解决了生存和生活问题，如何帮助他们恢复和保持心理健康摆在了大家面前。”仪陇县人民检察院检察长唐蔚告诉中国青年报·中国青年网记者，作为走在事实孤儿救助工作最前头的部门，这是目前最迫切解决的难题。

唐蔚说：“事实孤儿多是遭遇了家庭变故，此前长期属于‘未被关注的群体’，多多少少都有些心理问题，其中有一些即将成年，在他们走上社会之前，需要有个健康的心理。”

中国青年报·中国青年网记者在度门镇采访时，晓斌一直低着头，不敢大声说话。

“我幺姑也叫冯燕！”南充市人民检察院女检察官冯雁在纸上给晓斌留下了手机号码，打算以后经常来帮扶，晓斌看到检察官的姓名忽然欢快地说，眼眸闪亮。

“是吗？这么投缘！”女检察官也很高兴。

“但我幺姑的燕是小燕子的燕。她说过年要来看我。”晓斌低下了头，小声回答。

冯雁告诉记者，父母或其中一方长期缺失、缺位给孩子的心理造成了极大影响，他们对家庭、父爱和母爱的渴望非常强烈，后天的心理干预和救助措施应当及时介入。

此前，仪陇县人民检察院成立了“护苗人”司法救助志愿者服务队，发动志愿者在每年儿童节、春节期间，深入乡村调查走访，为事实孤儿送去书籍、玩具、牛奶等礼物；联合社会组织发起“红伞计划”，对有心理障碍、人格缺陷的事实孤儿，组织专业人士开展有针对性的心理咨询和心理疏导。

“这只是权宜之计。”唐蔚说，心理救助并非检察机关所长，也不是主责工作，需要专业机构和专业力量加入。

尽管《关于进一步加强事实无人抚养儿童保障工作的意见》中要求，将通过政府购买服务，发挥共青团、妇联等群团组织的社会动员优势，引入专业社会组织和青少年事务社工，为事实无人抚养儿童提供心理抚慰和关爱，努力培养孩子健康的心理和健全的人格，但目前事实孤儿心理救助在法律层面中尚属空白。

四川省仪陇县青少年法治教育基地

唐蔚表示，从仪陇县的实践经验看，事实孤儿心理救助工作还比较松散、持续性不足，需要国家通过立法明确哪些部门、哪些力量承担事实孤儿心理救助的责任和工作，建立立体救助体系，“让每一个孩子都有所养、有所学、有所望”。

（文中田静、冯晓斌、冯燕、冯雁均为化名）

全国检察机关未检部门
推进业务统一集中试点工作
“激活”并用好撤销监护人资格条款

中国妇女报（2019年7月19日）王春霞

全国检察机关未成年人刑事执行检察、民事行政检察业务统一集中办理试点工作总结推进会在重庆召开

“一年来，全省共办理监护干预案件43件52人，是上年同期办案量的3.5倍。其中，未检部门自身办案发现并介入干预的监护侵害案件17件，通过内部线索移送、提前介入侦查等，办理监护缺失案件18件。”浙江省人民检察院第九检察部主任余晓敏7月12日在重庆与全国各地的同行们分享了这几个数据。

当日，最高人民检察院在重庆召开全国检察机关未成年人刑事执行检察、民事行政检察业务统一集中办理试点工作总结推进会。试点工作的主要内容就是将涉及未成年人的刑事执行、民事、行政、公益诉讼检察业务交由未检部门统一集中办理，这一专业术语背后，与未成年人全面综合司法保护密切相关。

支持起诉137件监护侵害与缺失案件

2018年1月起，最高检在北京等13个省、区、市部署开展此项试点工作，为期一年，综合运用惩治、预防、监督、教育等方式，将保护未成年人的触角延伸到刑事、民事、行政等各个方面，最大限度维护未成年人合法权益。河北、贵州、吉林等一些具备条件的省份，也主动开展了试点工作。

2014年12月，《关于依法处理监护人侵害未成年人权益行为若干问题的意见》正式实施，意见规定了人民法院可以判决撤销监护人资格的情形。《民法总则》第36条也规定了可以撤销监护人资格的具体情形。

根据上述规定，试点单位积极探索，“激活”并用好撤销监护人资格条款，彰显未成年人司法的温暖与力度。

最高检第九检察厅厅长史卫忠介绍，未检部门从办理的刑事案件入手，针对监护侵害与监护缺失，支持起诉137件，判决采纳支持起诉意见121件，发出检察建议153件。开展心理疏导1767人次，为786人提供经济救助，为1954人提供法律援助，为243人协调就业就学等生活安置。

撤销监护权慎之又慎

监护侵害类案件普遍存在发现难、取证难、查处难的问题。

鉴于此，江苏省多地检察机关依托未成年人社会化支持工作体系，建立监护侵害案件动态监测网，有效发现监护侵害案件线索。上海则建立未成年人受侵害事件通报机制。

多个试点检察院未检部门强化对未成年人监护侵害和缺失的监督，坚定阻隔侵害。与此同时，试点检察院撤销监护权时都是慎之又慎。对未成年人回归家庭尚有可能、亲情尚可维护的监护侵害行为，督促监护人悔改，帮助未成年人回归家庭，并做好跟踪回访工作，防止再次出现监护侵害行为。

上海市人民检察院第九检察部主任吴燕介绍，上海探索建立适格监护人第三方调查评估机制，对受害未成年人身心受损状况、家庭状况、监护现状等情况进行评估。

对于犯罪情节较轻、监护人悔改意愿明显的案件，依据儿童利益最大化原则，多地试点检察院未检部门准确适用宽严相济的刑事政策，谨慎适用刑罚及启动撤销监护资格诉讼。

监护权并非一“撤”了之

“对情况较复杂的监护侵害和缺失的案件，不能以支持起诉撤销监护权或确定监护人就算完结。”重庆市人民检察院第八检察部主任陈萍说，“而要帮助解决一系列生活、学习上的问题，并确定一段时间的观察处理延伸期，随时跟踪了解监护人履行监护权的情况。”

陈萍介绍，重庆市涪陵区检察院从一起交通肇事案中发现，被害人车祸身亡，3名未成年女儿无人监护。通过大量实地家访反复做工作，最终支持起诉确定孩子姑姑为监护人。案件办结后，涪陵区检察院通过持续跟踪，发现孩子的亲属有私分其父亲112万元赔偿款的情况，遂立即介入处理，及时发函法院暂停财产分配，经过多次协调，对赔偿款进行合理划分，设立了由民政部门和监护人共管、检察官监督的专用账户，建立了检察机关对财产使用的跟踪监督机制，有效保障困境儿童合法权益不受侵害。

“试点工作初步形成了有别于成年人刑事执行检察、民事行政检察的未检业务统一集中办理特色。”史卫忠说，“下一步将充分发挥未检业务统一集中办理优势，加大办案力度和规范化建设，不断提升办案质效，推动‘试验田’向‘示范田’转变，切实为未成年人健康成长提供全面综合司法保护。”

织密农村留守儿童和困境儿童保护网络

农民日报（2019年6月1日）李秀萍

加强未成年人保护，聚焦未成年人问题及其背后深层次社会问题予以破解，是加强和创新社会治理体系的重要内容。近年来，检察机关不断强化未成年人检察工作，同时积极延伸职能，依靠各级党委领导，与民政、教育、共青团、妇联等密切配合，共同维护未成年人成长成才，在加强和创新社会治理方面取得明显成效。“六一”儿童节到来前夕，最高人民检察院5月27日在京召开新闻发布会，讲述充分发挥未成年人检察工作职能，推动加强和创新未成年人保护社会治理的检察故事。

强化农村留守儿童和困境儿童保护

记者特别注意到，最高人民检察院第九检察厅厅长史卫忠详细介绍了检察机关贯彻落实中央决策部署，积极参与农村留守儿童和困境儿童保护的情况。

依法从重从严惩治侵害农村留守儿童和困境儿童犯罪。2018年以来共批捕侵害农村留守儿童犯罪2969人，起诉3593人。江苏镇江市检察院在办理刘某溺杀8岁留守儿童案中，严格审查证据，依法提起公诉，并提出判处死刑的量刑建议，得到法院采纳。湖北、福建、陕西等多地检察机关联合公安、法院部署开展严厉打击侵害农村留守儿童犯罪专项行动。上海市检察院第二分院指导辖区基层院集中办理发生在医疗机构的遗弃儿童案件，共有4名监护人因拒不履行抚养义务被追究刑事责任，2名儿童的监护人在法律震慑下将其子女领回。

加强对留守儿童和困境儿童民事行政权益的保护，助力精准脱贫攻坚。四川、江苏、浙江、宁夏、山东、广西等地检察机关主动链接各方社会资源，推动“事实孤儿”、服刑人员未成年子女等困境儿童得到及时安置救助。在最高检部署开展的未成年人刑事执行检察、民事行政检察业务统一集中办理试点工作中，试点单位对监护人侵害、遗弃、忽视未成年人，导致未成年人处于危险状态的，依法建议、支持有关部门、个人申请法院判决撤销监护权89件，同时提供安置、就业就学、心理疏导等司法救助4750人次。如崔某性侵害、虐待亲生子女，孩子母亲不管不问，导致几个孩子陷入生存困境，检察机关在依法追究崔某刑事责任的同时，建议民政部门申请法院剥夺二人监护权，由民政部门进行监护，尽力为被害人创造健康监护环境。江苏省检察机关通过支持起诉，成功帮助11名未成年人向监护人追索抚养费。

推动建立健全农村留守儿童和困境儿童保护长效机制。江苏苏州吴江区检察机关在办理一起外来务工人员杀死幼子案时，积极调研流动儿童、困境儿童权益保障问题，得到党委政府和相关职能部门高度重视，2018年5月，吴江区检察院协调区公安、司法、民政、网格化治理联动指挥中心、精神病防控办公室、妇联等单位，建立多部门联动救助及困

湖北十堰检察机关联合当地有关部门开展“关爱留守儿童”活动

境流动儿童保护区、镇、村三级网络全覆盖机制，目前已有2名困境流动儿童依托该机制被及时发现，得到心理帮扶、监护干预等有效救助。福建漳州，四川泸州、资阳、广元，河北阜平等地也在当地党委政府支持下，推动未成年人权益综合保护网格化管理，及时发现、救助处于困境的未成年人。四川省成都市检察院的“亮晶晶”未检团队长期从事留守儿童法治宣传和关爱工作，每年元宵节都会邀请留守儿童和家长共同组织元宵“爱心趴”，已经成为当地知名品牌。

在社会保障机制发展完善过程中，困境流动儿童因其流动性，成为发现难、救助难的特殊群体。检察机关结合办案，深挖案件背后的困境流动儿童权益保障机制问题，有针对性地提出检察建议，推动相关职能部门齐抓共管、相互配合，探索建立困境流动儿童权益多部门联动保护机制，取得良好社会效果。本次新闻发布会上，最高人民检察院发布了“充分发挥未检职能，推动

四川省成都市检察院“亮晶晶”未检团队邀请留守儿童和家长共同组织元宵“爱心趴”

加强和创新未成年人保护社会治理”十大典型案例。其中，江苏苏州吴江区检察院的案例即因此入选。

齐抓共管做好农村未成年人保护

从发布会上记者获悉，检察机关在办案中坚持宽容不纵容，2018年以来至2019年4月，共批准逮捕罪行较重的未成年犯罪嫌疑人3.89万人，起诉3.17万人，保持必要的司法惩戒；对涉嫌轻微犯罪的未成年犯罪嫌疑人坚持依法从宽处理，不批准逮捕1.27万人，不起诉1.42万人。同时，检察机关坚持惩防结合、刑民并用，推动健全完善侵害未成年人权益惩防工作机制。2018年以来，全国检察机关共批准逮捕侵害未成年人犯罪5.42万人，起诉6.76万人，成功指控米脂砍杀学生案，携程亲子园、红黄蓝幼儿园虐童案等一批社会高度关注的侵害未成年人犯罪案件，使犯罪分子得到应有制裁。

检察机关充分发挥检察职能作用，积极参与平安校园、法治校园建设。2018年以来共批准逮捕校园欺凌犯罪案件3407人，起诉5750人，发出关于校园安全建设的检察建议3472份，有效震慑校园欺凌犯罪，有力推动健全完善校园安全管理机制。同时，检察机关积极深入开展检察官担任法治副校长和“法治进校园”全国巡讲活动，参与校园法治建设，提升师生法治意识。目前全国共有1.73万名检察官担任中小学法治副校长，其中有3096名检察长。2018年以来，全国检察机关共深入校园开展法治巡讲5.16万次，覆盖5.7万所学校和3803.48万名师生。

作为社会治理体系的重要一环，做好、做实、做优未成年人检察工作，有助于更好推动加强和创新社会治理，构筑起依法保护未成年人健康成长的强大网络体系，保障家庭平安幸福、社会和谐稳定、国家长治久安。为此，近年检察机关在依法开展未成年人检察工作的同时，积极延伸职能、主动作为，坚持与有关行政机关、群团组织等在未成年人保护方面积极沟通，努力形成齐抓共管良好局面。

最高人民检察院积极参与民政部牵头的农村留守儿童关爱保护和困境儿童保障工作部际联席会议，共同推进农村留守儿童和困境儿童保护工作，在涉案农村未成年被害人的安置、救助和临时寄养等方面，共同做了大量工作。比如，今年2月，福建省检察院、公安厅、民政厅共同制定实施《关于妥善安置打拐解救儿童的意见（试行）》，进一步畅通打拐解救儿童安置渠道，确保实现儿童利益最大化。

与教育部深入合作，共同促进校园安全和校园法治建设，推动建立预防校园性侵害长效机制。比如，湖北、上海等地以落实“一号检察建议”为契机，推动在省级层面建立教师准入制度和侵害未成年人违法犯罪强制报告制度。各地检察机关、教育行政部门也普遍建立了联席会议制度等。

最高人民检察院与共青团中央等单位共同开展青少年维权岗创建活动，实施“青少年零犯罪零受害社区（村）”试点工作，开展专题活动，深化关爱农民工子女、青年志愿者助残“阳光行动”、大学生志愿服务“西部计划”等，营造未成年人成长良好环境。

与全国妇联加强沟通配合，积极参与反家庭暴力法等法律法规的制定和修改，依托妇联专项救助资金、志愿者、妇女儿童保护项目，为涉案未成年人帮教维权提供心理干预、身体康复、安置、技能培训和入学等支持，利用妇联自有公益平台，积极开展困境儿童、困境家庭关爱公益服务项目，为有需要的儿童及其家庭提供贴心关爱服务等。

习近平总书记强调，全社会要共同担负起青少年成长成才的责任。联合织密农村留守儿童和困境儿童保护网络，积极营造农村未成年人健康成长良好环境，是其中重要一环，未成年人检察工作围绕这一目标业已作出不懈努力并取得积极成效，尚需社会各界百尺竿头更进一步，更加全面深入地携手发力、保驾护航。

最高检史上首份检察建议书为何发给教育部

法制日报（2019年3月13日）蒋安杰

2018年6月11日，最高检检察长张军首次列席最高法审判委员会会议

2019年3月12日，最高人民检察院检察长张军第一次以首席大检察官的身份向十三届全国人大二次会议作工作报告。这份通篇以习近平新时代中国特色社会主义思想为指引、有思想有观点有张力、求真务实、很接地气、用数据说话、装满了人民声音的报告吸引了各界的目光，尤其是报告中提到的“一号检察建议”引起社会高度关注，被各大媒体追逐。

据悉，这份于2018年10月19日向教育部发送的《中华人民共和国最高人民检察院检察建议书》（以下简称一号建议），是最高检认真分析办理的性侵幼儿园儿童、中小学生犯罪案件，针对校园安全管理规定执行不严格、教职员工队伍管理不到位，以及儿童和学生法治教育、预防性侵害教育缺位等问题，历史上首次以最高检名义发出的。其核心内容为，建议进一步健全完善预防性侵害的制度机制；加强对校园预防性侵害相关制度落实情况的监督检查；依法严肃处理有关违法违纪人员等。

首席大检察官的首起抗诉案件

很多人会问，最高检史上第一份检察建议书为何发给教育部？这要从首席大检察官的首起抗诉案件说起。2018年6月12日，因为一起关于小学教师性侵未成年学生的抗诉案件，共和国首席大检察官张军首次依法列席最高人民法院审委会会议，最高人民法院院长、首席大法官周强主持，最高法17位审委会委员悉数出席。

这起案件的被告人齐某是一所乡村小学的班主任。在一年多的时间里，齐某利用午休、晚自习及宿舍查寝等机会，在学校办公室、教室、无人的宿舍等地方多次对两名被害女童（均为10岁）实施奸淫、猥亵，并以外出看病为由将其中1名女童带回家中强奸。此外，齐某还在女生集体宿舍多次猥亵多名10岁至11岁的女童。

2016年1月20日，某省高级人民法院终审判决结果为，判决齐某犯强奸罪判处有期徒刑六年，犯猥亵儿童罪判处有期徒刑四年六个月，决定执行有期徒刑十年。2017年3月3日，最高检以某省高级法院对齐某强奸、猥亵儿童一案判决适用法律错误、量刑畸轻为由，向最高法提出抗诉。

在此次审委会上，张军检察长发表了抗诉意见，明确指出原审判决存在的错误，并从情节认定、法律适用、量刑建议等多个方面阐述了检方观点，得到了最高法审委会绝大多数委员的一致赞同。最终，最高法经审理采纳了高检院的全部抗诉意见，依法改判齐某无期徒刑。这一案例后来被列为最高检2018年11月下发的第十一批指导案例之一。

向教育部发出史上第一份检察建议书

正义得到了伸张，但检察监督并未就此结束。据最高检第九检察厅齐某抗诉案的承办人介绍，张军检察长在案件改判后多次强调，要思考如何把未成年人检察工作做到起诉之前、延展到裁判之后，为每个家庭、每一所幼儿园和中小学校带来更实在的获得感、幸福感和安全感。根据张军检察长的要求，办案组的检察官们结合齐某案开始“解剖麻雀”。

校园应当是最安全的地方，是孩子们健康成长的港湾。检察官们调研发现，近年来，幼儿园和中小学教职员工性侵害幼儿园儿童、中小学学生犯罪案件呈明显上升趋势，如2019年3月12日最高人民检察院工作报告中披露的，2018年同比上升30%，而且相当数量的案件犯罪时间长、侵害次数多，一案侵犯多名学生，犯罪情节恶劣。要想遏制和减少未成年学生遭受违法侵犯，不仅要依靠公安、司法机关的严厉打击，更有赖于教育主管部门的源头预防，通过堵漏建制来斩断伸向孩

最高检“法治进校园”全国巡讲团走进新疆开展法治巡讲

子们的黑手。

于是有人提出向教育部发送检察建议，这种想法很快得到最高检党组的认可和支持。张军检察长亲自指导部署撰写工作，连建议书的封皮都经过精心设计。最高检原未成年人检察工作办公室（以下简称未检办）、研究室等部门抽调业务骨干，前后历经3个月，其间数易其稿，最终形成了最高检历史上的首份检察建议书。

“以前，最高检都是对办案机关提出检察建议。向有关主管部门发送检察建议，地方检察机关有不少实践，但最高人民检察院直接向国务院组成部门发送检察建议，在历史上尚属首次。”最高人民检察院检委会专职委员、研究室主任万春在接受记者采访时强调。

因为是“史上首次”，最高检对发出一号建议十分慎重。这份建议书的内容曾反复论证修改，还经过了最高检检委会会议审议，确保反映的问题精准、提出的建议可行；同时，还正式发函征求教育部意见，根据其意见对检察建议书作了进一步的修改。

最高检办公厅王松苗主任对记者介绍，当时分管未检工作的孙谦副检察长工作非常细心，也有担心对方不太了解检察建议的顾虑，建议张军检察长在发出建议之前与教育部部长先进行沟通。

张军检察长与陈宝生部长通电话后，陈宝生部长特别重视，除感谢最高检对预防未成年人性侵犯罪等问题的关注支持外，还特别希望在建议上加一句“督促地方政府落实”。正是这句话，促使最高检党组要求把工作进一步做到家。陈宝生部长电话里的建议被张军检察长在多个场合提及。据内部人士透露，在最高检工作报告分别征求各方意见的五次座谈会上，几乎每个与会者都知晓了教育部部长的这句话。

张军检察长为何要反复强调陈宝生部长“督促地方政府落实”这8个字？这是因为两位领导深知，保护祖国的花朵、真正地关心孩子，必须让制度落地，而最关键的一步还在于落实；必须按照习近平总书记提出的“全面深化改革，一分部署，九分落实，人民群众获得感、幸福感、安全感是最终检验标准”，扎扎实实将工作做到实处，实在是任重而道远。

上海市法学会未成年人法研究会会长姚建龙教授在接受记者采访时称，一号建议是通过个案促进制度完善、强化未成年人保护机制，案结事不了、放大办案效果，有力地促进了教育部和全国教育部门以及学校加强对未成年学生的保护。

把一号建议做成刚性做到刚性

那么，被冠以最高检“史上首次”的一号建议向教育部发出后，教育部是如何回应的呢？

今年1月17日，在北京举行的全国检察长会议上，张军检察长在讲话中说，最高人民检察院发出的首份检察建议得到教育部的积极回应。

“教育部党组收到‘一号建议’后高度重视，于2018年12月29日，向最高检来函回复。”万春对记者说。教育部主要领导亲自部署落实工作，迅速出台了《关于进一步加强中小学（幼儿园）预防性侵害学生工作的通知》，要求各地教育行政部门和学校要切实从性侵害学生案件中吸取教训，进一步加强预防性侵安全教育、教职员工队伍管理、安全管理规定落实、预防性侵协同机制构建、学校安全督导检查等工作。据悉，双方的沟通合作实际上在回复前已经展开。12月25日上午，刚成立的专门负责未检工作的最高检第九检察厅迎来了第一批来访嘉宾。教育部政法司有关负责同志受部主要领导委托，主动登门听取对一号建议落实工作的意见。下一步，教育部还将进一步加强与最高检的沟通配合，在完善未成年人保护顶层设计、构建未成年人学校保护体系、加强未成年学生法治教育等方面进行深入合作，共同推动一号建议落到实处。

检察建议的生命在于落实，而落实的关键在于刚性。

“检察建议绝不是发出去就了事，要紧紧盯住效果，监督落实情况。”“要通过我们的努力，把所谓没有硬性要求的检察建议做成刚性、做到刚性!”这是张军检察长最初在2018年大检察官研讨班上的明确要求。

一号建议发出后，检察系统的工作更是驶入快车道。记者了解到，为把一号建议做成刚性、做到刚性，最高检向各省、自治区、直辖市检察院，新疆生产建设兵团检察院印发建议时，要求各地及时将检察建议书抄报本省教育主管部门及主管省

检察机关建立的全国首个省级“教职员工入职查询平台”在重庆正式上线

（自治区、直辖市）领导，并将本省检察机关开展未成年人保护工作情况、存在的问题一并报送。

之所以这样要求，最高检一位负责人对记者说，是因为考虑会同教育行政部门落实将更有力度，司法机关毕竟和行政部门在这个问题上有不一样的职能和履职方式，很多工作需要检察机关帮助去促进、协调。因而，最高检要求"做到刚性"必须"以上率下"，把检察建议发给各个省检察长，各省检察长围绕具体情况写出本省的建议，然后给分管省长和教育行政部门，同时把最高检的一号建议附在后面，督促地方政府落实。

那么，成效如何？据最高检第九检察厅厅长史卫忠透露，"落实的效果是最高检和各个省当初都难以想象的"。截至2019年1月25日，全国25个省（自治区、直辖市）党委、政府领导对落实最高检一号建议作出了批示，26个省（自治区、直辖市）教育主管部门采取了积极举措。通过检察机关和教育部门的共同努力，预

四川成都检察机关开展法治进校园活动——模拟刑事案件审理

防性侵害幼儿园儿童和中小学学生违法犯罪工作，受到高度重视已显积极成效。浙江省省长袁家军在浙江省检察院报送的《浙江校园安全案件专题分析报告》上亲自批示“完善机制，提高未成年人保护水平”。

记者在采访时意外获知，这份一号建议还曾得到国务院领导的高度关注。去年参观“中国改革开放四十周年成果展”时，张军检察长向国务院分管教育的副总理就一号建议作了汇报，这位领导认为性侵未成年人案件就要依法从严，依法重判；当这位副总理拿到最高检的一号建议后，在批示中充分肯定了一号建议，强调最高检的工作是从源头上保护学校安全、维护儿童权益，支持司法部门依法严惩犯罪，还校园一片净土，并且指示必须做好更要落实。

最高检领导的头脑非常清醒。原来的制度没有得到很好的落实，情况很复杂，一纸建议并不能代表全部，还要加大力度推进。据高检院第九检察厅厅长史卫忠介绍，最高检党组已经部署，下一步将联合有关国家部委，不断加强未成年人司法保护工作，通过开展专项调研督导、推动建立教职工性侵害未成年人违法犯罪信息查询制度、建立案件信息共享机制等有效举措，打好落实一号建议的“组合拳”。

“重犯率高、熟人作案是比较常见的特点。建立教职工入职查询制度及从业禁止制度，将性侵预防‘关口’前移，能防患于未然，或从源头上较为有效地减少在校未成年人被前科教职工性侵的风险，有效预防性侵害未成年人犯罪。”暨南大学少年及家事法研究中心张鸿巍教授对最高检近期出台的相关举措给予高度评价。

探寻一号建议落实之路

记者日记五则

日记一

2月26日，西北某市。飞机从北京南苑机场晚点1个小时起飞，到达时已是下午4点，舷窗外飘着雪花。我从没想到因为采访一号建议，会来到这个在地图上呈“长条状”、与宁夏、陕西都有交集的城市。

为了采访更真实，我们直接来到了某学校附近，此时已错过放学高峰期，但正值外出的学生们陆陆续续返回学校上晚自习的时间。

我碰到一个小女孩，得知对方是初中生。她说，这个城市只有高中生住校。

又遇到一个脸上长满痘痘的小姑娘，对方回答学校有单独女生公寓。我问:“你知道什么是性侵吗?”对方一脸茫然。我再问:“家住本市?”对方回答:“特别远，一个偏僻的村里，我是来复读的。”

再遇一个靓丽的小女孩，特别大方。我问:“你住校?”小女孩回答:“不住，家在市里。”我接着问:“你知道什么是性侵吗?”小女孩回答:“知道啊，手机里都有好多报道呢，妈妈也说，就是这儿到这儿是不能让别人碰的。”说话时，小姑娘特别认真地比划了一个动作。

“父母做什么的呢?”

“公务员。我们老师也经常教我们的。”

“你老师?”

“对啊，我们老师可博学了，讲各种故事。”

“能认识一下你老师吗？”

“不知道，对不起，我去上晚自习了。”

小女孩又回头反问：“你是暗访的？”

“怎么会？我就是想了解一下女孩子是如何看待性侵的？你将来要学什么？”

“还没想好，我才高一呢。”

目送她欢快的背影，我的心里莫名动了一下。

此行，种种原因，没有机会见到教育部门或者学校的领导。临走时，天空中飘落的不再是雪花，停在路边的汽车上已经铺上一层白皑皑的薄雪。看到树枝上的“雪挂”，心里颇有些遗憾。但通过与几个小女孩闲聊，至少家庭教育对孩子成长非常重要这一点感受，还是非常深刻的。

日记二

3月4日，西南重庆市，中午12点到达。刚下飞机，就感觉到这个城市“火”一般的热情。在前往大渡口区幼儿园的路上，重庆市检漂亮的未检处长陈萍给我留下深刻印象。一路上听她讲重庆“莎姐”的故事，完全被吸引。

“莎”，又名莎草，长在潮湿处或沼泽地，其根香附子，是一味解表益气、固本培元的中药。《本草纲目》曰：利三焦，解六郁。与青少年维权岗“以法为药去病灶”的初衷相契合，这是“莎姐”的含义。“莎姐”曾是大渡口区检察院一名普通女检察官王莎的名字，因“莎姐”这个名称亲切随和，容易被未成年人接受和记住，“莎姐”成为大渡口所有办理未成年人案件的检察官的代称。

陈萍告诉我，目前，“莎姐”已经不是一个人，是416名检察官和1000多名志愿者的代称，她是一份情怀，一项机制，一种精神。为落实高检检察建议，2018年底，重庆专门建立教师“莎姐”法治教育基地，190名各中小学老师走进基地接受法治教育，志愿加入“莎姐”团队。至此，“莎姐”志愿者已达到1058名。

我们一路聊着，来到大渡口幼儿园。第一次在这里看到老城区的模样，这个“蜗居”于山坡上被居民楼包围的幼儿园，创建于1985年，是重庆直辖后首批示范性幼儿园。

让我意外的是，2018年10月，最高检向教育部发出一号检察建议，随之教育部出台《关于进一步加强中小学（幼儿园）预防性侵害学生工作的通知》《新时代中小学教师职业行为十项准则》后，大渡口幼儿园已经全面启动此项工作。

幼儿园园长对我讲了她们工作的“三强三重”，其中“强组织”是专门成立防性侵工作专项小组；“强机制”是利用大渡口区检察院“莎姐云平台”，邀请“莎姐”团队成员来园作讲座，讲解分析鲜活的案例和故事，强化老师们爱幼的责任感和护幼的防范意识；“重实效”是每周五下午定为全园安全教育日。

这是我职业生涯里第一次到幼儿园采访，已经有着31年幼教经历的园长被孩子们亲切地称呼为“园长妈妈”，她早就加入了重庆检察院“莎姐”志愿者。问她在这个岗位上何以坚守30多年，她说太爱孩子了。回到北京，用百度搜索，才知道她的名字叫赖天利，曾是北京2008年奥运火炬手。

看到孩子们天真的笑脸，想必每个人都对性侵女童案件义愤填膺吧。这次采访，我了解到，在最高检和重庆市检检察建议发出后，为进一步防范教职员工性侵学生事件，渝中区院结合某幼儿园保安猥亵儿童案件，已经开设三类课堂，即针对保安公司的法治课堂，针对幼儿的自我保护课堂，针对家长的安全防护课堂，抓好警示教育。

日记三

3月4日下午5点，前往大渡口茄子溪中学。学校位于大渡口区重点打造的滨江板块地区，始建于1957年，是一所普通高中，在这里我见到了干练的女校长李燕。

为了节省时间，我们免去了进会议室听情况的步骤，直接在校园里看，边走边问。在宣传长廊的展板部分，我第一次知晓教育部《新时代中小学教师职业行为十项准则》第七条"坚持言行雅正，为人师表，自重自爱，不得与学生发生任何不正当关系，严禁任何形式的猥亵、性骚扰行为"的内容，也看到了宪法宣传日、青少年如何防性侵等多个与法律有关的展板。

李燕对我说，大渡口区李荣辰检察长在学校特别受孩子们喜欢，因为他是学校的"法治副校长"，每次讲法治课，孩子们都觉得"脑洞大开"，会围着他要签名。

我问:"你们对一号建议很熟悉?"对方回答得特别干脆:"是的!"

因为教委要求所有学校保安重新"过滤一遍"，茄子溪中学保安也按照要求递交了很多材料。我提出能否去保安室看一看，

重庆市检察院检察长讲授预防网络犯罪专题法治课

本以为会被拒绝，未成想李燕校长亲自带我去。在这里了解到，一号建议发出后，各个学校都很重视，有的学校还增设了摄像头，而且在这次清理过程中，本来查录用保安有否性侵记录，却查出9名保安不符合其他条件，因而被教育部门清退。

闲聊中，李燕对我说，因为不是重点，也许茄子溪中学并不完美，但学校帮助孩子们培养绘画、拳击特长，希望他们未来能有所建树。那份有追求、不放弃的劲头儿，让我特别感动。

此行，从未检处长到幼儿园园长再到中学校长，清一色的“女子军团”带给我很多不一样的体验，很多“莎姐”为未成年人权益保护在默默奉献着。听说为避免二次伤害，她们已经联手医院，单独设立包括询问区、检查治疗区、心理疏导区于一体的一站式取证救助中心，让我有了新的期待。

日记四

3月5日，到达武汉时，天空中飘着霏霏细雨。据说，武汉已经一个多月没见到太阳了。在湖北省人民检察院未检处同志的陪同下，我们辗转到达A市检察院。

因为是座谈会形式，气氛显得有些严肃，而且又涉及某个案件的后续，感觉会议室的空气都凝重了许多。桌子的对面坐着A市主管未检工作的副检察长和未检部负责人，B县检察院副检察长、教育局副局长以及某镇中心学校校长。细细观察，检察官显得更放松，教育局的领导略显紧张，某校长基本是低着头、局促不安的。

据了解，2017年11月，B县小学教师C某喝酒后回到学生宿舍楼值班，经过二楼住有17名女生的寝室时看见学生D被子没有盖好，帮盖被子时产生淫秽想法并行动。B县公安局于2018年3月21日接到群众电话举报，立案后将C某刑拘，B县人民检察院于2018年5月以C某涉嫌猥亵儿童罪向人民法院提起公诉，7月2日法院一审判决C某有期徒刑三年。B县人民检察院认为一审判决未认定“在公共场所当众”这一法定量刑情节导致量刑明显不当，属适用法律错误，于2018年7月5日提出抗诉，A市人民检察院于2018年8月16日支持抗诉。此案在法院审理期间一直有不同观点，后来适逢最高人民检察院第11批指导案例下发，12月17日，A市中级人民法院认为抗诉理由成立，以猥亵儿童罪改判被告人C某有期徒刑五年。

B县教育局领导对我说，其实，他们一直十分重视师德师风工作，此案发生后教育部门更是加大了相关工作力度。他们认为，C某所在学校主要负责人法律意识淡薄，试图掩盖事件，负有不可推卸的领导责任，免除其校长职务，责令中心学校校长（在座）向县教育局提交书面检查，并对其诫勉谈话，本来学校中考成绩排名第一，因为此案影响综合考评排名倒数第二。

认真听校长介绍情况，学校的地理位置在B县的东北部，地处秦淮一线北侧与河南省交会处，镇中心学校辖区直属六所中小学校和幼儿园，学生中有部分留守儿童。为落实一号建议后教育部下发的两个通知以及从这个案件中吸取教训，他们在校园安全措施方面彻底整改。加强学校宿舍安全管理，严格男女生隔离住宿制度；严禁师生混住；对男、女生共用宿舍楼的学校，一律用铁栅栏把男女生住宿区域进行隔离；女生寝室聘请专职女宿舍管理员，宿舍管理员的房间由楼梯间改在宿舍第一个房间，以便夜间及时发现学生异动。晚上放学后，教师将学生带至公寓楼下，清点人数，和值班教师做好交接，教师不再到寝室查寝；学校与教师郑重签下《师德师风承诺书》和行为底线二十条，牢固树立不可触犯法律“高压线”的警戒意识等。

我并没有与这个校长做过多交流，但从一进门到离开A市检察院，我都能感受到他内心的压力和真诚，也能感受到检察机关与教育部门释放的善意，如果他们没有足够的勇气来介绍这个案件，我又何以了解一号建议落实的真况呢？

河北省石家庄市桥西区检察院到中学讲解落实“一号检察建议”宣传展板内容

日记五

3月6日，在奔往机场回北京的路上，听湖北省人民检察院未检处长夏红介绍，湖北省在落实一号建议时，认识到需要推动更多的有未成年人保护职责的部门积极行动起来，将一号建议继续延伸，牵头起草了湖北省人民检察院、省教育厅、省公安厅、省卫生健康委员会、省民政厅、省司法厅关于建立侵害未成年人权益案件强制报告的工作办法，正在送相关部门会签，我感觉特别振奋。

今日惊蛰，春雷一鸣，万象更新。我查了查，有关描述惊蛰节气的诗词很多。我自己比较喜欢惊雷一声，将万物从睡梦中唤醒，却让远山更远、净水空灵的那份意境……

联系的是民心民意　体现的是工作作风

践行的是为民宗旨

——人民日报◎彭波

10

群众来信
件件有回复

群众来信　件件有回复

人民日报（2019年10月29日）彭　波

“多亏了检察机关，要不这100多万元的债务非得把我压垮了不行。”前不久，河南郑州市民刘某专程来到郑州中原区检察院，向检察官表示感谢。

原来，2015年，刘某的前夫李某因公司资金紧张，先后两次向朋友借款100多万元，后因无力偿还借款被告上法院。法院审理后认为，债务产生于二人婚姻关系存续期间，应当属于夫妻共同债务，判决刘某承担连带偿还责任。刘某表示不服，多次到上级法院、政法委和妇联等部门上访。

2019年4月，刘某给中原区检察院寄来一封申诉信。收到刘某的来信后，该院第五检察部负责人立即进行审查，第二天就通过电话回复了刘某，案件承办检察官也很快与刘某取得了联系。检察官调查后认为，刘某不应当承担连带偿还责任，于是向法院提

河南检察机关召开“群众来信件件有回复”工作通报讲评会

请抗诉。最终，在检察机关的支持下，刘某摆脱了这笔巨额债务。

今年全国两会上，最高人民检察院检察长张军向全社会庄严承诺："将心比心对待群众信访，建立7日内程序回复、3个月内办理过程或结果答复制度。"全国检察机关认真贯彻落实这一决策部署，1至9月共收到群众来信251407件，具备回复条件的194264件，全部作出了7日内程序回复；从6月份开始，先后有62077件案件到了3个月答复期，其中61245件答复了办理结果或进展，答复率为98.7%，一批群众反映强烈的实际问题也得到了解决。

2018年1月，习近平总书记主持召开中央全面深化改革领导小组第二次会议。会议指出，党的十八大以来，浙江等地针对群众反映突出的办事难、投诉举报难等问题，从优化审批流程入手，推动实施"最多跑一次"改革，取得积极成效。各地区要结合实际，善于从基层和群众关心的问题上找出路、找办法，加大体制机制创新，以实际行动增强群众对改革的获得感。"群众来信件件有回复"，就是最高检认真贯彻落实这一要求的务实举措。

这曾被认为是一项不可能完成的任务：最高检每天收到大量群众来信，而直接负责处理的只有五六个人，如何做到"件件有回复"？

"我们通过明确办理答复时限，倒逼办信办案责任落实，以实际行动增强群众对改革的获得感，解决群众申诉难的问题。"最高检第十检察厅厅长徐向春说，第十检察厅制定修订了群众信访工作规定等规范性文件，制定了信访案件繁简分流工作指引，同时优化工作模式，组建办案组负责不同地区的来信办理工作，努力提高信件办理效率。为了彻底解决积压多年的群众来信，最高检第十检察厅还从10个省级检察院抽调了20名得力检察干警，在今年初完成了全部积压信件的回复工作。

目前，群众来信件件有回复制度已经在全国检察机关全面推开，各地出台了一系列创新举措。上海检察机关优化来信办理流程，组织业务实训，开展专项检查，全面提升服务水平；江苏检察机关依托“苏检e访通”信息化优势，建立“日通报、周检查、月汇总、季分析”工作机制，加强信访数据的分析研判；山东检察机关对接收的所有来信全部录入统一业务应用系统，全程留痕；湖北检察机关研发“智慧信访”系统，打造群众来信办理回复预警、流程控制和分析研判平台，确保群众来信得到妥善处理。

经过半年多的努力，群众来信件件有回复制度已初见成效，不仅解决了来信少回复、少结果的问题，也解决了少跟进、少批办、办信少满意等问题。统计数据显示，2019年前5个月，全国检察机关信访量同比下降26.5%。

“办理群众来信联系的是民心民意、体现的是工作作风、践行的是为民宗旨。”徐向春说，检察机关将继续着力破解信访工作实践难题，补齐制度机制短板，保障群众合理合法诉求依照法律规定和程序办理就能得到合理合法的结果。

最高检承诺“群众来信件件有回复”如何落实

新华社（2019年5月24日）王子铭 陈 菲

“多亏了检察院，没有你们帮助，俺都不知该咋办！”69岁的闫大娘紧紧握着检察官的手，激动得落下眼泪。

闫大娘是河南省清丰县的农民，不久前与邻里发生纠纷，被对方推搡倒地致轻伤。报案后，公安机关因缺乏人证未予立案，闫大娘的家人向县检察院写信反映情况后，检察机关在接信的第三天，便给予了书面回复。之后，检察人员两次来到村里了解情况，经认真审查，监督公安机关立案。相关部门积极做工作，双方当事人达成和解，闫大娘接受了对方道歉，并获得了相应的赔偿金。

河南省清丰县检察院听取群众诉求

闫大娘反映的问题得以及时解决，是检察机关落实“群众来信件件有回复”工作的缩影。

在今年的全国人代会上，最高人民检察院检察长张军在最高检工作报告中提出，将心比心对待群众信访，建立7日内程序回复、3个月内办理过程或结果答复制度。随后，在最高检召开的全国检察机关学习贯彻全国两会精神电视电话会议上，针对“群众来信件件有回复”工作，对全国检察机关作出进一步部署和要求。

两个月以来，这项工作推进得如何？13日至17日，记者跟随最高检调研督导组来到江苏、河南检察机关，了解此项工作开展情况。

河南是信访较多的省份，在省检察院12309检察服务中心，记者看到，大厅里不时有群众前来反映诉求。检察人员告诉记者，他们每天都要收到十几封甚至几十封群众来信。“为保证群

河南省检察院群众信访督办中心

众7日内收到程序回复，处理信件必须又快又准。”

除了接待群众来访和处理纸质信件，河南省人民检察院还成立了网络信访处理中心和群众信访督办中心。前者受理群众网上来信的处理回复工作；后者负责对7日内程序回复后，办信单位和部门答复工作的协调、督办进度汇总、分析和通报等工作。

河南省人民检察院检察长顾雪飞坦言，7日内程序回复仅仅是“破题”，属于“治标”范畴，而3个月内办理过程或结果答复来信人，才是真正的“解题”。

如何把“治标”与“治本”结合起来？最高人民检察院第十检察厅厅长徐向春表示，除了配备人手，还要借助能监控、可追溯的信息化平台。在这一点上，江苏省走在了前列。

“您反映的问题7日内回复了吗？以文书还是口头形式呢……”一边打电话，南京市检察院12309检察服务热线的话务员一边实时录入信息。放下电话，她告诉记者，自己工作中很重要的一部分，便是借助苏检e访通平台，对群众信访满意度进行回访。

话务员口中的苏检e访通，是江苏省各级检察机关统一使用的控告申诉系统，通过信息化平台对信访工作全覆盖、全留痕。同时，依托“12309”检察服务热线，对群众信访进行回复和抽查，及时反馈给承办部门，并督促其按期向来信人回复办理情况。

“信访连着民心，让信访不再石沉大海，显示了检察机关服务群众的诚意。”参加调研督导的十三届全国人大代表宋亚平感慨道。今年3月以来，全国检察机关共接收群众来信84567件，截至4月底，7日内程序回复率达94.1%。

尽管工作取得了一定进展，但基层检察人员反映，目前各地仍存在视频接访使用频率不高、与有关部门衔接配合不完善等现实问题。

最高检第十检察厅厅长徐向春坦言，7日内程序回复并不难，老百姓最关心的仍是3个月内办理过程或结果答复，这也是下一步的工作重点。“作为最高检受理群众涉法涉诉信访的主要部门，第十检察厅通过调研督导，在了解各地经验和不足的基础上，加快建立长效机制和制度保障，从而推进信访体系和信访观念的改善，让百姓在信访中感受‘检察温度’。”徐向春说。

【法治在线】一起历时20年的申诉案

中央广播电视总台央视（2019年11月27日）

一封寄到最高检的信件掀起一桩19年前的防卫过当伤害案。引入第三方力量，监督检察机关审查过程，公开听证听取多方意见，一场特殊的公开听证会，尽最大可能维护申诉人合法权益。

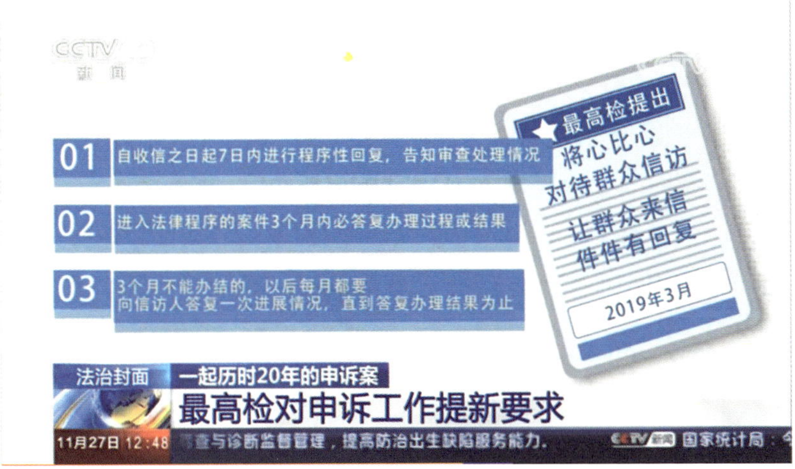

视频观看地址

http://tv.cctv.com/2019/11/27/VIDEYE2UzoJXKNx9nSkyJGjI191127.shtml?spm=C45404.P8VkmeDIq79V.S21938.5

最高检力推群众来信件件有回复 江苏、河南两省减少重复信访初见成效

中央广播电视总台央广（2019年5月25日）
姚东明　孙　莹　杨　扬

据中国之声《新闻纵横》报道，最高人民检察院今年2月建立群众来信七日内程序回复、三个月内办理过程或结果答复制度，力推“群众来信件件有回复”。江苏、河南两省检察机关按要求，压实责任，减少重复信访初见成效。

近日，天奥医疗仪器制造公司董事长李长杰给江苏省南京市浦口区检察院送来了一面锦旗，因为他没想到检察院能如此迅速地办理困扰了他们公司两年的案子。李长杰说：“惩恶扬善，伸张正义，明察秋毫，公正司法。我代表全体员工，200位员工200个家庭，诚心地送给他们，真是位非常优秀的检察官。”

天奥公司曾聘请大连某企业的张某作为销售总监，张某还将其团队其余6人也引进到天奥，但几个月后，李长杰发现这7人实际上仍在原企业上班，他们应聘时提供的辞职证明上的印章是伪造的，不仅骗取了天奥公司的薪水，所作所为还给公司造成重大损失，于是报案请求追究张某等人的刑事责任，公安机关未予立案。

天奥公司向浦口区委政法委写信反映情况后，2019年3月25日，信访材料批转到了南京市浦口区检察院，检察长王珍祥、检察官夏联合承办此案，第二天约见信访人，之后又到企业告知案件进展。王珍祥说：“伪造企业印章罪，我们充分研究后，认为

应当予以刑事打击。”夏联合表示：“审查之后，我们认为不立案理由不充分，依法发出立案通知书，公安机关就立案了。”

一直关注此案的浦口区政法委书记刘党伟表示：“七日这种机制把它固定下来，更能体现出法律监督的实效，能使法律监督的职权落到实处。”

据介绍，江苏省检察机关按照最高检要求压实工作责任，依托“苏检e访通”信息化优势，全力推进群众信访事项回复工作。2月1日至4月30日，全省检察机关接收群众来信8394件，同比上升36.33%。七日内回复7850件，除了因无地址、无联系方式、匿名等原因无法回复，有效回复率为100%。办结回复数7328件，其中，实体性办结回复617件，减少重复信访初见成效。南京市人民检察院副检察长谢健说：“我们深深体会到，做好了回复工作，其实就是做好了初信初访工作，就能有效减少重信重访，把矛盾化解在初始环节，避免矛盾蔓延和升级。”

河南省检察机关从2月1日到5月10日共接收处理群众来信5498件，具备回复条件3196件，全部在七日内回复；截至目前，1971件属于检察机关管辖的，已办结答复594件。

最近，河南濮阳清丰县村民陈大爷没少跟人聊他家的经历，今年3月，他的老伴被邻居打伤，多次去当地公安机关反映，公安机关都因缺乏证人作证等原因没有立案，无奈的陈大爷最后抱着试一试的心态，给清丰县检察院写了一封信。陈大爷说，他没想到，检察院收到信后，检察长专程到他家，听他讲事情经过，又到派出所了解情况。

记录显示，这起纠纷案件发生在3月23日，清丰县检察院4月14日收到了陈大爷的来信，4月16日要求公安机关说明不立案理由，当天公安机关就进行了立案。不过由于此案没有目击证人，调查陷入了僵局。5月9日，河南省检察院在督办群众来信办理工作时，了解到这一情况。河南省检察院第十检察部副主任朱伟介绍：“因为他是邻里纠纷，低头不见抬头见，终于促成双方达成协议，赔偿款已经交到公安机关。”

在河南省检察院群众来信处理中心，检察官助理段慧娟正在对群众来信内容进行审核、电子扫描、录入系统。她说，每天都要收到少则十几封、多则数十封的群众来信，“七日内是一个程序，告诉他这个信我们已经收到了，有人已经在处理了，首先让他比较安心。办理性答复就是对他反映的问题进行实质性处理，确保各个环节都有人对他这个事情有回应”。

为了保证群众来信回复办理的各个环节流程规范有序，河南省检察院专门成立了群众来信处理中心、网络信访处理中心、群众信访督办中心“三个中心”，集中负责群众来信来访的受理、回复、分流等工作。

陕西枫叶律师事务所律师闫武龙说，因为认为河南某基层行政部门插手经济纠纷，他将这个事情反映给了河南省检察院，本来他已经做好打持久战的准备，但没想到刚将信访材料交上去没几天，他就收到了河南省检察机关的回复。

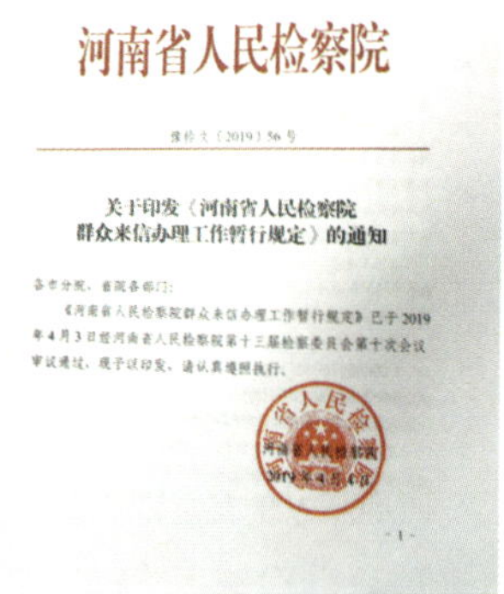
河南省人民检察院

豫检文〔2019〕56号

关于印发《河南省人民检察院群众来信办理工作暂行规定》的通知

各市分院、省院各部门：

《河南省人民检察院群众来信办理工作暂行规定》已于2019年4月3日经河南省人民检察院第十三届检察委员会第十次会议审议通过，现予以印发，请认真遵照执行。

- 1 -

《河南省人民检察院群众来信办理工作暂行规定》

河南省检察机关还要求对来信办理实行“双告知”，也就是在接到转办信件时，要告知来信群众信件所在环节、办理期限、具体承办人及联系方式，案件3个月内办结的，要进行释法说理；3个月内无法办结的，每月告知信件办理进展，直到案件办结。河南省检察院检察长顾雪飞说，“群众来信件件有回复”的成效已经初显，“今年一季度，全省三级院对符合回复条件的群众来信实现回复率100%，近30%的群众来信已按时办结答复”。

目前，《河南省人民检察院群众来信办理工作暂行规定》已经出台，明确了全省统一的群众来信办理工作机制，河南的安阳、洛阳、焦作、许昌、周口、驻马店等地也结合本地实际，出台了“群众来信件件有回复”工作方法。

“7日内回复”释放“检察温度”

光明日报（2019年10月26日）龚　亮

周俊平是江苏洪泽湖监狱的一名服刑人员。当在监狱看到前来答复他信件的检察官时，他很激动：“从春节到现在，没有一个亲戚朋友来探望我，你们大老远为我的一封信过来答复我，我真的很感动。”

周俊平曾给江苏省扬州市检察院写信，控告公安机关2012年在办理其贩卖毒品一案中存在刑讯逼供等违法行为，造成法院对其罪名和刑期判决存在错误。这封信件经扬州市检察院转到扬州开发区检察院。因为周俊平处于羁押状态，无法通过电话、短信等形式直接联系，按照检察机关“每信必复，且必须在7日内回复”的工作要求，扬州开发区检察院的检察官联合刑执部门前往

江苏省扬州市检察服务中心

周俊平所在监狱当面回复并进行说明。周俊平当场表示对答复很满意。

今年66岁的残疾人韩某，同样受益于检察机关“群众来信件件有回复”工作。

韩某家住河南省郑州市新郑路附近，离火车站不远。2012年7月2日，他驾驶三轮车行至郑州市二马路时，因被认为存在非法营运行为，他的三轮车被扣押。被扣押的三轮车迟迟没有归还给韩某，韩某便向法院提起了行政诉讼。法院判决火车站地区管理委员会返还被扣押三轮车，如不能返还，赔偿韩某3750元。韩某不服，6年内打了9次官司，都没有得到自己认为合理的结果。韩某曾向郑州市检察院申请国家赔偿监督，郑州市检察院不支持其抗诉请求，并向其送达了赔偿监督申请审查结果通知书，决定不予立案。

心有不甘的韩某在2019年5月27日给郑州市检察院写了一份信，依然要求抗诉。在收到韩某来信后，负责办理此信件的检察官详细了解了韩某的情况。原来，身体残疾的韩某此前一直靠拉三轮车为生。2012年7月其三轮车被郑州市火车站管委会扣押后，便一直没有归还给他。为了要回自己的三轮车，这些年韩某一直在奔波，虽然打赢了官司，但他却穷得连房子也租不起了。

检察官认为，虽然韩某申请赔偿监督的诉求检察机关不予支持，但是他的情况符合司法救助条件，于是引导韩某递交了司法救助申请书。2019年8月6日，拿到2万元救助金的韩某很感激，至此，他多年的信访也画上了句号。

“老百姓给最高检写一封信多不容易，怕我们不回信，甚至把回信的邮票都附在来信中。我们要以高度负责的态度，认真办好群众每封来信，能认真到什么程度，就得认真到什么程度。”

自上任以来，最高人民检察院检察长张军非常重视群众信访。2018年6月28日，他在视察最高检集中处理来信室时，首次提出群众来信要件件有回复。2019年全国人代会上，他向全社会庄严承诺："将心比心对待群众信访，建立7日内程序回复、3个月内办理过程或结果答复制度。"

信访的规律一般是先信后访，信访人开始通常会选择成本小、简便易行的写信方式反映问题，一旦信件石沉大海，便弃信转访。"群众来信件件有回复"正是瞄准了来信不回复这个"痛点"发力，而且要求"每信必明去向"，不管是属于检察机关管辖的信访事项，还是不属于检察机关管辖的信访事项，都要告诉信访人来信已经收到，并明确回复信件的流向，给信访人吃下"定心丸"。对移送转交的信件，要跟进回复办理情况，不能一转了之，"转而未办"的，还要提出意见建议，促请依法及时办理。

"群众来信件件有回复"还特别强调落实领导干部阅批群众来信制度，对重大疑难复杂的群众来信，领导干部要亲自阅批、带头办案阅卷，积极协调解决群众合理诉求。2019年以来，全国各级检察长阅批群众来信12495件，有效化解了一批信访积案。河南省检察院还研究制定了《河南省检察机关领导干部办理群众信访案件暂行规定》，明确规定省检察院班子成员、业务部门负责人直接办理群众来信数不得低于市级检察院领导干部办信平均数，并将办信工作纳入领导干部业绩考核。

安徽的魏大爷说，没想到短短3天就收到检察院的回复，这是他10年申诉生涯中绝无仅有的。辽宁信访人吴某亮留言："7日内回复，释放'检察温度'，体验'检察速度'。"群众心中有杆秤，人民群众的好口碑，就是对检察机关落实"群众来信件件有回复"工作的由衷满意和郑重褒奖。

“苏检e访通”就像加速器

法制日报（2019年5月27日）蔡长春

“大丰区人民检察院对我反映的问题非常重视，不仅有力推动了问题解决，回复也很及时，我感到十分满意，向他们表示衷心感谢!”江苏盐城市民韦先生对当地检察机关的群众来信办理工作竖起了大拇指。

“群众来信件件有回复”工作是最高人民检察院积极落实以人民为中心发展思想的一项重要举措，也是新时代控申检察的一项重要业务，对于充分发挥控申检察业务职能、引导群众依法维权、维护人民群众合法权益、发动人民群众开展社会监督等意义重大。

为切实做好做实这一“送上门来的群众工作”，江苏检察机关全面部署落实，建立工作机制，压实工作责任，依托先进科技优势，打造出“苏检e访通”“IM信息云短信平台”等工作“利器”，全力推进群众信访事项回复工作，群众来信回复得更加及时到位，群众满意度由此显著提升。

江苏省盐城市大丰区检察院检察官接待来访群众

及时援手赢得当事人赞许

韦先生对当地检察机关的感谢缘于他遇到的一起民间借贷纠纷。

2017年，大丰区人民法院审理了韦先生诉被告周某民间借贷纠纷一案，判决被告偿还韦先生5万元借款及拖欠利息。后因周某不履行判决，韦先生又向法院申请了强制执行。同年年底，双方当事人达成和解协议，约定周某于2018年5月底前一次性还款5万元，其余部分申请人自愿放弃；如未按上述期限足额还款，则按原判决书执行。

可约定期限早就过了，周某那边还是一点动静也没有。这下韦先生着急了，于是在今年3月11日向大丰区检察院申请启动监督程序。

“经审查，我们认为申请人提供的材料符合受理条件，决定予以受理。”大丰区检察院第五检察部主任朱绍波当天就受理了该案，并转交第五检察部员额检察官陈锦辉进一步办理。

3月13日，朱绍波向申请人当面送达了民事监督案件受理通知书。案件移送民事检察部门办理后，他又制作了告知承办人、回避申请的通知书，并于3月15日邮寄送达到位。

“经审查，我们认为周某名下有可供执行的财产，因此建议法院加大对本案的执行力度，将案件尽快执行到位，其间我们一直同申请人韦先生保持联系，及时告知其案件进展情况。”陈锦辉对《法制日报》记者说。

虽然目前尚未拿到周某的欠款，但韦先生心里踏实多了。“看到他们对我的案子这么尽心尽力，我真的很感动。”韦先生说。

信息化手段提升回复时效

能够得到当事人如此高的评价，离不开当地检察机关对群众来信工作的高度重视。

江苏省人民检察院副检察长李三顺介绍说，江苏检察机关积极探索创新，破解群众来信回复工作难题，尤其是依托信息化手段提升回复时效，取得了良好效果。

据悉，江苏三级院控申检察部门依托“苏检e访通”，通过短信方式告知信访人接收情况；对没有电话联系方式的，通过邮寄方式告知信访人接收情况；对于重大紧急信访事项启动应急预案，立即办理并回复。

记者了解到，“苏检e访通”为江苏省人民检察院自主研发，系统设置了控告申诉、满意度征询、日报管理、案件查询、专项工作、综合工作等多个模块，实现了对控申检察工作全覆盖、全流程、全留痕、数字化、智能化，有力推动了群众来信办理工作提档升级。

盐城市人民检察院检委会委员、第八检察部主任董金和从事过多年技术工作，对“苏检e访通”充满感情。

“‘苏检e访通’在使用初期需要大量录入历史信息，为此很多检察官感到头疼，可当数据库建起来后，其优势很快就显现出来。”董金和告诉记者，“后来很多检察官都惊喜地发现，系统可以实现案件信息快捷查询，这不仅有利于我们对案件的全流程把握，方便自己办案，其所具有的办案时间提醒功能，还可以对设定时限的案件自动发出提醒，以此更好地推动群众来信回复工作优化升级。”

这样一来，电子记录逐渐取代了纸张登记和人脑识记，大量案件的全流程时间节点都被“苏检e访通”统筹起来，再由电子系统按时提示检察官每一环节的具体安排，既保证了及时回复来信，又能防止出现某一环节事项遗漏、缺失等状况出现。

此外，江苏各地积极探索创新，南京、南通等地检察院开设新的短信发送平台，自主编辑回复内容，提升回复信息的针对性和精准性；常熟市检察院开通IM信息云短信平台双向短信服务，信访人接到短信后可以通过发送短信或语音回复，咨询了解案件办理进度情况等。

一系列高科技的广泛应用，让江苏检察系统的群众来信工作装上了“加速器”，驶入“快车道”。

强化监督检查保回复到位

强化监督检查，是确保目标执行到位的一大必经之路。

李三顺告诉记者，江苏检察机关充分利用“苏检e访通”系

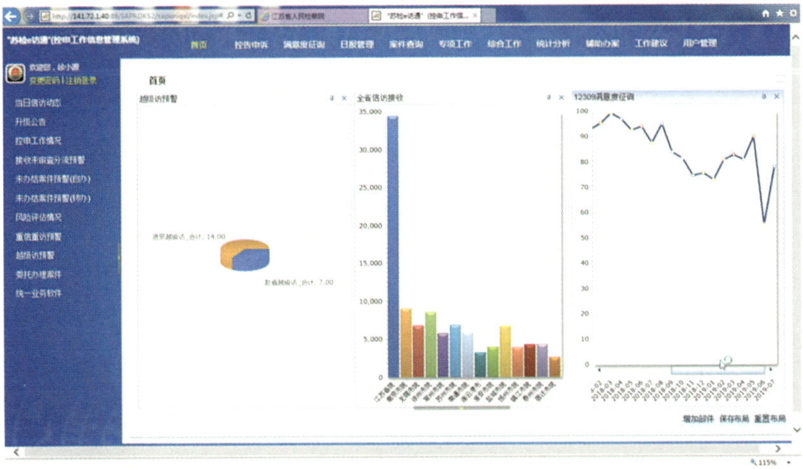

苏检e访通

统开展网上巡查，对录入的每一件信访事项审查办理及回复情况进行倒查，随时掌握每封来信的流程动态，确保每封来信都得到及时查看回复。

“我们还依托‘12309热线’对群众来信回复情况进行电话抽查，对发现的问题及时反馈承办部门，督促按期向来信人回复程序性信息和实体性办理情况，以此确保工作切实开展到位。”李三顺说。

南京市浦口区人民检察院也是如此。浦口区检察院检察长王珍祥不仅亲自带头办理群众来信案件，还十分重视完善内部管理制度，确保来信件件回复。

据王珍祥介绍，浦口区检察院充分依托“苏检e访通”系统，规范和完善群众来信的登记、录入、办理、分流、回复等工作，形成专门台账，每天都由专人对群众来信的回复情况进行管理和检查。

此外，浦口区人民检察院还结合督察督办促进来信回复，将“群众来信件件有回复”工作纳入全院整体管理体系，强化控申部门与办公室、检务督察部门的协同协作，在充分发挥控申部门期限提醒的基础上，将办公室对重要信访事项督查督办、检务督察部门常态化督察结合起来，形成多渠道联合督查督办体系。

群众满意度由此显著提升

“今年以来，我院积极探索构建新的工作机制，扎实做细做好群众信访办理工作。截至目前，共接收群众来信来访91件，7日内均予以回复，回复后无重信重访。”在盐城市亭湖区人民检察院检察长樊杉满面喜悦地告诉记者。

李三顺也给记者公布了一份喜人数据——2月1日至4月30日，江苏省检察机关接收群众来信8394件，同比上升36.33%；7日内回复7850件，做到能回尽回；办结回复7328件，其中，实体性办结回复617件、程序性办结回复6711件。

通过以科技为引领，全面统筹发力推进群众来信工作，江苏检察机关赢得社会各界广泛好评。

记者采访期间，一路与最高检第十检察厅厅长徐向春同行。徐向春对江苏以科技为引领推动群众来信办理工作优化升级的做法给予肯定。

“以信息化手段为基础和引领，向科技要生产力，是不断优化完善群众来信办理工作的一大有益探索，也是江苏的一大亮点优势。”徐向春说。

此次最高检第十检察厅到江苏调研督导，还邀请了两位全国人大代表同行。

第十三届全国人大代表宋亚平在了解到相关情况后也深有感触。宋亚平认为，做好群众来信办理工作能让老百姓切实感受到党和政府的关怀和温暖，真正体会到司法公正，江苏检察机关在这方面的探索非常好，让她感到十分敬佩。

不仅如此，记者还采访了盐城市民韦先生等当事人，他们都对江苏当前的群众来信工作感到非常满意。

“下一步，我们将继续全面落实群众来信7日回复制度，做好信访维稳，理顺工作机制，提高办案质量，加强基础建设，在新起点上推动控申检察工作全面协调充分发展，进一步提高服务群众的能力水平。”李三顺说。

从县级检察院到最高检察院：一起历时20年的申诉案

新京报（2019年11月8日）何　强

“对这件事，我深感抱歉。这20年间，我们双方都为此付出了极大的代价。我希望在力所能及的情况下，给予一定的经济赔偿，可以帮助到你。”

周奎终于听到郑开招对他说的这句话，此时，两人都已45岁。他们的人生，因为20年前的一起案件而改变。

1999年12月4日晚，周奎在与郑开招斗殴中，被一块砖头砸伤，自此进入司法诉讼程序。因为伤情认定和鉴定材料真实性问题，20年来这起案件经历一波三折。

从案件一审、发回重审、检方作出案件存疑不起诉决定，到2001年周奎开始申诉，历经四级人民检察院，今年9月，周奎申诉到最高人民检察院。双方当事人也从青年步入了中年。

10月30日，最高检周奎刑事申诉案公开听证会在福建省检察院举行，听证会由最高检第十检察厅厅长、一级高级检察官徐向春主持。申诉人周奎在听证会上公开阐明意见，四级承办案件检察官分别对该案的申诉审查情况进行汇报，由4名人民监督员和1名法学专家组成的专业听证员团队对案件发表评议意见。

20年前，一起斗殴改变两个人的人生轨迹

周奎和郑开招都忘不了20年前的那个夜晚，两人的人生轨迹因为一场斗殴而改变。

2019年10月30日，最高检第十检察厅在福建省福州市举行周奎刑事申诉案公开听证会

1999年12月4日晚7时许，郑开招因与女友恋爱破裂，便与兄弟郑开忠等人到女友家处理。双方在争论时，郑开招、郑开忠等人与对方的阮思章发生口角并互殴。

阮思章不满，当晚9时许纠集了周奎、林顺等十余人前往郑开招家找郑开招。由于房门紧闭，阮思章等人便在房外大声喊骂，并朝郑开招所站的二楼走廊处投掷石头砖块，同时林顺等人爬围墙准备进入。郑开招见状，就捡起二楼走廊处的石块砖头回掷，一块砖头砸中了周奎的头部。案发当晚，郑开招就被公安机关关押。

1999年12月，经周宁县公安局法医鉴定，周奎的伤情构成重伤。2000年11月，周宁县法院以故意伤害罪判处郑开招有期徒刑两年，附带民事赔偿。但两人都不服，分别提出上诉。2000年12月，宁德市中院裁定撤销一审判决，发回重审。

“宁德市中院发回重审的重要原因之一是周奎的伤情程度是否达到重伤无法认定。该院技术处审查认为，周奎伤情构成重伤的医学证据不足。”周宁县检察院控审科长叶长青说。

2001年9月，周宁县检察院委托宁德市第一医院对周奎的伤情进行重新鉴定，第一医院审查认为，周奎病历等鉴定材料存在瑕疵，真实性存疑难以对其伤情进行重新鉴定。叶长青表示，“疑点主要在于，周奎的出入院时间不统一且疑似更改，病历、病程中有关伤情描述不具体，病历事后存在补充、更改的情况”。

新京报记者翻阅卷宗发现，周奎病历上的入院时间有1999年11月4日、1999年12月4日、1999年12月11日上午11时、1999年12月4日11时40分等几种不同情况，出院时间有1999年12月14日、2000年元月17日、2000年元月27日三种。

因重新鉴定无法作出，周奎的伤情是否达到重伤无法确定。2001年8月，周宁县检察院认定郑开招行为构成故意伤害罪证据不足，经检委会研究决定对郑开招作出存疑不起诉决定。

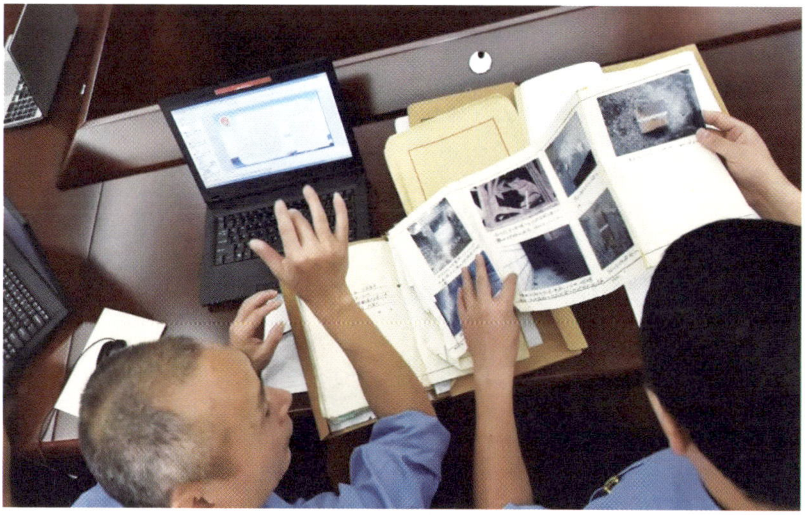

听证会举行之前，最高检、省、市、县四级检察机关的承办检察官对案件证据进行全面复核，调取相关案卷材料

自此，周奎开始了常年申诉，而病历中的疑点和伤情鉴定成为了争议焦点。

从基层检察院申诉至最高检

2002年10月，周奎先是向周宁县检察院提起申诉。该院复查认定事实与公诉部门认定事实一致，认为周奎的住院病历存在疑点无法排除，难以对其伤情重新鉴定，郑开招行为是否构成故意伤害罪也无法认定。

2002年12月，周奎又向宁德市人民检察院提起申诉，但2003年宁德市检察院维持了周宁县人民检察院刑事申诉复查决定。

此后，周奎的人生发生了变故，自己受到了精神刺激，因病无法工作，长期服用药物，由哥哥负责监护。

时隔14年后，2017年6月，周奎又向福建省人民检察院提出申诉。但福建省检察院依然没有支持周奎的申诉意见。

该院第十检察部检察官余晶说："经向福建省人民检察院技术部门请教，从法医学伤情鉴定的专业角度来说，认定伤情，关键是要确定损伤、损伤结果及损伤和损伤结果之间的因果关系，但前提必须是要有诊疗过程的客观全

福建省检察院、宁德市检察院、周宁县检察院承办检察官介绍案件相关情况

面记录，主观说明不能代替客观记录。本案要确定周奎是否颅底骨折，是否有脑脊液漏，这些均要结合病历资料审查。但本案病历资料中的关键材料确实存在改动的痕迹。在现有条件下，本案客观上不具备重新鉴定的可能性。”

福建省检察院办案人员还通过走访了解到，对于重伤以上刑事案件的法医鉴定材料的收集在案发当时，根据规定必须由法医亲自指导完成，但根据承办人调取的法医鉴定档案，里面未见被害人周奎受伤后住院期间的病历等材料。“由于本案法医鉴定人已过世，对于本案在鉴定当时，为何未提取被害人周奎受伤后住院期间的详细医院诊疗记录，当下已经无法进行核实。”

余晶说：“我们通过调查，周奎的出院时间、病历、病程有关伤情描述等方面确实存在疑点，难以对他的伤情进行重新鉴定。周宁县检察院作出的不起诉决定并无不当。由于本案发生于1999年，根据现有证据，也不具备重新鉴定的条件，他提出的申诉理由不能成立。”

今年6月，周奎申诉到了最高检。

公开听证前，将心比心、以诚交心做申诉人工作

今年3月，最高检检察长张军承诺，要将心比心对待群众信访，建立7日内程序回复、3个月内办理过程或结果答复制度。

负责承办该案的最高检第十检察厅二级高级检察官王庆民说：“今年6月我们接到申诉信后，因材料不全按程序通知周奎补齐，今年9月我们接到他补充的材料后，按规定开始审查。由于这起案件耗时20年，久拖不决，疑难复杂，申诉人伤情鉴定具有一定的复杂性、特殊性、专业性，很有必要召开一次听证会，听

取申诉人、专家、听证员的意见，为本院依法处理本案提供重要参考。”

最高检第十检察厅厅长、一级高级检察官徐向春认为，公开

申诉人周奎陈述申诉理由

听证就是要通过公开的方式把群众的司法诉求亮出来晒一晒，对法律吃不透的地方，要掰开了、揉碎了讲清楚，做好释法说理。“这既是普法课，也是冶炼炉，冶炼了司法的公信和纯度，让老百姓参与其中，在‘刚性’监督中做好检察工作。”

福建省检察院三级检察官吴青和黄世斌则充当了联络员的角色，负责与周奎、郑开招两人沟通，确保听证会当天能够准时参加。“公开听证首先要得到双方当事人的同意配合，双方有意愿跳出泥潭，坐下来听一听第三方的专业意见。做双方当事人的工作是最难的，一方有情绪不来，听证会就进行不下去。”吴青说。

郑开招同意参加听证会，但长期申诉的周奎有一种执念，坚

持要求追究郑开招的法律责任。听证会召开前，最高检检察官王庆民与同事齐涛作为承办检察官，与周奎进行了沟通。

作为最高检的窗口部门，十厅除了信访接收，审查办理刑事申诉案件外，还承办最高人民检察院管辖的国家赔偿案件和国家司法救助案件。齐涛说："将心比心，以诚交心。周奎明白做法医鉴定需要原始证据，这很难。有了这个基础我们就不停地做思想工作，并适时提出了司法救助的渠道，最终说服了他。"

确保申诉人充分发表意见做到"案结事了"

10月30日的公开听证会，新京报记者注意到，现场有五位听证员，分别来自社会不同行业：有记者、有律师、有企业家、有村支部书记、还有大学教授。五人当中，还有四位是福建省检察院的人民监督员。台下坐着五名来自陕西、河南、福建等省的全国人大代表，以及福建省检察机关控告申诉检察工作培训班全体学员。

据了解，就在上个月，最高检印发实施《人民检察院办案活动接受人民监督员监督的规定》，根据规定，人民检察院对不服检察机关处理决定的刑事申诉案件、拟决定不起诉的案件、羁押必要性审查案件等进行公开审查，或者对有重大影响的审查逮捕案件、行政诉讼监督案件等进行公开听证的，应当邀请人民监督员参加，听取人民监督员对案件事实、证据的认定和案件处理的意见。

"引入人民监督员，是为了更好地监督我们的检察办案，特别是在一些久诉不息、久访不息的事件中，人民监督员既能提升我们为群众解决问题的能力，又有助于化解矛盾和纠纷。"徐向春说。

听证会开始后，周奎发表了近20分钟的申诉意见，主持人徐向春耐心听着，没有打断。随后，四级承办案件检察官分别展示证据，阐述申诉审查意见。

徐向春认为，申诉和公诉案件都是以法律为准绳，维护当事人的合法权益。但申诉一定要做到“案结事了”，不能简单地“结案了事”，如果不解决问题，申诉后矛盾依然存在，一直申诉浪费巨大司法资源。因此，公开听证首先要保证申诉人充分陈述申诉意见，检察官要秉持中立立场，客观公正地发表审查意见，才能为听证员提供参考。

“听了周奎的陈述和检察官们的审查意见，我的心情很沉重。”法医专家林斌发表完专业意见后说，“原始证据存在疑点，20年时过境迁，再去搞清楚不容易。作为鉴定人，以存疑的证据为鉴定依据，我是不能接受的。”

法医专家现场解释案件中涉及的伤情鉴定等问题

福建省法学会副会长陈明添代表听证员发表了评议意见。“本案虽然是不起诉决定，但被不起诉人郑开招与周奎的受伤有一定关系，应对周奎表达歉意或民事赔偿，化解不满。鉴于周奎的伤情，检察机关应该启动司法救助。”

“从25岁到45岁，这20年间，我们的青春都搭了进去，很不值得。对这件事，无论责任方是否在我，我都深感抱歉。我希望在力所能及的情况下，给予一定的经济赔偿，可以帮助到你。”听证会最后，郑开招对周奎说。

至此，这起耗时20年、历经四级检察院的申诉案件，暂时画上了句号。

徐向春说：“20年间，当事双方都付出了极大代价，我们感到同情和惋惜，希望两人互谅互让，早日回归生活。根据已经查明的案件事实和听证评议意见，最高检将依法作出案件审查意见。周奎刑事申诉案符合国家司法救助条件，可按照相关法律法规给予一定司法救助。”

他表示，下一步，最高检申诉案件公开听证将常态化，对久拖不决、案情复杂、具备听证可能的案件，将采用公开听证的方式听取意见。